MONGOLIAN AND NORTHEAST ASIAN STUDIES

モンゴルと東北アジア研究

Vol.10/2025

МОНГОЛ, ЗҮҮН ХОЙД АЗИЙН СУДЛАЛ

Vol.10/2025

MONGOLIAN AND NORTHEAST ASIAN STUDIES
EDITORIAL BOARD OF THE JOURNAL

Editor-in-chief
Husel Borjigin, Professor, Showa Women's University

Editoral Board Members
J. Bat-Ireedui, Professor, The Mongolian Academy of Sciences
Chimeddorj, Professor, Inner Mongolia University
Choiraljav, Professor, Inner Mongolia University
Christopher P. Atwood, Professor, University of Pennsylvania
Hiroshi Futaki, Emeritus Professor, Tokyo University of Foreign Studies
Hitoshi Hirakawa, Emeritus Professor, Nagoya University / Professor
Husel Borjigin, Professor, Showa Women's University
Katsuhiko Tanaka, Emeritus Professor, Hitotsubashi University
J. Urangua, Tenured Professor, National University of Mongolia
Yujiro Murata, Professor, Doshisha University

『モンゴルと東北アジア研究』

編集委員会

編集委員長

ボルジギン・フスレ：昭和女子大学教授

編集委員

C. P. アトウッド：ペンシルベニア大学教授
J. オランゴア：モンゴル国立大学教授
田中克彦：一橋大学名誉教授
チメデドルジ（斉木徳道爾吉）：内モンゴル大学教授
チョイラルジャブ（却日勒扎布）：内モンゴル大学教授
J. バト・イレードイ：モンゴル科学アカデミー教授
平川均：名古屋大学名誉教授・国士舘大学教授
二木博史：東京外国語大学名誉教授
ボルジギン・フスレ：昭和女子大学教授
村田雄二郎：同志社大学教授

МОНГОЛ, ЗҮҮН ХОЙД АЗИЙН СУДЛАЛ

Сэтгүүлийн зөвлөл

Ерөнхий эрхлэгч

Боржигин Хүсэл, "Шова" эмэгтэйчүүдийн их сургууль, Профессор

Гишүүд

Ж. Бат-Ирээдүй, Монгол улсын Шинжлэх Ухааны Академи, Профессор

Боржигин Хүсэл, "Шова" Эмэгтэйчүүдийн Их Сургууль, Профессор

Кристофер П. Атвүд, АНУ-ын Пенсильванийн Их Сургууль, Профессор

Мурата Юүжиро, Доошиша Их Сургууль, Профессор

Танака Кацухико, Хитоцүбаши Их Сургуулийн хүндэт профессор

Ж. Урангуа, МУИ Сургууль, Профессор

Фүтаки Хироши, Токиогийн Гадаад Судлалын Их Сургуулийн хүндэт профессор

Хиракава Хитоши, Нагояа Их Сургуулийн хүндэт профессор

Чимэддорж, Өвөр Монголын Их Сургууль, Профессор

Чойралжав, Өвөр Монголын Их Сургууль, Профессор

目次

Table of Contents
Гарчиг

「モンゴルのシルクロード遺跡に関する学際的研究——ドグシヒーン・バルガスを中心に」プロジェクト 2024 年度現地調査隊報告

Interdisciplinary Research on the Remains of the Silk Road in Mongolia: With a Focus on Dugshikhyn Balgas: Survey Report of the Field Survey Team in Mongolia (2024)

Дугшихын балгасанд ажилласан Монгол-Японы хамтарсан экспедицийн 2024 оны хээрийн шинжилгээний тайлан

U. エルデネバト（U. Erdenebat / У. Эрдэнэбат）
ボルジギン・フスレ（Husel Borjigin / Боржигон Хүсэл）
A. ゾルジャルガル（A. Zoljargal / А. Золжаргал）
B. ダシドルジ（B. Dashdorj / Б. Дашдорж）
二木 博史（Hiroshi Futaki / Футаки Хироши）
J. オランゴア（J. Urangua / Хэрээд Ж.Урангуа） 1

「"チンギス・ハーンの長城"に関する国際共同研究基盤の創成」プロジェクト 2024 年度モンゴル国現地調査報告

The Mongolian and Japanese Joint Research Project "The Creation of an International Joint Research of the *Wall of Genghis Khan*": Survey Report of the Field Survey Team in Mongolia (2024)

Монгол-Японы хамтарсан "Чингис хааны далан: Олон улсын хамтын ажиллагаа" төслийн 2024 оны хээрийн шинжилгээний тайлан

U. エルデネバト（U. Erdenebat / У. Эрдэнэбат）
ボルジギン・フスレ（Husel Borjigin / Боржигон Хүсэл）
B. ダシドルジ（B. Dashdorj / Б. Дашдорж）
松川 節（Takashi Matsukawa / Мацүкава Такаши） 49

モンゴル国立大学ウランバートル科学技術パークセレンゲ県オルホン郡オラーン・チョロート山遺跡考古学発掘調査 2024 年報告

Survey Report of the Field Survey Team of the Ulaan Chuluut Mountain in Orkhon soum, Selenge Province (2024)

Сэлэнгэ аймгийн орхон сумын нутаг улаан Чулуут уулын дурсгалт газарт явуулсан археологийн малтлага судалгааны ажлын 2024 оны тайлан

T. イデルハンガイ（T. Iderkhangai / Т. Идэрхангай）
P. エルデネプレブ（P. Erdenepurev / П. Эрдэнэпүрэв）
B. バトチメグ（B. Batchimeg / Б. Батчимэг）
L. フスレン（L. Khuslen / Л. Хүслэн）
A. ナムスライジャムツ（A. Namsraijamts / А. Намсрайжамц）
J. エンフゾル（J. Enkhzul / Ж.Энхзул）
B. バヤンサン（B. Bayansan / Б. Баянсан）
ボルジギン・フスレ（Husel Borjigin / Боржигон Хүсэл）
M.ムンフジン（M. Mönkhjin / М.Мөнхжин） 77

「"チンギス・ハーンの長城"に関する国際共同研究基盤の創成」プロジェクト 2024 年度内モンゴル現地調査報告

"The Creation of an International Joint Research of the *Wall of Genghis Khan*": Survey Report of the Field Survey Team in Inner Mongolia (2024)

"'Чингисийн хэрэм'-д хамаарах Олон Улсын Хамтарсан Судалгааны суурь бүрэлдэн тогтсон" төсөл 2024 он Өвөр монголын бүс нутагт хийсэн судалгааны тайлан

ボルジギン・フスレ（Husel Borjigin / Боржигин Хүсэл）　127

マルコ・ポーロが語るカラコルムと北方世界

Qaraqoram and the Northern World as described by Marco Polo

Марко Пологийн Хархорин ба Хойд нутгийн ертөнцийн тухай өгүүлсэн түүх

村岡　倫（Hitoshi Muraoka / Хитоши Мүраока）　145

マルコ・ポーロの中国領内の進行ルート及び古今地名考略

A Study of Marco Polo's Routes through China and Place names throughout history

Марко Пологийн Хятад улсын нутгаар дамжин өнгөрөх замын маршрут ба түүхэн дэх газар нутгийн нэрсийн хураангуй

黒　龍（Hei Long / Хей Лонг）
喬　航（Qiao Hang / Чиао Хан）　155

ジュチ・ハーン国を通過する通商路とシルクロード（13～15 世紀）

Trade Routes across the Juchi Ulus and the "Silk Road" (13th-15th centuries)

Зүчийн улсаар дамнах худалдааны замууд ба "Торгоны зам"　(XIII-XV зуун)

J. オランゴア（J. Urangua / Хэрээд Ж.Урангуа）　167

2012 年から 2024 年までの中国の学界における"黒水城"関連研究総述

A Review of the Research Results on the "Khara-Khoto" in Chinese Academic Society from 2012 to 2024

Хятад улсын эрдэм шинжилгээний салбар дахь "Хэйшүй хот"-ын тухай 2012-2024 оныг хамрах судалгааны тойм

烏敦（Wudun / Одон）
劉雨婷（Liu Yuting / Лию Юүтин）　173

ハルハ河戦争の停戦はソ連，日本のいずれの側が先に提案したか

In What Way Did the Nomonkhan War End?

Халх-голын дайныг зогсоох саналыг Монгол-ЗХУ эсвэл Япон Улсын аль тал түрүүлж тавьсан вэ?

田中　克彦（Katsuhiko Tanaka / Танака Кацухико）　191

満洲国通信社のハルハ河戦争についての報道――日本の情報戦の最前線――

Manchuria News Agency's Reports of the Battle of the Khalkha River

Манж Го улсын мэдээллийн агентлагаас дамжуулсан Халхын голын дайны тухай мэдээ: Японы мэдээний фронт дахь галын шугам

二木　博史（Hiroshi Futaki / Фүтаки Хироши）　193

ハルハ河になお遠く：日本における「ハルハ河・ノモンハン戦争」への呼称に関するデータベース検索からの検討

Still Far to Khalkhyn Gol: Keyword Analysis of the Terminology of the Battle of Khalkhyn Gol / Nomonhan in Japan

Халх голоос алсад: Япон дахь "Халх гол ба Номонханы дайн" хэмээх нэршилтэй холбоотой мэдээллийн сангийн судалгаа ба түүний үр дүн

湊 邦生 (Kunio Minato / Минато Күнио)　　203

ノモンハン地区における十万分一図

1/100000 Maps in the Nomonhan Area

Номонхан нутаг орчмын 1:100,000 хэмжээст газрын зураг

大堀 和利 (Kazutoshi Ohori / Оохори Кацутоши)　　219

ハルハ河会戦におけるモンゴル，ソ連の対外諜報活動

The Role of Mongolian and Soviet Foreign Intelligence in the Khalkhin Gol Battle

Халхын голын байлдаан ба Монгол, Зөвлөлтийн гадаад тагнуулын үйл ажиллагаа

R. ボルド (R. Bold / Р. Болд)　　243

ハルハ河戦争におけるモンゴル人民革命軍の捕虜の解明

Clarification Regarding Soldiers of the Mongolian People's Revolutionary Army Taken Prisoner in the Battle of Khalkhin Gol

Халхын голын дайнд Монгол ардын хувьсгалт цэргээс олзлогдогсдын тодруулга

L. バヤル (Лха. Баяр / Lkha.Bayar)

J. ガントルガ (J. Gantulga / Ж. Гантулга)　　251

ロシアとモンゴルにおけるハルハ河の歴史の記録

The Historical Memory of Khalkhin Gol in Mongolia and Russia

Историческая память о Халхин-голе в России и Монголии

I. G. アユシエワ (Irina G. Aiushieva / И. Г. Аюшиева)　　259

執筆者一覧

Author List

Зохиогчид

262

「モンゴルのシルクロード遺跡に関する学際的研究——ドグシヒーン・バルガスを中心に」プロジェクト 2024 年度現地調査隊報告

U. エルデネバト（U. Erdenebat）

ボルジギン・フスレ（Husel Borjigin）

A. ゾルジャルガル（A. Zoljargal）

B. ダシドルジ（B. Dashdorj）

二木　博史（Hiroshi Futaki）

J. オランゴア（J. Urangua）

はじめに

　ドグシヒーン・バルガス遺跡は，1957 年モンゴルの有名な学者である考古学者フドゥーギーン・ペルレー（Khödöögiin Perlee, 1911～82 年）がはじめて学術的に発表した[1]。土地の住民の話では，ドグシヒーン・バルガス遺跡は，トグトーントゥムル・ハーンの時代の都市であると言い伝えられてきた。この遺跡は，ドグシヒーン水道という古代に農業をおこなっていた跡がある場所にちかく，ドグシヒーン・ゴルバン・ホダグの南にあり，北と東側には，泥と石で建てられた多くの建物の跡がみられる。しかし，どの建物もはっきりした構造が分からないほど壊れている。また，「元代磁器」という陶磁器の破片がたくさん発見されており，それらは 13～14 世紀のモンゴルの首都ハラホリン（カラコルム）の出土品と共通する。

　当時 Kh. ペルレーは陶磁器の破片の収集品にもとづいて，ドグシヒーン・バルガス遺跡が 14 世紀末に（1368～70 年）建設されたトゴーントゥムル・ハーンの軍隊の一時的な駐屯地であったらしいという結論をみちびいた。それ以降，考古学者たちはこの遺跡に興味を抱いていたものの，発掘調査をおこなってその構造や機能，時代を明らかにする研究はおこなわれず，70 年ちかくが経った。

　2022 年 9 月，昭和女子大学のボルジギン・フスレがモンゴル国立大学科学カレッジの調査隊と一緒に，ウムヌゴビ県で現地調査を実施した際，広大なドグシヒーン・バルガス遺跡には青花，白釉黒花を含む，様々な中国製の磁器の破片，鉄器，銅器が地表に散乱していること，同遺跡の南，北，東に三つの溝があり，その溝沿いに石と粘土を混ぜ合わせ建てられた建築物の跡が存在していること，その北側の墓群の一部はすでに盗掘されていることに気づき，同遺跡の保護と復元に向けて，その歴史学・考古学・文化遺産学等様々な分野の課題を明確にし，研究することが非常に重要であると認識した[2]。

　その後，ボルジギン・フスレは日本，モンゴル，中国の同分野の研究者と本研究課題について何度も議論し，二木博史，松川節，U. エルデネバト，J. オランゴア，黒龍等に対して研究協力を依頼し，内諾を得て研究体制を確立させた。そして，2024 年 4 月に本プロジェクトが立ち上げられ，始動した。

　ドグシヒーン・バルガス遺跡は，モンゴルの中世の歴史，考古学が研究してこなかった，緊急に保護し研究する必要のある遺跡である。とくに，モンゴル帝国時代とそのあとの時代の交通路，駅站，商業，手工業など経済的な問題を明らかにする重要な考古学遺跡である。よって，モンゴル国立大学・昭和女

「モンゴルのシルクロード遺跡に関する学際的研究——ドグシヒーン・バルガスを中心に」プロジェクト
2024 年度現地調査隊報告

子大学の共同チームは，「ドグシヒーン・バルガス遺跡：モンゴルのシルクロード遺産の分野間研究」を下位テーマとして，この遺跡の考古学的発掘，探査調査事業をあらたに開始し，遺跡の構造，建設されよく利用されていた時期，役割目的について，学術的新資料を作成することを目指し野外調査を 2024 年秋おこなった。

　2024 年 8 月 28 日から 9 月 5 日まで，モンゴル国立大学科学カレッジ，日本国昭和女子大学共同野外調査隊は，ウムヌゴビ県ツォグトオボー郡第 2 村ボル・テーグ村にあるドグシヒーン・バルガス遺跡で考古学的探査，発掘調査をおこなった（図 1）。

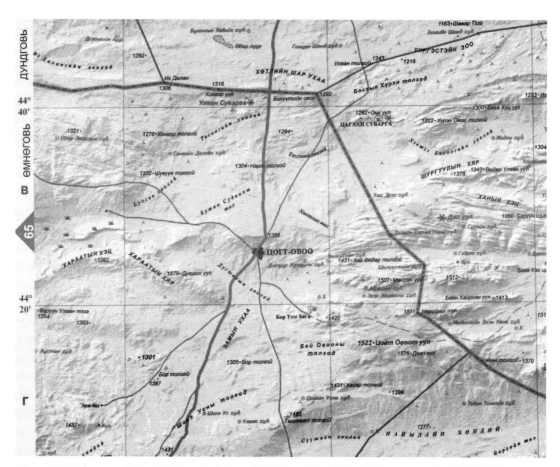

図 1. 野外調査隊が発掘調査をおこったウムヌゴビ県ツォグトオボー郡（『モンゴル地理地図集』ウランバートル：Monsudar khevleliin gazar。縮尺 1：600,000）

　今年の野外調査隊には，モンゴル国立大学科学カレッジ社会科学系人類学・考古学科長，教授 U. エルデネバト，日本昭和女子大学教授ボルジギン・フスレ，モンゴル国立大学歴史学科教授 J.オランゴア，東京外国語大学名誉教授二木博史，モンゴル国立大学人類学・考古学科博士課程学生 B. ダシドルジ，A. ゾルジャルガル，学生 E. ビルグーン（E. Bilgüün），B. オトゴンガルサン（B. Otgongalsan），M. シャグジジャブ（M. Shagzhjav），E. ダライジャルガル（E. Dalaijargal），Kh. ムンフ-オチラル（Kh. Mönkh-

Uchral），コック P. ムンフデルゲル（P. Mönkhdelger），運転手 A. ニャムフー（N. Nyamkhuu），N. バトバータル（N. Batbaatar），Sh. ムンフツァグ（Sh. Munkhtsag）らが参加した（図2）。大谷大学教授松川節は9月4日から調査に加わった。調査隊は，ドグシヒーン・バルガス遺跡の古代都市のあった場所で探査をおこない，全部で6か所を選び試験発掘をおこなった。また，探査の過程で発見された収集物からサンプルを選びコレクションを作成した。

図2. ドグシヒーン・バルガス2024年モンゴル日本共同野外調査隊メンバー

　ウムヌゴビ県ツォグトオボー郡は，旧ハルハ・トゥシェート・ハン部ゴビ・トゥシェー公旗にあり，郡センターは現在のドローンという場所に1959年に定着した。郡の面積は652.7千ha，海抜1198mにあり，首都ウランバートル市から427km，ウムヌゴビ県都から北東に126kmに位置する。同郡は，同じ県のツォグトツェツィー，ハンホンゴル，マンダルオボーの各郡と北と北東で，東はドンドゴビ県のデルゲルハンガイ，ホルド，ウルジートの各郡と接する。地理学的にモンゴル国のゴビ大区分に含まれドルノド・ゴビの北区域にあたる。狩猟動物や植物では，『世界レッド・ブック』に登録されている，野生ヒツジ，野生ヤギ，ハル・スールト，野生ロバの生息地というだけでなく，ガゼル，キツネ，オオカミ，ヒョウなど狩猟動物や鳥類も生息している。同郡は，植物地理学の区分で，北部ゴビ平原ドルノド・ゴビ区域にあり，ゴビの牧地に生える多くの種類の植物が生えている。モンゴルに生える希少種の植物のうち17種（*Brachanthemum gobicum* Krasch., *Ephedra*, *Potaninia*, *Caragana*, *Potaninia mongolica* Maxim.,

「モンゴルのシルクロード遺跡に関する学際的研究――ドグシヒーン・バルガスを中心に」プロジェクト
2024 年度現地調査隊報告

Jurinea mongolica Maxim., *Artemisia xanthochloa* Krasch., *Hedysarum fruticosum* Pall., *Tugarinovia mongolica* Iljin., *Anabasis aphylla* L., *Asterothamnus centraliasiaticus* Novopokr.）が分布している。また，灌木林が 8.9 ha を占める。天然資源では，ジュラ紀の恐竜，爬虫類の骨格や卵，木の化石，石灰石，磁器用の白土，金，銅，石炭，水晶，エメラルド，ラピズラズリなどの宝石も発見される。

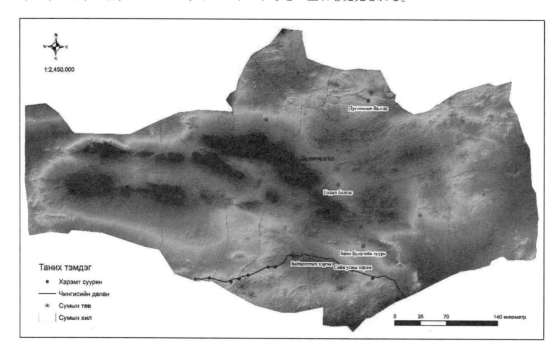

図 3．ウムヌゴビ県ツォグトオボー郡ドグシヒーン・バルガス遺跡の位置

　南部には，スージ，ゴチンギーン・ヘツ，バガ・シャンハイ山，南南西には，イヘル・ボル，オンツゴイ山，ツォヒオ，アルガラント山，アルゴイ山，ホニン・シャンド，ソリン，ナンジンギーン・トイロム，北部にはイフ・ダランギーン・ノロー，ホンゴル山，東北東にはウンチンギーン・ゾー山，ビルート山，フフ・エレグ，デルなど岩やガレ場の多い山脈がある。ウムヌゴビ県の 9 つの驚異的自然景観のひとつであるアルゴイ・オラーン・ツァブは，郡センターから北西に 50 km のザミーン・シャンド・バグ（村）にある。郡議会 2013 年 2 月 24 日付け第 20 号決議により，ツォグトオボー郡ボル・テーグ村にあるオボー・ハイルハン，ドローニー・ハイラース，ナイズ村にあるナリーン・ザドガイ，ザミーン・シャンド村にあるトゴーントゥムル・ハーンのセルーン宮殿跡，ツェデンギーン・タグ，ヤシル・ザンダン・モド，セルベン・ハイルハン，ウーシ・マンハンなどの場所は，郡の歴史文化の 9 つの驚異的場所として登録された。

1.「ドグシフ」という名の由来

　土地の住民の説明では，「ドグシン」とは，水が湧き出ている，湧き水の量が多い，速く湧いているという意味である。ゴビの人間が言う「ホダグ・ドグシャーン」とは，水が湧き出るのを待つという意味

である。そもそも，井戸水や湧き水と関連のある言葉である。家畜に水やりをしていて井戸の水がなくなった時，「水がなくなった。ドグシャーヤ」，「ちょっとドグシフさせよう」と言う。井戸水がドグシフするのを待とうというのは，なくなってしまった井戸の水がふたたび湧いて水位が上がり，水くみ袋で汲めるぐらいたまるまで待とうという意味である。バルガスというのは何かが見えている状態で残っている遺跡，トーリとはほとんど消えてなくなりぼんやりとしか分からない遺跡をいう。

図4. ドグシヒーン・バルガス遺跡の西の平原にあるバローン・ツァガーン・オボー

　ドグシヒーン・バルガス遺跡は，ウムヌゴビ県ツォグトオボー郡センターから南東に15 km，ウランバートルとウムヌゴビを結ぶ舗装道路の東側にある。そこにはドグシヒーン・ホダグという場所がありその井戸の南北と東側に，石と泥を混ぜて建てられた建物が数多く建っていた形跡がある。それを土地の者たちは，ドグシヒーン・バルガスあるいはドグシヒーン・トーリと呼んでいる。
　ドグシヒーン・バルガス遺跡の西と北側にある，頂上にオボーの建つ2つの鞍部を，ドグシフの2つのツァガーン・オボーと呼び，時にはツァガーン・トルゴイとも呼ばれる。西側の鞍部をバローン・ツァガーン・オボー，東側の鞍部をズーン・ツァガーン・オボーという。ズーン・ツァガーン・オボーの頂上には，石で方形に建てられた古代の構造物がある。その北側は20m，東側は20.5m，南側は18.5m，西側は21mの大きさがある。四隅にはより大きな石が置かれている。門らしきものはなく，方形の囲いの内側に土を撒いて平らにして整地したようになっている。位置48 T 0521861，UTM 4908686，海抜1236m。
　土地の住民の伝承では，2つのツァガーン・トルゴイのひとつには元宝を埋めたと言われる。むかし，ここをシャル・ザムという道路が通っていた。ハラホリンが建設された当初，北京から隊商が通る駅があった場所などとも言われている。現在，ツォグトオボー郡センターの南にある細長い盆地を，ドグシヒーン・ホーロイまたはドグシヒーン・ショードーと呼ぶ。舗装道路が敷かれる以前，この辺りは，通

行不能の泥濘のある土地だった。そのため，ずっと遠くを迂回して行くしかなかった。ビルゲヒーン・オス（ドグシヒーン・バルガス遺跡から東に約20 km）あるいはビルゲヒーン・マンハンからここまで水路が来ていた。舗装道路にかかっている部分をドグシヒーン・オラーン・トイロム（窪地）という。水のたまった窪地を，土地の住民は水路というのである。

図5. ドグシヒーン・バルガス遺跡の北にあるズーン・ツァガーン・オボー（その向こうにドグシヒーン・ホーロイが見える）

　ドグシヒーン・バルガス遺跡は，隊商の者たちが食事をとる場所であったという。舗装道路の西側に穀物を作っていた場所がある。土地の古老たちは，ハル・ボダー（通常「キビ」の意）を作っていた，ハル・タリアーともいい，現在の大麦であろうという。穀物を作っていた場所に水を引いた水路は現在砂に埋もれて見えない。ドグシヒーン・オラーン・ホーロイというこの土地には，四方の山から30-40 km水が流れてきてここに溜まる。しかし，水は地面に浸み込んで少ししか流れてこないという。この場所にむかしハル・ボダーや麻を作っていた。作っていたのは漢人たちだと古老たちは話す。むかしは疲弊した人々がたくさん通る隊商ルートの道だったので，ドグシヒーン・バルガスには，あそこには泊まるなと古老たちは諭していた。この道に沿って行くと，鉄片や蹄鉄などがたくさん拾える。泊まると子供は病み，家畜はそこにいつかないという。そこから南東30 kmにヤマーン・シャンドのセテルヒー・ヘツがある。そこを隊商の列は越えて行った。ドンドゴビ県ウルジート郡のフンジルの北側にも同じような地形の「セテルヒー」がある。シャル・ザムはそこを通っていたという。

　むかし遠征の際には，事前に案内人をやって道路を修理し，井戸の水を出し，道路をしっかり整備していた。20-40 km進んで一泊していた。この辺りは，2010年ごろ金が出てニンジャ（不法採掘者）たちがたくさん集まってきた。ドグシヒーン・ハル・オボーまたはハル・トルゴイ（地図には舗装道路西側

のハル・オールをドグシフ山と書いてある）という。ドグシヒーン・トーリの西側，舗装道路の西側にある黒い山である。その向こうをハラーティーン・ヘツと呼ぶ。この辺りにある墓は，漢人の墓であるかもしれない。金の不法採掘者が群がり，その後舗装道路を敷くときに盗掘されて破壊されたらしい。馬の蹄鉄がたくさん見つかる。ドグシヒーン・エンゲルには，富裕な者たちの姿が絶えないという。バヤン（富裕な）アヨールという者がいて，竜王と出会い，慌てて煙草を吸って怒らせたという伝承がある。

図6. ドグシヒーン・ズーン・ツァガーン・オボーの頂にある石の構造物

　現在のアブラヒーン・オスは，むかしオラーン・トルゴイという名であった。むかし5年間ひどい日照りがつづいた。ここに来たひとりの托鉢僧が名前を替えたのだという。衆生の命を救ったので，アブラヒーン・オスという名前に替えた。近くには，アブラヒーン・スム（寺）もある。その僧は，蛇のように体を巻きつかせて窒息して死んだ。そして，5日間雨が降りつづいて日照りが止んだという。

　ハル・トルゴイの南の土地をドグシヒーン・フンディーという。北西にも谷がある。それをドグシヒーン・ヘツと呼ぶ。ドグシフの北西にあるツァガーン・オボーのふもとの洞窟から鞍が見つかった。ラクダ飼いのエルデネビレグという人が1990年代に見つけた。鞍はウランバートルの国立博物館に届けられたという。2つのバヤン山のふもとには洞窟が多くあり，経典や燈明台が収められていたのを，1990年から2000年代，人々が盗掘するうちになくってしまったという。

　2つのバヤン山のふもとには宝石も埋まっているといわれる。白銀は千両も埋まっている。どうせ子供たちが盗っていくだろうといわれ，主に単身の人たちがそうしたのであろう。後世の貧した人におおいに徳になると埋めたのだという。

　ツォグトオボー郡センターから北西35kmに，セルーン・ドガニー・トーリ　がある。また，テーレ

ム(碾き臼)・トルゴイという地名もあるが，そこには碾き臼の丸い石があったはずである。実際それを郡センターに持って来たと聞いたので，郡の文化センターにあるかもしれない。中心に穴の開いた丸い石で，ロバが回していたという。その辺りをとおってハラホリンに行っていたという。一方，セルーン・ドガンは，トゴーントゥムル・ハーンが北京から追われて来た時1年以上いたという話がある。ドグシヒーン・ヘツの東側，郡センターの南側に水のたまった細長い盆地の中をよく見ると盛り上がった丘が見える。それをボダーン・タバグと呼んでいた。この辺りから見つかった碾き臼の石のいくつかをツォグトオボー郡の文化センターに持ち込んだのであろう[3]。

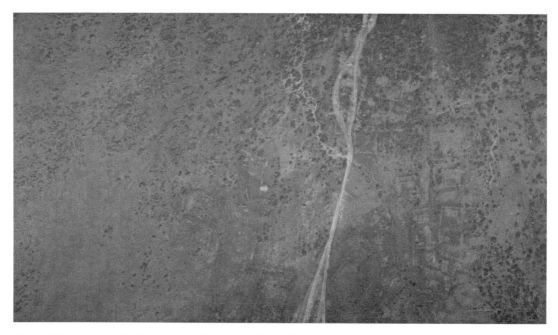

図7．ドグシフ1またはズーン・ツァガーン・オボー南麓のもっとも建物が多い区域

　われわれは，ドグシヒーン・バルガス遺跡の古代都市のあった場所で探査をおこない，ズーン・ツァガーン・オボーの南麓，ドグシヒーン・ホダグの東側のもっとも建物跡が多い区域をドグシフ1，それより南の区域をドグシフ2，東にあるもっとも建物が少ない区域をドグシフ3と名づけ，興味を引く構造物のいくつかを選び，発掘をおこない，出土品を収集した。

　ドグシヒーン・バルガス遺跡には，全体として外側に連続する守備のための城壁のようなものはない。上記の3つの区域からなり，主となる区域はドグシフ1であったらしい。それぞれ，区域の中心を貫く一本の大通りがあり，その両側に軒を並べて建てられた建物があった。屋根瓦の破片や建物の装飾，焼いた煉瓦がまったく発見されないことから，それらの建物は，木と泥で作られたごく質素なつくりの泥小屋であったらしい。これら建物は小規模で，床暖房があった。建物の外には，囲いの塀やひさし付きの家畜囲いがあったらしく，家畜囲いのあった跡の裸地には白っぽい色の石を並べて囲った石組のようなものが残っている。とくに，石の家畜囲いの遺物は，風上側に石を積んで風よけとし，隊商のらくだが十分横になれそうな広さのある，ひさしのある囲いであったらしい。

われわれが，ドグシヒーン・バルガス遺跡を探査すると，周囲の半径1kmの場所から，中国磁器の破片，土器の破片，中国貨幣，車の軸受，鉄製品などが発見された。中国磁器の破片は，ハラホリンやシャーザン・トルゴイなどモンゴル帝国の都市・定住地から多く発見されるものと材料が同じで，さらに時代的にそれ以降らしきものもある。

図8. ドグシフ1：もっとも建物跡が多い区域の中心部

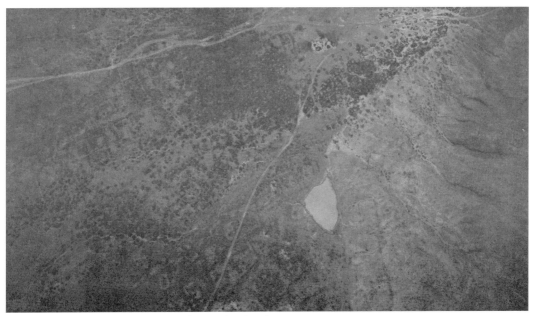

図9. ドグシフ1：もっとも建物跡が多い区域の中心部

「モンゴルのシルクロード遺跡に関する学際的研究——ドグシヒーン・バルガスを中心に」プロジェクト
2024年度現地調査隊報告

図10. 定住地後の南部分のドグシフ2と名づけた区域

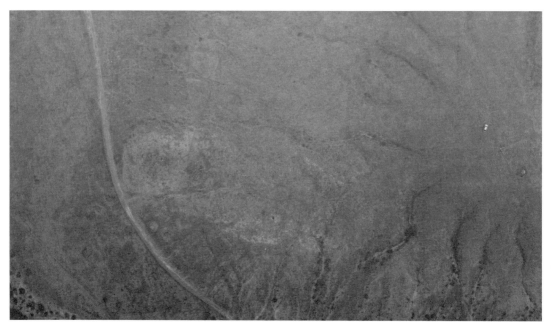

図11. 定住地後の東部分のドグシフ3と名づけた区域。建物は数少ない

10

2. ドグシヒーン・バルガス遺跡──試掘 1

　ドグシヒーン・ズーン・ツァガーン・オボー，つまり上に方形の石の構造物があるオボーの鞍部から南西，ドグシヒーン・ホダグから南西に 460m 離れて位置する。北側に砂丘のある葦が生える湿地の平原があり，起伏のはげしい土地の北端に，地表の上に丸く囲って小さい白い石を並べた墓のような構造物がある。われわれが発掘に選んだこの構造物は，ドグシフ 2 の区域に属する。大きさは 260 x 220 ㎝である。この場所の地表上に小さい白い石を円形に並べた 7 つの構造物が一か所にかたまってある。いくつかは円形，いくつかは方形をしている。この発掘調査した遺跡は，それら石の構造物の一番西端に位置する。位置は 48 T 0521360, UTM 4908106，海抜は 1224m。

図 12. ドグシヒーン・バルガス遺跡　試掘 1　発掘第 1 層

　第 1 層の発掘の表土を取りのぞく過程で，積石の間から白い釉のかかった陶器の破片，焼けた木と小型家畜の骨の複数の小片が発見された。第 2 層の発掘では，方形の石積みの囲いの内側に，150 x 110cm の区画をつくり発掘した。石積みの北西部分から陶器の破片，焼けた木と家畜の骨の断片が，深さ 12 ㎝から出た。土壌は赤い粘土質である。発掘をつづけると，いかなる構造物，土壌の変化，土の色の変化が発見されず，深さ 40 ㎝で大陸の基層土が出たので発掘を止めた。

「モンゴルのシルクロード遺跡に関する学際的研究――ドグシヒーン・バルガスを中心に」プロジェクト
2024年度現地調査隊報告

図 13. ドグシヒーン・バルガス遺跡　試掘 1　発掘第 2 層

図 14. ドグシヒーン・バルガス遺跡　試掘 1 の出土物

3. ドグシヒーン・バルガス遺跡――試掘 2

　試掘 1 から南東に 4m に位置する。石を円形に並べた平らな石積みがある。直径 230 cm。位置は，48 T 0521359, UTM 4908098, 海抜 1223m。表土を取りのぞく過程で，区画の中心部分の 10 cmの深さに黒

灰色の釉薬のかかった陶器の破片2点が出土した。深さ20cm掘っても，いかなる土の色の変化も土壌の変化もなかったので，円の中央部分に中心軸を横断する断面をとって堀った。発掘の深さ50cmで，大陸の基層土が出たので発掘を止める。この2つの試掘から見ると，この方形と円形の石積みをもつ構造物は，埋葬地ではないらしい。

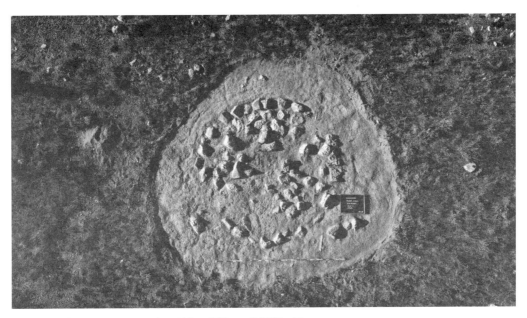

図15. ドグシヒーン・バルガス遺跡　試掘2　発掘第1層

図16. ドグシヒーン・バルガス遺跡　試掘2　発掘第2層

「モンゴルのシルクロード遺跡に関する学際的研究――ドグシヒーン・バルガスを中心に」プロジェクト
2024年度現地調査隊報告

図 17. ドグシヒーン・バルガス遺跡　試掘 2　黒い釉薬のかかった土器の破片

4. ドクシヒーン・バルガス――試掘 3

　試掘 2 の東に 485m, ドクシヒーン・ズーン・ツァガーン・オボーの真南, 雨水の溜まった小さな池の南西にある。位置は, 49 T 0521826, UTM 4908212, 海抜 1215m。

図 18. ドグシヒーン・バルガス遺跡　試掘 3　発掘第 1 層

表土の上に，小規模の石を方形に並べた，長さ550 cm，幅350 cmの大きさの，扁平な積石が認識できる。構造物の上部の石積みは2層になっており，10 cmの厚さの扁平な岩を方形に並べ，その上に小さな石を3・4層並べて積んだ構造である。

　表土を取りのぞく作業の過程で，家畜の骨の小片が，区画の中央部と西部分から出た。また，黄色っぽい色の釉のかかった土器の底の部分が出土した。さらに，区画の南東隅からは，灰と小さな炭の混ざった土の部分が，深さ10 cmから出てきた。構造物のほかの部分は，表土上に1層の石を敷いているのに対し，灰の混ざるこの場所では，ほかより大きな石を60 cmの深さに3列に並べ，上から扁平な岩でふたをしてあった。この部分を清掃し発掘する過程で，30 cmの深さから緑色の釉のかかった磁器の茶碗の底の破片と馬の歯の破片が複数出た。

図19. ドグシヒーン・バルガス遺跡　試掘3　発掘第3層

　表土を清掃した後，方形に並んだ石の内側に，中心軸をとおり東に長さ400 cmと長さ100 cmの試掘溝を掘った。この溝の発掘は，土の硬い部分を残し，柔らかい浮いた土だけをスプーンで取りのぞく方法で，大陸基層土が出るまでおこなった。発掘の深さは，構造物の北の壁で66 cm，南の壁で20 cm，中央部で60 cmに達した。発掘の過程で，家畜の骨の複数の小断片と馬の歯がばらばらと点在して出土した。この部分からは，燃えた灰やほかの土の色の変わった部分は見つからなかったが，並べた石の下から，細かな砂利の混ざった砂土の層が30 cm，その下に灰色で灰が少し混ざった10 cmの層が出てきた。この層より40 cmの深さからは，家畜の焼けていない骨の細片が出てきたのでそのサンプルを採った。その下40-50 cmの深さに，厚さ2−6 cmの薄い，赤褐色の鉄錆が混ざった泥の層が出た。さらにその下には，厚さ20 cmの黄灰色と赤い泥が混ざった層があった。その層から66 cmの深さに，小型家畜のあご，角の付け根，髄骨の破片が出土し，サンプルを採集した。区画の中心軸の西側でおこなった発掘では，柔ら

「モンゴルのシルクロード遺跡に関する学際的研究――ドグシヒーン・バルガスを中心に」プロジェクト
2024年度現地調査隊報告

かい土に沿って250 x 150 cmの区画を拡張して発掘をおこなった。西の壁の中心部では，中に灰，焼けた木，家畜の骨の細片の入った，土の色の変わった部分を発見した。その大きさは，70 x 30 cmあった。これを西の壁の断面で見ると，鍋の形をしており，厚さが30 cmあった。この土の色の変わった部分は，黄色っぽい色の砂が混ざった赤い土で，周囲の土からはっきり区別できた。鍋型のくぼみは，小さめの石でいっぱいになっていた。

　方形に並べられた石の西南隅の表土を取りのぞく過程で，火をたいた跡が不明瞭ながら見えた。これは，区画の南の壁の断面でより鮮明に見られた。ここからは，複数の焼けた木の細片，焼けていない家畜の骨の細片が出た。この土の色の変わった部分の大きさは，50 x 20 cmであった。この土の色の変わった部分を，縦に掘ると，幅20 cm，高さ23 cmの溝状になっていることが分かった。溝の四面を焼いていない煉瓦で囲っており，その厚さは5 cm，幅は20 cmあった。溝の下部は，よく焼けて焦げており，黒い煤の混ざった層が2 cm，灰色の灰が3 cm，計5 cmの層が残っていた。この方形の溝で，竈の熱せられた煙を流していたことから，内側を掘ってみるとかなりの量の灰が出てきた。

 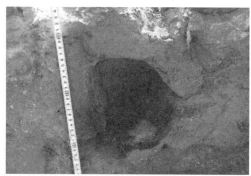

図 20. ドグシヒーン・バルガス遺跡　試掘3　床暖房の溝の断面

図 21. ドグシヒーン・バルガス遺跡　試掘3　セラミックの出土品

これを見ると，ドグシヒーン・バルガス遺跡にある長方形に石が敷かれた構造物は，墓ではなく，人が住んでいた小さな住居に関連するものであるらしい。

図 22. ドグシヒーン・バルガス遺跡。試掘 3，陶器の破片，鉄器の遺物

5. ドグシヒーン・バルガス遺跡――試掘 4

　試掘 1 から西に 386 m，試掘 3 から西に 90 m，ドクシヒーン・ズーン・ツァガーン・オボーの南麓，ドグシヒーン・ホダグから西に 300m，現在のボル・テーグ村から郡センターへ通ずる未舗装道路のすぐ横にある。石を並べた半分がその道にかかっておりはっきり見えている。位置は，48 T 0521741, UTM 4908172，海抜 1221 m。

　この構造物には，表土の上に大きな石を円形に並べた，環状の石積みがあり，その直径は 400 ㎝あった。この環の内側の南西隅の地表に，泥で作った炉の方形の角のようなものが突き出ていた。これを掘ってみると，136 x 53 x 10 cm の大きさの板状の平たい岩があった。この扁平な岩の脇を清掃する過程で，環状に並べた石の内側深さ 15 ㎝から，真ん中で割れた鉄板が出た。区画を拡張し，石の環の内側を全部掘ると，深さ 20 ㎝から，環の南東部分から黒い釉薬のかかった陶器の破片，小型家畜の骨の細片，南西部からは，焼けた木の炭の土の色が変わった部分が出てきた。石の環の中心からは，石はひとつも出なかった。いっぽう，南東にあった扁平な石の東側に，赤く焼けた粘土質の土の色の変わった部分が，まわりの黄色っぽい砂の層から出てきた。焼けたこの土の色の変わった部分の大きさは，40 x 20 cm であった。この土の色の変わった部分を清掃していくと，前に出てきた鉄と同様の，用途の分からない扁平な鉄の破片 2 点が出てきた。

17

「モンゴルのシルクロード遺跡に関する学際的研究——ドグシヒーン・バルガスを中心に」プロジェクト
2024年度現地調査隊報告

図 23. ドグシヒーン・バルガス遺跡　試掘 4

図 24. ドグシヒーン・バルガス遺跡　試掘 4　用途の分からない鉄の破片

　環状の北東部分の石の並びは壊れ，石は元の位置からなくなっていた。発掘深度 20 cm で，大陸の基層土が出てきたので発掘を止めた。

18

6. ドグシヒーン・バルガス遺跡——試掘 5

　ドグシヒーン・ズーン・ツァガーン・オボーの南麓に，外側に石の囲いのある 30 ちかい建物の跡があるのが分かった。ドグシヒーン・ホダグから真南に約 500 m に，この試掘をおこなった区画がある。

図 25. ドグシヒーン・バルガス遺跡。　試掘 5. 発掘第 1 層

　この遺跡が昔の建物跡だということは，地上をふつうに見てもよく分からない。しかし，ドローンを飛ばし上から空中写真を撮影すると，構造がはっきりと分かる。この建物の外の囲いである泥の塀のあった跡は，草に覆われている間から見える，草のない部分として認識できる。外の塀の跡は，角度 90 度の四角形をしており，北西から南東の方向に延びて建てられていた。長さは，北側の塀が 25 m，東側の塀が 17 m，西側の塀が 18 m，幅はどの側も 1.5m あった。塀の土台には石を並べ，焼いてない泥煉瓦でつくってあったらしい。北，西，南側は，1 層の石の土台が残っているが，東側の構造はよく分からなくなっている。

　この囲いの内側の区画の北東部分は，扁平な石を地面に立てて四角形に並べてある構造がはっきり分かる。表土をとり除き，覆っていた植物をはがす作業を終えると，この構造物の外観や構造が分かりはじめた。この構造物の規模は，北側の石壁は長さ 250 ㎝，この北壁の中央部から南に延びて並べられた石の列がある。その大きさは，南に 190 ㎝，これらの壁を構成している石の厚さは 5-7 ㎝，長さの平均は 45 ㎝ であった。この土地の白い石のほかにも砂利のような岩石もあった。土地の住民の話によると，このような石はドグシヒーン・バルガス遺跡から遠く東方に見える山にあるものだという。内側に灰の入った丸い穴が発見されたが，これは床暖房のものらしい。発掘の過程で，灰とともに小型家畜のものらしき骨片が大量に出てきた。

「モンゴルのシルクロード遺跡に関する学際的研究――ドグシヒーン・バルガスを中心に」プロジェクト
2024年度現地調査隊報告

図 26. ドグシヒーン・バルガス遺跡　試掘 5　建物の外側を囲む塀のあった跡

図 27. ドグシヒーン・バルガス遺跡　試掘 5　建物の外側を囲む塀のあった跡

　その周りにある地表面から 10 cmの深さに，焼かれていない煉瓦が並べられていた。この石の四角い構造物は，焼かれていない煉瓦の壁をもつ住居の一室だったらしい。西側からも，大きな北から南につ

づく，灰と黒く焼けた土の部分が出ていた。黄色い泥の生煉瓦を並べて作った，角が直角の小規模の住居跡であることは明らかである。住居の中央部の火の跡のある灰とやにの中から，半円形に並べた生煉瓦のかまどの部分と，そのすぐ後ろから3つに枝分かれした，床暖房の石の列が発見された。

図 28. ドグシヒーン・バルガス遺跡　試掘 5　住居の床と床暖房システム

　床暖房の構造について詳しく述べると，生煉瓦を四角形に並べたかまどの北側の壁から3つに枝分かれした管を通して熱い蒸気と煙が送られる暖房構造であった。かまど跡の大きさは，並べた生煉瓦が北から南に長さ170 cm，西から南に向かって140 cm，南側の壁は半円形に並べられている。この部分がかまどの口であるらしい。中央部からは，灰・燃え残りが大量にたまっていた。中からは，小型家畜の骨も大量に出てきた。かまどの口の北側の壁の底部分から後ろ方向に床暖房の通気路とつながる孔がある。床暖房の3本並んだ通気路の真ん中のものは，北側の壁までつながり東西両側の2つの部屋に向かっている。残りの2つの通気路は，住居の中央部分を温めるためらしい。

　試掘5から現在分かっている住居のサイズは，北の壁の長さは680 cm，厚さは85 cm，生煉瓦を積んで作られている。北壁の東部分は，積まれた生煉瓦がよく保存されて残っている。しかし，北西部分は，壊れてなくなっている。生煉瓦の壁の外側に，踏み固められた黄色い泥の層があるが，これは壁が崩れて踏み固められてできたものらしい。東側の壁の長さは460 cm，西側の壁の長さも460 cmある。清掃後，空中写真を撮影して見ると，部屋が3つある住居であったらしいことが分かった。

「モンゴルのシルクロード遺跡に関する学際的研究――ドグシヒーン・バルガスを中心に」プロジェクト
2024年度現地調査隊報告

図 29. ドグシヒーン・バルガス遺跡　試掘 5　床暖房の口部分の発掘

図 30. ドグシヒーン・バルガス遺跡　試掘 5　床暖房の口部分の発掘

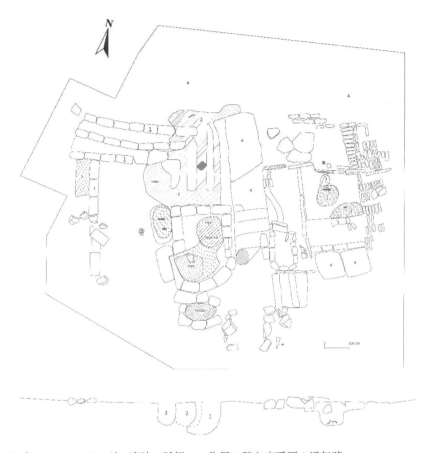

図 31. ドグシヒーン・バルガス遺跡　試掘 5　住居の壁と床暖房の通気路

試掘 5 から出土した特徴的な出土物

　1. 石の装飾品：四角形の石の囲いの内側の 10 cm の深さから，細長い形の取っ手の部分が割れて取れた石の装飾品が出土した。一方の端の部分は細く加工されている。この石の装飾品の大きさは，高さ 1.5 cm である。

図 32. ドグシヒーン・バルガス遺跡　試掘 5　石の装飾品

「モンゴルのシルクロード遺跡に関する学際的研究——ドグシヒーン・バルガスを中心に」プロジェクト
2024年度現地調査隊報告

2．銅のイアリングの留め金。疑問符の形をしている。本体は取れている。高さ 3.5 ㎝。

図 33．ドグシヒーン・バルガス遺跡　試掘 5　銅の装飾品

3．土器：四角形の石の囲いの北側の壁の外側から出土した。粘土でつくられよく焼かれている。片方に取っ手のつく穴が開けられている。何かをこねるための道具であるらしい。サイズは，直径が 6 ㎝，くぼんだ個所の直径は 2 ㎝，厚さ 3.4 ㎝。

図 34．ドグシヒーン・バルガス遺跡　試掘 5　土器

4．鉄器の残片

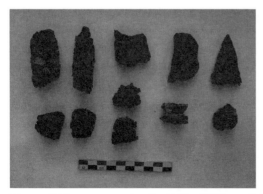 

図 35．ドグシヒーン・バルガス遺跡　試掘 5　鉄器の部分　鋳物の軸受けの破片

5. 磁器の碗の底部分。内側に黄緑色の釉がかかっている。底の直径7 cm。

図 36. ドグシヒーン・バルガス遺跡　試掘 5　碗の底

6. 磁器陶器の破片

図 37. ドグシヒーン・バルガス遺跡　試掘 5　土器の破片

7. ドグシヒーン・バルガス遺跡――試掘 6

　試掘1から東に397m，試掘3から南西に116mに位置する。ドグシヒーン・ズーン・ツァガーン・オボーの麓，井戸から東方向，未舗装道路の南側にある住居群の北端にある。位置は，48 U 0521757, UTM 4908066，海抜 1232m。

　地表に石を四角形に並べた，長さ203 cm，幅 75 cmの大きさで，しっかりした積み石がある。積み石の南西つまりその南端には，ほかより大きい石がひとつだけ碑のように置いてある。表土を取り除く過程で，深さ 15 cmから陶器の底と白い釉薬のかかった磁器の口の部分が出土した。地表から採集した磁器の破片の内，「〇鎮 陳義興造 ICW」と印字されている碗の破片があった（図 51）。陳義興は清朝末期，中華民国初期の磁器製造の名家である。積み石は1層のみで，その中央部から 36 cmの深さに，小型家畜の骨の細片が多数出土し，その下 40 cmの深さで自然の基層土が出た。埋葬の穴と人骨はなし。

「モンゴルのシルクロード遺跡に関する学際的研究――ドグシヒーン・バルガスを中心に」プロジェクト
2024 年度現地調査隊報告

図 38. ドグシヒーン・バルガス遺跡　試掘 6

図 39. ドグシヒーン・バルガス遺跡　試掘 6　陶器の断片

26

ドグシヒーン・バルガス遺跡――出土品

図 40. ドグシヒーン・バルガス遺跡　土器の碗（口の直径は 6 cm，底の直径は 3 cm，高さ 6 cm）

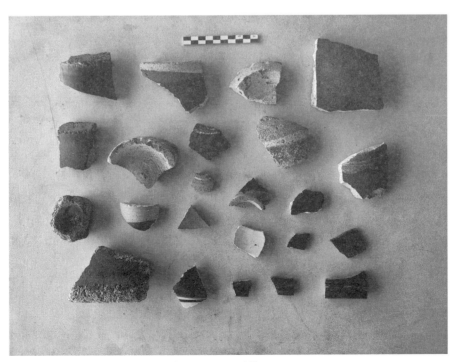

図 41. ドグシヒーン・バルガス遺跡　土器の破片

「モンゴルのシルクロード遺跡に関する学際的研究――ドグシヒーン・バルガスを中心に」プロジェクト
2024年度現地調査隊報告

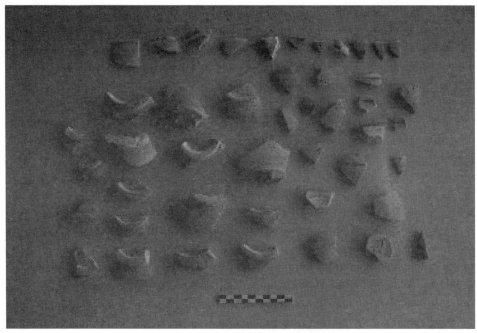

図42. ドグシヒーン・バルガス遺跡　白い釉薬のかかった磁器の破片

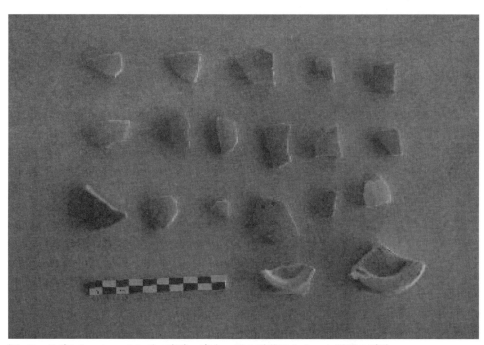

図43. ドグシヒーン・バルガス遺跡　青白，緑の釉薬のかかった磁器の破片

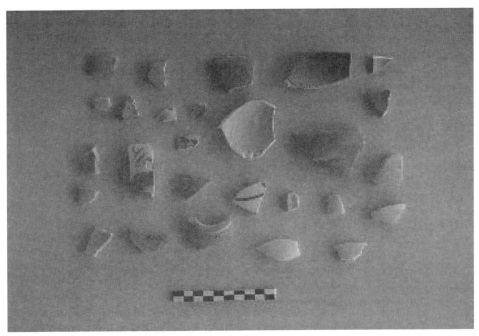

図44. ドグシヒーン・バルガス遺跡　中国磁器の破片

図45. ドグシヒーン・バルガス遺跡　中国磁器の破片

「モンゴルのシルクロード遺跡に関する学際的研究――ドグシヒーン・バルガスを中心に」プロジェクト
2024年度現地調査隊報告

図 46. ドグシヒーン・バルガス遺跡　中国磁器の破片

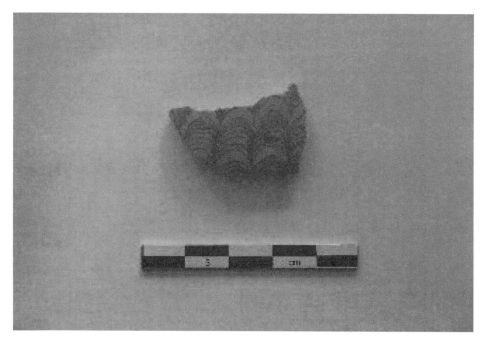

図 47. ドグシヒーン・バルガス遺跡　中国磁器の破片

図 48. ドグシヒーン・バルガス遺跡　様々な鉄器の遺物

図 49. ドグシヒーン・バルガス遺跡　さまざまな鉄器の遺物

「モンゴルのシルクロード遺跡に関する学際的研究――ドグシヒーン・バルガスを中心に」プロジェクト
2024年度現地調査隊報告

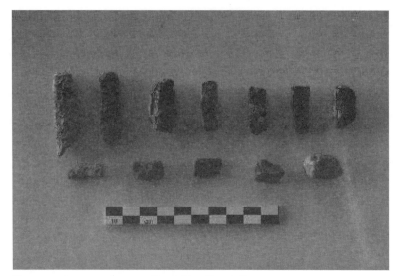

図 50. ドグシヒーン・バルガス遺跡　鉄の遺物

図 51. ドグシヒーン・バルガス遺跡　比較的新しい時期の中国磁器の破片（陳義興造）

ドグシヒーン・バルガス遺跡 －2024－ 貨幣の出土品リスト

№	貨幣名	材料	年代	直径	厚さ	重量	写真
1	開元通寶 (621～907年)	銅合金	唐	2.5 cm	0.15 cm	3.31 g	

32

2	開元通寶 （621～907 年）	銅合金	唐	2.4 cm	0.1cm	3.46 g	
3	至道元寶 （995～998 年）	銅合金	北宋	2.5 cm	0.15 cm	3.83 g	
4	至道［元寶］ （995～998 年）	銅合金	北宋				
5	咸平元寶 （998～1003 年）	銅合金	北宋	2.5 cm	0.15 cm	3.15 g	
6	祥符元寶 （1008～1016 年）	銅合金	北宋	2.6 cm	0.2 cm	4.82 g	

「モンゴルのシルクロード遺跡に関する学際的研究——ドグシヒーン・バルガスを中心に」プロジェクト
2024年度現地調査隊報告

7	天禧通寳 (1017〜1021年)	銅合金	北宋	2.5 cm	0.15 cm	3.67 g	
8	皇宋通寳 (1039〜1054年)	銅合金	北宋	2.5 cm	0.15 cm	3.95 g	
9	皇宋通寳 (1039〜1054年)	銅合金	北宋	2.55 cm	0.15 cm	3.86 g	
10	皇宋通寳 (1039〜1054年)	銅合金	北宋	2.5 cm	0.125	4.53 g	
11	皇宋通寳 (1039〜1054年)	銅合金	北宋	2.5 cm	0.1 cm	3.81 g	

12	嘉祐通宝 （1056〜1063 年）	銅合金	北宋	2.5 cm	0.1 cm	3.13 g	
13	治平元宝 （1064〜1067 年）	銅合金	北宋	2.4 cm	0.1 cm	3.99 g	
14	熙寧元寶 （1068〜1077 年）	銅合金	北宋	2.4 cm	0.1 cm	3.74 g	
15	熙寧元寶 （1068〜1077 年）	銅合金	北宋	2.45cm	0.15 cm	4.51 g	
16	［熙］寧重［寶］ （1068〜1077 年）	銅合金	北宋	3 cm	?	?	

17	熙[寧重]寶 (1068〜1077年)	銅合金	北宋	?	0.15 cm	1.79 g	
18	元豊通寶 (1078〜1085年)	銅合金	北宋	2.5 cm	0.15 cm	3.36 g	
19	元祐通寶 (1086〜1094年)	銅合金	北宋	2.45 cm	0.1 cm	4.03 g	
20	元祐通寶 (1086〜1094年)	銅合金	北宋	3 cm	0.2 cm	6.96 g	
21	紹聖元寶 (1094〜1098年)	銅合金	北宋	2.45 cm	0.2 cm	3.97 g	

22	元符通寶 (1098～1100 年)	銅合金	北宋	2.4 cm	0.15 cm	4.21 g	
23	元〇〇寶	銅合金	不明	?	0.1 cm	1.62 g	
24	〇〇〇寶	銅合金	不明	?	0.1 cm	1.06 g	
25	不明	銅合金	不明	2.5 cm	0.21 cm	7.21 g	
26	不明	銅合金	不明	2.5 cm	0.2 cm	4.26 g	
27	不明	銅合金	不明	2.4 cm	0.1 cm	3.09 g	

「モンゴルのシルクロード遺跡に関する学際的研究——ドグシヒーン・バルガスを中心に」プロジェクト
2024年度現地調査隊報告

28	不明	銅合金	不明	2.4 cm	0.2 cm	2.99 g	
29	○○元寶	銅合金	不明	2.5 cm	0.1 cm	1.78 g	
30	不明	銅合金	不明	?	0.1 cm	1.46 g	
31	不明	銅合金	不明	?	0.2 cm	0.88 g	
32	不明	鉄	不明	3.3 cm	0.2 cm	8.66 g	
33	正隆元宝 (1158〜1161 年)	銅合金	北宋	?	?	?	欠

34	大定通寶 （1178〜1188 年）	銅合金	金	2.5 cm	0.15cm	2.87 g	
35	大定通寶 （1178〜1188 年）	銅合金	金	2.6 cm	0.15 cm	3.13 g	
36	大定［通］寶 （1178〜1188 年）	銅合金	金		0.1 cm	1.61 g	
37	不明	銅合金	不明	？	0.1 cm	1.46 g	
38	不明	銅合金	不明	？	？	1.47 g	
39	中華民国五年 壹分 （1916 年）	銅合金	中華民国 5 年（1916年）	2.6 cm	0.2 cm	6.48 g	

「モンゴルのシルクロード遺跡に関する学際的研究——ドグシヒーン・バルガスを中心に」プロジェクト
2024 年度現地調査隊報告

結論

　モンゴル国立大学科学カレッジ，日本昭和女子大学の共同現地調査隊は，2024 年 8 月 28 日から 9 月 5 日までウムヌゴビ県ツォグトオボー郡のボル・テーグ村にあるドグシヒーン・バルガス遺跡で考古学探査と発掘調査をおこなった。

　われわれは，ドグシヒーン・バルガス遺跡の古代都市があった場所を探査し，計 6 か所で試験的発掘をおこない，出土品を収集した。ドグシヒーン・バルガス遺跡には，外側に連続した守備のための城壁というものはなく，丘によって隔てられた 3 つの部分から成っていたらしい。それぞれの部分を貫く一本の大通りがあり，その両側に軒を並べて小さな建物があった。屋根瓦の破片や建物の装飾，焼いた煉瓦が発見されなかったことから，それらは，木と泥で作られたごく質素な小屋であったらしい。これら建物は小規模で床暖房があったことが，発掘 3，5 から明らかになった。建物の外には塀や家畜小屋があったらしく，家畜囲いのあった跡の裸地や白っぽい色の石を並べて囲った石組のようなものが残っている。とくに，石の家畜囲いの遺物は，風上側に石を積んで風よけとし，隊商のらくだが横になれそうなひさしのある囲いがあったらしい。われわれが発掘調査をしたドグシヒーン・バルガス遺跡からは，白っぽい色の石を積んだ小規模の構造物以外には，埋葬に関連する資料は発見されなかった。

　出土品の点でドグシヒーン・バルガス遺跡は非常に豊富だ。中国製陶磁器の破片や中国貨幣がとても多く発見された。今年，われわれは完全なものと破損したものを合わせ計 39 点の貨幣を発見したが，唐，宋，金代から中華民国時代初期までの貨幣であった。さらに，鍛冶屋等の存在を確認でき，鉄製品，鋳物の鍋の破片，車の軸受の破片が数多く見つかり，この町が商業交易の往来がさかんな，一時期活気のある宿場町であったことが分かる。出土品は，その多くが 13 世紀から 14 世紀のモンゴルの首都ハラホリンからの出土物と同様で，共通の時代のものと言える。

　このように，ドグシヒーン・バルガス遺跡がモンゴル帝国時代とそれにつづく時代ハラホリンへ旅する旅商たちが行きかう交易路の重要な中継点であったという，土地の住民の言い伝えにも真実味がある。さらに，ドグシヒーン・バルガス遺跡からは，それ以降の時代の中国陶磁器の破片，硬貨が発見されていることから，このむかしの交易路をモンゴル帝国時代以降も長きにわたって使用していたと考えられる。もちろん，これを完全に証明するためには，さらに長期の調査と多くの証拠の収集・研究が必要である。

　共同プロジェクトの今年の発掘で発見された出土品は，処理されて 3 点の有機体サンプルが日本に送られ，C14 による年代測定がおこなわれた。放射性炭素年代測定結果は以下の通りである。

　なお，表 3 に結果を示した炭素と窒素の含有量の測定は，昭光サイエンス株式会社の協力を得ておこなった。

測定番号	試料名	採取場所	試料形態	処理方法	$\delta^{13}C$ (‰) (AMS)	$\delta^{13}C$ 補正あり	
						Libby Age (yrBP)	pMC (%)
IAAA-241774	2-1	モンゴル国ウムヌゴビ県ツォグトオボー郡ドグシヒーン・バルガス　テスト 3　2024 年 9 月 2 日	骨	CoEx	-15.91 ± 0.35	590 ± 20	92.86 ± 0.27

IAAA-241775	2-2	モンゴル国ウムヌゴビ県ツォグトオボー郡ドグシヒーン・バルガス テスト5 2024年9月1日	骨	CoEx	-18.38 ± 0.42	680 ± 20	91.88 ± 0.27
IAAA-241776	2-3	モンゴル国ウムヌゴビ県ツォグトオボー郡ドグシヒーン・バルガス テスト6 2024年9月4日	骨	CoEx	-13.63 ± 0.37	580 ± 20	93.03 ± 0.27

表1 放射性炭素年代測定結果（δ¹³C, ¹⁴C 年代（Libby Age）, pMC） 〔IAA 登録番号：#C984〕

測定番号	試料名	暦年較正用 (yrBP)	較正条件	1σ 暦年代範囲	2σ 暦年代範囲
IAAA-241774	2-1	594 ± 23	OxCal v4.4	1320calAD - 1359calAD (55.8%)	1305calAD - 1365calAD (73.2%)
			IntCal20	1390calAD - 1399calAD (12.4%)	1383calAD - 1406calAD (22.3%)
IAAA-241775	2-2	680 ± 23	OxCal v4.4	1283calAD - 1301calAD (50.1%)	1276calAD - 1313calAD (61.3%)
			IntCal20	1370calAD - 1378calAD (18.2%)	1361calAD - 1388calAD (34.2%)
IAAA-241776	2-3	580 ± 23	OxCal v4.4	1324calAD - 1354calAD (51.9%)	1308calAD - 1363calAD (67.1%)
			IntCal20	1393calAD - 1403calAD (16.4%)	1386calAD - 1413calAD (28.4%)

表2 放射性炭素年代測定結果（暦年較正用 ¹⁴C 年代, 較正年代）

試料名	C 含有量 (%)	N 含有量 (%)	C/N 重量比	C/N モル比
2-1	44.2	15.8	2.8	3.3
2-2	44.9	16.3	2.8	3.2
2-3	45.1	16.4	2.7	3.2

表3 炭素・窒素含有量

　3か所で採集された動物の骨による C14 による放射性炭素年代測定の結果は，いずれもモンゴル帝国時代のものであることをしめしている。出土した陶器，磁器，土器，鉄器，銅器，及び貨幣等からみると，この遺跡はモンゴル帝国時代には繁栄した商業の町であったし，その後もある程度利用されたことはまちがいない。その北部にはドグシヒーン水道が設けられており，かつて農業がおこなわれていたと判断できる。これはモンゴル帝国時代，大元ウルスの嶺北行中書省が和寧路（ドグシヒーン・バルガスは地理的に当時の和寧路の南東部に位置する）で実施した屯田制度とも関連するとかんがえられる。

註

1　Х. Пэрлээ, "Өмнөговь, Өвөрхангай аймгуудын говь талын нутгаар эртний судлалын хайгуул хийсэн нь", *Эртний судлал-угсаатны зүйн бүтээл. Studia Archaeologica*, Tom. II, Улаанбаатар, 1963, тал 29 （Perlee1963：Kh.ペルレー「ウムヌゴビ県ウブルハンガイ県のゴビ平原でおこなった古代研究の探査」『古代研究―民族

学の業績』Studia Archaeologica, Tom. II, ウランバートル， 1963 年， p.29）．
2 ボルジギン・フスレ編著『遊牧帝国の文明遊：考古学と歴史学からのアプローチ』（三元社，2023 年, pp.102-109）。
3 ドグシフという名前については，ドグシヒーン・バルガスとその近傍の土地に関する言い伝えを語ってくれたウムヌゴビ県ツォグト・オボー郡第 2 村の牧民ボヤント・マルチンフー氏（1968 年生まれ）に感謝の意を表したい。

参考文献

（モンゴル語）

Х. Пэрлээ, "Өмнөговь, Өвөрхангай аймгуудын говь талын нутгаар эртний судлалын хайгуул хийсэн нь", *Эртний судлал-угсаатны зүйн бүтээл. Studia Archaeologica,* Tom. II, Улаанбаатар, 1963, тал 29 （Perlee1963：Kh. ペルレー「ウムヌゴビ県ウブルハンガイ県のゴビ平原でおこなった古代研究の探査」『古代研究―民族学の業績』Studia Archaeologica, Tom. II, ウランバートル， 1963 年， p.29）．

У. Эрдэнэбат, Ч. Амарбилэг, Ж. Урангуа, Боржигин Хүсэл, О. Батзориг, "Монгол-Японы хамтарсан 'Чингис хааны далан: Олон улсын хамтын ажиллагаа' төслийн 2022 оны хээрийн шинжилгээ", *Монголын археологи-2022. Эрдэм шинжилгээний хурлын эмхэтгэл*. 2022 оны 12-р сарын 23, 24-ны өдөр. Улаанбаатар, 2022, 219-226. （Erdenebat et al. 2022: U. エルデネバト，Ch. アマルトゥブシン，J. オランゴア，ボルジギン・フスレ，O. バトゾリグ「2022 年モンゴル日本共同プロジェクト「チンギス・ハーンの長城：国際共同事業」野外調査」『モンゴル考古学――2022』学術会議論集 2022 年 12 月 23-24 日，ウランバートル，2022 年， pp. 219-226）．

（日本語）

ボルジギン・フスレ編著『遊牧帝国の文明遊：考古学と歴史学からのアプローチ』（三元社，2023 年）．

付録

図 52．ウムヌゴビ県ツォグト・オボー郡郡長事務局にて，U・エルデネバトが法に則り報告をおこなった

図 53. ドグシヒーン・バルガス遺跡。白っぽい色の石が並べられた構造物

図 54. ドグシヒーン・バルガス遺跡　試掘作業

「モンゴルのシルクロード遺跡に関する学際的研究——ドグシヒーン・バルガスを中心に」プロジェクト
2024年度現地調査隊報告

図 55. ドグシヒーン・バルガス遺跡　ボルジギン・フスレが出土品の写真撮影

図 56. ドグシヒーン・バルガス遺跡　住居の暖房のための穴を清掃する

図 57. ドグシヒーン・バルガス遺跡。発掘後に発掘区画を土で埋め戻す

「モンゴルのシルクロード遺跡に関する学際的研究——ドグシヒーン・バルガスを中心に」プロジェクト
2024年度現地調査隊報告

図58. ドグシヒーン・バルガス遺跡　二木博史，J.オランゴア等

図59. ドグシヒーン・バルガス遺跡　二木博史，J.オランゴア等

№ 5-8

СУДАЛГААНЫ АЖИЛ ХИЙХ:

СОЁЛЫН САЙДЫН 20 24 ОНЫ 05 ДУГААР САРЫН 15 - НЫ ӨДРИЙН А/255 ДУГААР ТУШААЛААР

У.Эрдэнэбат
А.Золжаргал

УДИРДАГЧТАЙ
Монгол-Японы хамтарсан "Чингис хааны далан: Олон улсын хамтын ажиллагаа"

СУДАЛГААНЫ АНГИД ПАЛЕОНТОЛОГИ, АРХЕОЛОГИЙН ЭРДЭМ ШИНЖИЛГЭЭНИЙ ХАЙГУУЛ, МАЛТЛАГА СУДАЛГААНЫ АЖИЛ ХИЙХ ЗӨВШӨӨРӨЛ ОЛГОВ.

ЗӨВШӨӨРӨЛ ОЛГОСОН:
СОЁЛЫН САЙД:

Ч.НОМИН
Гарын үсэг   нэрийн тайлал
(тэмдэг)

Засаг захиргааны нэгжийн нэр: ....
Өмнөговь аймаг
Цогт-Овоо сум

Газар нутгийн нэр: ....
Дугшихын балгас

Дурсгалын нэр: Хэрэм бэхлэлт
Дундад зууны нүүдэлчдийн булш,
Солбицол: ....

Хугацаа:
20 24 оны 08 дугаар сарын 26 -ны өдөр
20 24 оны 09 дугаар сарын 08 -ны өдөр

Энэхүү зөвшөөрөл нь зөвхөн зөвшөөрөлд бичигдсэн газар, хугацаанд хүчинтэй.

ТУСГАЙ ТЭМДЭГЛЭЛ
....
....
....
....
....

ТЭМДЭГЛЭЛ БИЧСЭН:
.... Засаг дарга
Тавьсан байгууллагын нэр

Н. Наранзаяа
Гарын үсэг   нэрийн тайлал
/тэмдэг/

20 24 оны 08 сарын 28 ны өдөр

МОНГОЛ УЛС
СОЁЛЫН ЯАМ

ПАЛЕОНТОЛОГИ, АРХЕОЛОГИЙН
ЭРДЭМ ШИНЖИЛГЭЭНИЙ ХАЙГУУЛ, МАЛТЛАГА
СУДАЛГААНЫ АЖИЛ ХИЙХ
ЗӨВШӨӨРӨЛ

Улаанбаатар хот
20 ...

図 60.モンゴル国文化大臣 2024 年 5 月 15 日付け A/255 号令により与えられたモンゴル日本共同プロジェクトに対する考古学学術調査のための探査・発掘調査許可

「モンゴルのシルクロード遺跡に関する学際的研究——ドグシヒーン・バルガスを中心に」プロジェクト
2024 年度現地調査隊報告

［付記］

　本報告書は日本私立学校振興・共済事業団学術研究振興資金助成プロジェクト「モンゴルのシルクロード遺跡に関する学際的研究——ドグシヒーン・バルガスを中心に」（研究代表者ボルジギン・フスレ）の成果の一部である。

（訳：上村明）

モンゴルと東北アジア研究 Vol. 10（2025）

「"チンギス・ハーンの長城"に関する国際共同研究基盤の創成」
プロジェクト 2024 年度モンゴル国現地調査報告

U. エルデネバト（U. Erdenebat）

ボルジギン・フスレ（Husel Borjigin）

B. ダシドルジ（B. Dashdorj）

松川　節（Takashi Matsukawa）

はじめに

　中央ユーラシアに興亡した遼，西夏，金，モンゴルの諸帝国が築いた，多様な要素によって構成された「チンギス・ハーンの長城」における歴史的・社会的・文化的空間を，歴史学，考古学と文献学によって解明し，その新たな歴史像とアーカイブの構築を目指して，私どもは "チンギス・ハーンの長城" に関する国際共同研究基盤の創成」研究プロジェクトを立ち上げ，2020 年 11 月より，研究をおこなってきた。2021，2022，2023 年につづき[1]，2024 年 8 月 15 日から同月 23 日まで，同研究プロジェクトにおけるモンゴル国立大学と日本昭和女子大学の野外調査隊がモンゴル国ドルノド県で考古学探査と発掘調査をおこなった（図 1）。

　この年の野外調査隊には，モンゴル国立大学科学カレッジ社会学部門人類学考古学学科長・博士・教授 U. エルデネバト，日本昭和女子大学教授，博士ボルジギン・フスレ，モンゴル国立大学科学カレッジ人類学考古学学科博士候補 B. ダシドルジ，学生 E. ダライジャルガル（E.Dalaijargal），M. シャグジジャブ（M. Shagjjav），E. ビルグーン（E.Bilgüün），N. ツェグツボルド（N. Tsegtsbold），コック P. ムンフデルゲル（P. Mönkhdelger），運転手 A. ニャムフー（N. Nyamkhuu），N. バトバータル（N. Batbaatar）らが参加した（図 2）。大谷大学教授，博士松川節は 8 月 22 日から調査に加わった。

　調査隊は，ドルノド県セルゲレン郡において，チンギス・ハーンの長城に沿って位置するトーソグ湖の砦で考古学探査をおこない，測量と作図をし，城壁の構造，年代を詳細に特定するための試験発掘をおこなった。また，ドルノド県バヤンオール郡オハー・オボートの城壁から東に 2km にあるボンバト川の北東の丘で，チンギス・ハーンの長城の土塁の上で発見された孤墓を発掘調査した。

1. トースゴ湖の砦（No.18）

　この遺跡は，チンギス・ハーンの長城に沿ってある第 18 壁（番号はロシアの研究者 N. クラージン［N.N. Kradin］による[2]）である，ドルノド県セルゲレン郡の郡センターから北西に 31 キロにある「トースゴ[3]」という塩湖の北東の低い丘のうえにある（図 3，4）。位置は，49 U 0719001, UTM 5408267，海抜 787m，チンギス・ハーンの長城のおおきな土塁の南側に離れて位置する（図 36）。

　この周辺はチンギス・ハーンの長城の土塁が一部とぎれて不明瞭になっている。砦の北にある山はゾザーン・ウンドゥルといい，西側の頂上にオボーのある峠をトースゴ・オボーという。ドルノド県セル

49

「"チンギス・ハーンの長城"に関する国際共同研究基盤の創成」プロジェクト 2024 年度モンゴル国現地調査報告

ゲレン郡の第 2 村つまりホルガナ村に属し，土地のひとびとは「ヘルメン・ホノグ（一日）」と呼ぶ。「一日行程を行くなら四角，半日行程を行くなら三角」という伝説にちなむ。トースゴ湖の南側にある山をフトゥル・オハーという。その南西の盆地はフトゥル・ホンホルと呼ばれる。

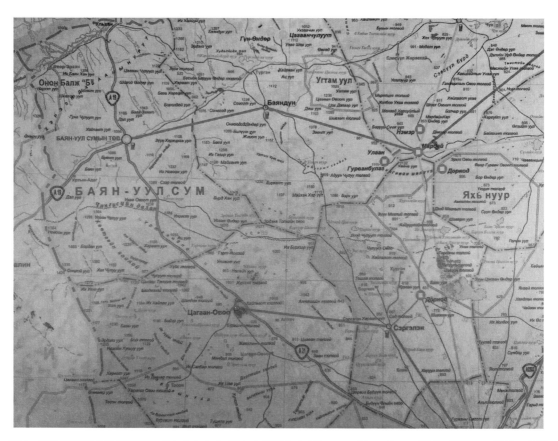

図1. 野外調査隊の発掘調査がおこなわれたドルノド県セルゲレン，バヤンオール両郡（「ドルノド県」ウランバートル：地図出版社，2014 年。縮尺 1: 600 000）

　トースゴ湖の砦は方形で土を積み固めて作られた城壁が四方にある。砦の北の城壁は 41m，東の城壁は 42m，南は 42m，西は 41m である。城壁の厚さは，基礎部で 10-15m，上部で 3-4m である。高さは内側が 0.3-0.5m，外側が 0.7-1m。その四隅は城壁より 20 ㎝ちかく高い。砦の城壁は，全体的にかなり崩壊しているが，東の城壁は比較的よく保存されている。門の位置はよく分からないが，南の城門の真ん中に 5-6m の幅でくぼんだ部分があるので，そこが門であったらしい。この砦の城壁をめぐって，幅約 3m，深さ約 0.5m の堀らしきものが見られる。これは，雨や雪の水を排水する簡単なものであって，防御用のものではなかったらしい。南北に対して，東西の城壁の軸は西北方向，（азмиу？）360⁰ である。

　われわれは，城壁跡を測量しドローンでの撮影および写真で記録したあと，土塁の内側に選択したそれぞれ 100x100cm の広さの計 9 つの区画で試掘をおこなった。以下にそれぞれの結果を記す。

1.1. トースゴ湖——試掘 1

　城壁の内側の北西隅，北側の城壁から南に 10m，西壁から 5m の場所を選び，100x100cm の区画に試掘をおこなった。区画の中心の座標は 49 U 0718993, UTM 5408264, 海抜は 784m。この区画を「試掘 1」とした。発掘方法は，人工層位法によった。

図 2．「"チンギス・ハーンの長城"に関する国際共同研究基盤の創成」プロジェクト 2024 年度モンゴル国現地調査隊のメンバー（2024 年 8 月 19 日）

図 3．トースゴ湖の砦（ドルノド県セルゲレン郡）

「"チンギス・ハーンの長城"に関する国際共同研究基盤の創成」プロジェクト2024年度モンゴル国現地調査報告

図4．トースゴ湖の砦（ドルノド県セルゲレン郡）

　発掘の第1層で，草で覆われた表土を根とともにはがすと，20cmの厚さの黒い土壌が出てきた。表土を取りのぞく過程で小型家畜の骨盤の破片が見つかった。その下には，厚さ10cmの細かな砂利と硬い黄色の粘土がまじった層があり，さらにその下に35cmの厚さの褐色をした柔らかい砂混じりの土が出てきた。発掘の第2層では，深さ40cmから小型家畜の肋骨と脛骨の破片が出土した。この深度で，試掘抗東側面に沿って焼けた木の炭の小さな斑点が見えた。65cmの深さから下には，黒褐色の土とうすい黄色でソーダ分を含む土が混ざった層があった。80cmの深さで，灰色の硬い粘土質の土が出てきたので発掘を止めた。

1.2. トースゴ湖──試掘2

　トースゴ湖の砦の城壁の内側で南側の城壁から15m，東側の城壁から3mの城壁南東隅に，100×100cmの区画を選び試掘をした。この区画を試掘2とした。位置は，49 U 0718999，UTM 5408251，海抜781mである。

　最初の層では，表層の植物を根からはがすと，腐土の黒い土の層が15-20cmあった。その下には細かな砂利の混じる砂土の層が8-10cm，さらにその下に30cmの厚さの黄褐色の砂土があり，50-55cmの深さで，灰色のソーダ分を含む硬い土の層が出てきたので発掘を止めた。

　この試掘2の発掘の区画から何も出土しなかった。北側の断面には養分を含んだ黒褐色の土が30cmの厚さであり，その下には白黄色の粘土質の土が混ざっている様子が見えた。その他の西，南，東側の断面の土壌の状態も同様であった。

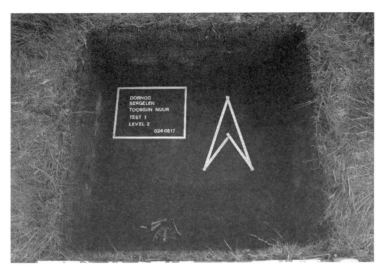

図5. トースゴ湖の砦 試掘1 第2層

図6. トースゴ湖の砦 試掘2

1.3. トースゴ湖——試掘3

　トースゴ湖の方形城壁の内側に，北側の壁の中央から南に5m，東西両側の壁から18mの場所を選び，100x100cmの区画で試掘をおこなった。その位置は，49 U 0718999, UTM 5408270, 海抜786mである。

　発掘の最初の層は，厚さ20 cmの植物の根や腐土の黒い土の層であった。その下の層は細かな砂利の混ざった厚さ5 cmの砂土，その下は35 cmの厚さの黄褐色の砂土の層であった。60 cmの深さで，灰黄色のソーダ分を含んだ硬い土の層が出たので発掘を止めた。この試掘では，堀からいかなる出土品も見つ

「"チンギス・ハーンの長城"に関する国際共同研究基盤の創成」プロジェクト2024年度モンゴル国現地調査報告

からなかった。

図7. トースゴ湖の砦　試掘3

1.4. トースゴ湖——試掘4

砦の城壁の南東隅の城壁の内側，東側の城壁から5m，南側の城壁から5mの場所で，100x100cmの区画を選び試掘をおこなった。区画の中心の位置は，49 U 0719024, UTM 5408261，海抜782mである。

発掘は人工層位法をもちいた。最初の層で，厚さ20-30cmの植物の根が混ざった黒い土と風によって固められた砂土の層が交錯して出てきた。その下には細かな砂利の混ざった黄褐色の土の中23cmの深さに家畜の骨の破片が出土した。これにつづくつぎの層から，小型家畜の骨の小片と齧歯類の骨の破片が散らばって出はじめた。さらに，この第2層から家畜の骨とともに黒灰色の文様のない陶器の破片3片が出土した。

図8. トースゴ湖の砦　試掘4 第2層

発掘第3層からは，50 cmの深さに小型家畜の骨の小片がつづけて出土し，また黒灰色の文様のない陶器の小片が3つ出土した。発掘第4層からは，小型家畜の頭骨の破片，顎，歯，首，肋骨，脚の骨の破片，腰の破片，焼いた骨の小片複数が出土した。さらに，文様のない黒灰色の陶器の小片が多量に出土した。これを見ると，われわれが選んだこの試掘4の区画は，砦の城壁の風下にあたり，古代のひとびとのゴミ捨て場であったらしい。80 cmの深さには，白っぽい色の硬い地層が出てきたので発掘を止めた。

図9. トースゴ湖の砦　試掘4第4層

図10. トースゴ湖の砦　試掘4　出土した陶磁器の破片

「"チンギス・ハーンの長城"に関する国際共同研究基盤の創成」プロジェクト2024年度モンゴル国現地調査報告

　トースゴ湖の砦でおこなった試掘4では，陶器の破片計39点が出土した。これらは，黒灰色の文様のないものがほとんどを占めていた。もっともおおきい破片は2.5 x 2.5cm，厚さ0.7 ㎝であった。もっとも厚いものは1.4 ㎝であった。陶器の口の部分の小片が1点見つかったが，それは1 ㎝の厚さであった。外側にも内側にも黒灰色の釉薬がかかった陶器の破片1点も出土した。保管された大きさは，2x1.5x0.8cm であった。

図11. トースゴ湖の砦　試掘4　出土した黒い釉薬のかかった陶器の破片と焼けた骨の破片

1.5. トースゴ湖──試掘5

　トースゴ湖砦の城壁の南東隅の城壁の内側，東側の城壁から10m，南側の城壁から10m に，100x100cmの区画を選び試掘をおこなった。位置は，49 U 0719016, UTM 5408263，海抜は779m である。

図12. トースゴ湖の砦　試掘5

発掘の最初の層では，上に植物の生えた根の部分をはがし 20 cmの深さに掘った。腐土の黒い土の厚さは 20 cmであった。その下には，5-10 cmの厚さで，中に細かな砂利を含んだ黒灰色の砂土の層が出て来た。この深さ 30 cmの平面で，試掘区画の東南隅から黒灰色の文様のない陶器の欠片が 1 点出土した。発掘第 3 層では，黒褐色と黄白色の砂土が混ざった層が出て，さらに 30 cm掘りつづけ 60 cmの深さに白っぽい色の硬いソーダ分を含む土が出てきたので掘るのを止めた。この区画からは，構造物や物品は何も発見されなかった。

図 13. トースゴ湖の砦　試掘 5　出土した陶磁器の破片

1.6. トースゴ湖――試掘 6

砦の城壁の内側の東南隅に 100x100cm の区画を選び試掘をおこなった。この区画の中心点の位置は，49 U 0719023, UTM 5408259, 海抜 780m である。この区画は，試掘 4 の区画から南西に 2m に位置する。

図 14. トースゴ湖の砦　試掘 6　第 2 層

「"チンギス・ハーンの長城"に関する国際共同研究基盤の創成」プロジェクト2024年度モンゴル国現地調査報告

　最初の層は厚さ20㎝，植物の腐った根を含む黒い土と風で固まり堆積した砂が混ざった層である。その下10-20㎝の厚さで，細かな砂利が中に入った黒灰色の砂の層が出てきた。発掘第2層から40㎝の深さに，黒灰色の文様のない薄い陶器の破片が1点，家畜の骨の割れた小片が複数見つかった。この層の下，40㎝から60㎝までの深さに黄褐色の砂土，60㎝の深さに白黄色の硬い粘土質の土が出てきたので発掘を止めた。

図15. トースゴ湖の砦　試掘6　出土した陶器の破片

1.7. トースゴ湖──試掘7

　砦の城壁の東南隅の城壁の内側，試掘4の区画の北側に100x100cmの区画を延長して試掘7とした。区画の中心点の位置は，49 U 0719022, UTM 5408262，海抜782mである。

図16. トースゴ湖の砦　試掘7　第4層

ここでも，発掘を人工層位法によりおこなった。20 cmの深さから家畜の骨の破片，25 cmの深さからは黒灰色の文様のない陶器の破片が3点，47 cmの深さからは鉄の断片2点が出土した。その下，60 cmの深さまで小型家畜の骨の小片が複数，黒灰色の文様のない陶器の破片が14点，表面に水滴様の文様が押されている陶器の破片1点が出土した。土壌の層の構造は，試掘4の区画と同じであった。80 cmの深さから大陸の基盤層が出てきたので発掘を止めた。

試掘7の区画からは，陶器の破片が計18点出土した。これらは，文様がなく黒灰色であった。割れた口の部分には厚さ1.5 cmの縁があった。水滴文様が押された陶器の破片の保存サイズは，2x2.5cm，厚さは0.8cmであった。鉄の断片のサイズは，2.5 x 1.1 x 0.1 cm, 2 x 1.6 x 0.1cmであった。

図17. トースゴ湖の砦　試掘7　出土した陶器の破片

1.8. トースゴ湖──試掘8

砦の城壁の南東隅の城壁の内側，試掘4の区画に西側に連続して，100x100cmの拡張区画試掘8を選んだ。区画の中心点は，49 U 0719021, UTM 5408260，海抜781mである。

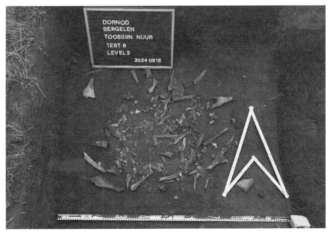

図18. トースゴ湖の砦　試掘8　第3層

「"チンギス・ハーンの長城"に関する国際共同研究基盤の創成」プロジェクト 2024 年度モンゴル国現地調査報告

　発掘の過程で，20 cmの深さから小型家畜の骨の断片，47 cmの深さから水滴文様が押された陶器の破片，「縄積み」式で作った釉のかかった陶器の？の破片，さらに黒灰色の陶器の破片2点が出土した。その下 60 cmの深さまでに，小型家畜の焼かれたあるいは焼かれていない骨の小片が複数，黒灰色の文様のない陶器の小片 11 点，表面に水滴様の文様が押されている陶器の破片 1 点，「縄積み」式で作った濃い緑色の釉のかかった陶器の破片 2 点が出土した。土の層の構造は，試掘 4 と 7 の区画と同じであった。80 cmの深さで，硬い粘土質の土が出てきて発掘を止めた。

図 19. トースゴ湖の砦　試掘 8　出土した陶器の破片

図 20. トースゴ湖の砦　試掘 8　出土した黒緑色の釉のかかった陶器の破片陶器の破片

試掘8の区画から出土した，首の部分に水滴様の文様の押された黒灰色の陶器の口の部分の保存サイズは，10 x 8.5 x 0.8 cm，縁の厚さは 1.6cm で，首の部分は，3.5 x 4 x 0.7 cm である。小型の黒灰色の陶器の破片は，厚さ 1.3 cm であった。外側と内側の両方に黒緑色の光る釉のかかった陶器の破片は，焼きがよく，粘土は純度が高く，保存サイズはそれぞれ，7 x 5 x 1.5 cm， 8 x 3.5 x 1.6 cm，3 x 2.5 x 1.8 cm であった。

1.9. トースゴ湖——試掘9

　砦の城壁の東南隅の城壁の内側，試掘7と試掘8の区画から西側に100x100cmの区画を延長して試掘9とした。区画の中心点の位置は，49 U 0719021, UTM 5408261, 海抜 781m である。

図21. トースゴ湖の砦　試掘9

図22. トースゴ湖の砦　試掘9　第3層

「"チンギス・ハーンの長城"に関する国際共同研究基盤の創成」プロジェクト 2024 年度モンゴル国現地調査報告

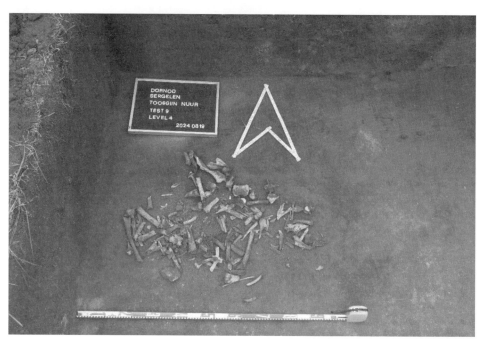

図 23. トースゴ湖の砦　試掘 9　第 4 層

図 24. トースゴ湖の砦　試掘 9　出土した陶器の破片と焼けた骨の断片

発掘の過程で 20 cmの深さから小型家畜の焼けた骨と焼けていない骨の小片が複数出土した。第 3 層

の 40-60 ㎝の深さでは，黒灰色の文様のない陶器の細かな破片が 26 点，第 4 層の 70 ㎝の深さでは土器の破片 2 点が出土した。その 2 点のうち水滴様の文様が押されているものが 1 点あった。この区画から出土した器のもっとも大きな破片のサイズは，5.4 x 3.3 x 14cm であった。出土した器の口の部分の破片 1 点の厚さは 1.7 ㎝であった。土壌の構造は，試掘 4，7，8 と同じであったが，すべての区画から家畜の焼けたあるいは焼けていない骨の小片が出土したのに対し，この区画ではゴミがかなり堆積していた。80 ㎝の深さで大陸の基層土が出てきたので発掘を止めた。

トースゴ湖砦の出土品

出土品	写真
図 25. 青銅装飾品の破片 丸い角の平たい青銅の装飾品の角の部分の破片。表面に浮彫の動物（？）の文様がある。穴がひとつ開いている。裏面は平面になっている。保存サイズは，2 x 1.8 x 0.1 cm。この装飾品の表は，幅 0.3 ㎝の線で囲われており，中心には鋳型流し込みによる浮彫の絵が描かれている。割れた上部に何が描かれているのか分からない。	
図 26. 鋳物の断片 1 点 保存サイズは，長さ 18 ㎝，幅 4 ㎝，厚さ 0.5 ㎝。 鋳物鍋の大小破片 9 点。 鋳物の器の脚の断片 4 点。	
図 27. 鉄くぎの断片 2 点 鉄片 5 点 鉛の破片 2 点	

「"チンギス・ハーンの長城"に関する国際共同研究基盤の創成」プロジェクト 2024 年度モンゴル国現地調査報告

図 28. 土器の破片 2 点
外側は黄褐色，内側は黒い破片。外側は灰色，内側に煤のついた破片。2 つとも厚さ 0.8 cm。

2. ボンバト（チンギス・ハーンの長城）――墓

　ドルノド県バヤンオール郡オハー・オボートの城壁から東に 2 km，ボンバトの南麓，ブール川の北の高台の上，チョイバルサンからバヤンオール郡に行く簡易整備道路の西側 300m にある，チンギス・ハーンの長城の土塁の上に，孤墓があるのを，2023 年の現地調査の測量の際に発見した。この遺跡を発掘調査し年代を調べるため，今年の事業計画に入れることにした。墓の位置は，49 U 0634186, UTM 5416300, 海抜 960m である。

図 29. ドルノド県バヤンオール郡チンギス・ハーンの長城の上の石積みのある墓（南側から）

この墓には，表土の上に円形に並べられた平たい積石がある。緯線に沿って 11m，経線に沿って 10m の大きさの楕円形の墓である。石積みの北西の端は崩れており，中心を掘って土を両側に捨てた形跡がある。何年も前に盗掘されたらしい。

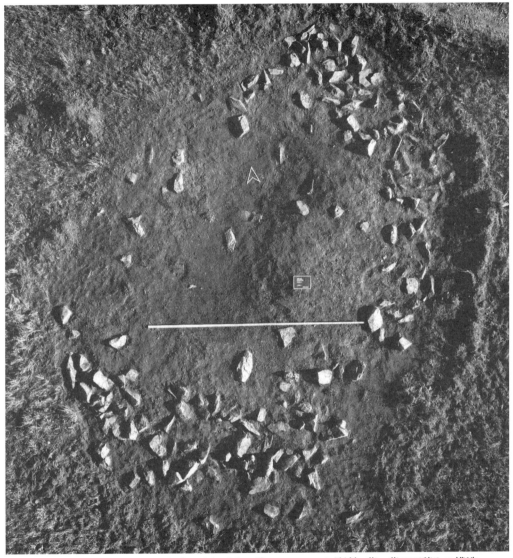

図 30．ドルノド県バヤンオール郡ボンバト（チンギス・ハーンの長城）墓　墓の石積みの構造

　われわれは，まず墓の石積みを清掃して測量図を作成した。覆っている土を清掃すると，墓の石積みの中央部に盗掘者たちが掘った穴がさらによく見えてきた。南北 2m 強の大きさの穴の両側に，掘った土をわきに積んであった。われわれは，この穴を含む墓の中心軸を 450x200 cm の広さで発掘する作業を人口層位法によりおこなった。発掘第 2 層で，表土から下に 20-30 cm の深さにある黒褐色の柔らかい土の中から人の指の関節，鎖骨，腰骨が出土した。そのつぎの層の表土から 40 cm の深さに羊の頭の骨の

「"チンギス・ハーンの長城"に関する国際共同研究基盤の創成」プロジェクト 2024 年度モンゴル国現地調査報告

破片，げっ歯類の下あごの骨，黒い釉のかかった土器の底の破片1点が出てきた。60 cmの深さからは，発掘区画の南部分から黄色い粘土質の層が灰色の砂利混じりの土から出たのを調べたところ，これは墓とは関係のない自然の層であることが分かった。表土から下80 cmの深さになると大陸の基層土が出てきたので発掘を止めた。

図 31. ドルノド県バヤンオール郡ボンバト（チンギス・ハーンの長城）墓 発掘第2層

図 32. ドルノド県バヤンオール郡ボンバト（チンギス・ハーンの長城）墓 人骨の遺物

 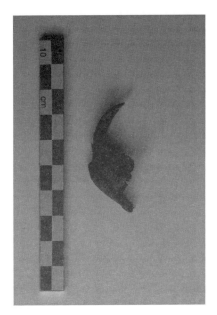

図 33. ドルノド県バヤンオール郡ボンバト（チンギス・ハーンの長城）墓　羊の頭骨とげっ歯類の骨の遺物

図 34. ドルノド県バヤンオール郡ボンバト（チンギス・ハーンの長城）墓　黒い釉のかかった土器の底の破片

　墓は以前盗掘にあったので，完全な構造が失われていた。黒い釉のかかった土器の底の破片の保存サイズは，高さ 6 cm，幅 7 cm，厚さ 0.8 cmであった。その底の外側と内側のいくつかの箇所には釉がかかっていなかった。

おわりに

　モンゴル国立大学科学カレッジと日本国昭和女子大学の共同プロジェクト「"チンギス・ハーンの長城"

「"チンギス・ハーンの長城"に関する国際共同研究基盤の創成」プロジェクト 2024 年度モンゴル国現地調査報告

に関する国際共同研究基盤の創成」の現地調査隊は，2024 年 8 月 15 日から 8 月 23 日まで 9 日間ドルノド県セルゲレン郡でチンギス・ハーンの長城に沿って位置する，トースゴ湖砦とバヤンオール郡ボンバトの南麓で発見された古代の墓で考古学発掘調査をおこなった。

トースゴ湖の砦の城壁では，100 x 100 ㎝の広さの計 9 区画で試掘をおこない，家畜の骨の遺物，契丹時代の水滴様文様が押された陶器，あるいは文様のない陶器の破片，さらに探査によって，割れた鋳物鍋，鍋の脚の破片，鉄くぎ，青銅の装飾品の破片など，興味ぶかい出土品が発見された。また，バヤンオール郡のボンバト南麓のブール川で，チンギス・ハーンの長城の上で見つかった古代の墓を発掘調査し，人や家畜の骨，土器の遺物を発見した。

本共同プロジェクトの発掘で発見された出土品や踏査での採集遺物を整理し，有機質サンプル 2 点を選んで日本で C_{14} 絶対年代測定をおこなった。放射性炭素年代測定結果は以下の通りである。

測定番号	試料名	採取場所	試料形態	処理方法	$\delta^{13}C$ (‰)(AMS)	$\delta^{13}C$ 補正あり	
						Libby Age（yrBP）	pMC (%)
IAAA-241772	1-1	モンゴル国ドルノド県セルゲレン郡トースゴ湖　2024 年 8 月 19 日	骨	CoEx	-17.89 ± 0.38	960 ± 20	88.70 ± 0.25
IAAA-241773	1-2	モンゴル国ドルノド県バヤンオール郡ボンバト　2024 年 8 月 21 日	骨	CoEx	-19.66 ± 0.35	350 ± 20	95.80 ± 0.27

表 1. 放射性炭素年代測定結果（$\delta^{13}C$，^{14}C 年代(Libby Age)，pMC）　　　　［IAA 登録番号：#C983］

測定番号	試料名	暦年較正用（yrBP）	較正条件	1σ 暦年代範囲	2σ 暦年代範囲
IAAA-241772	1-1	963 ± 22	OxCal v4.4 IntCal20	1033calAD - 1047calAD (14.4%) 1083calAD - 1128calAD (44.9%) 1139calAD - 1149calAD (9.0%)	1026calAD - 1054calAD (21.9%) 1064calAD - 1158calAD (73.5%)
IAAA-241773	1-2	345 ± 23	OxCal v4.4 IntCal20	1490calAD - 1524calAD (25.5%) 1572calAD - 1630calAD (42.8%)	1474calAD - 1530calAD (35.8%) 1539calAD - 1636calAD (59.7%)

表 2. 放射性炭素年代測定結果（暦年較正用 ^{14}C 年代，較正年代）

試料名	C 含有量（%）	N 含有量（%）	C/N 重量比	C/N モル比
1-1	44.1	16.0	2.8	3.2
1-2	44.6	16.1	2.8	3.2

表 3　炭素・窒素含有量（表 3 に結果を示した炭素と窒素の含有量の測定は，昭光サイエンス株式会社の協力を得ておこなった）

要するに，トースゴ湖砦（チンギス・ハーンの長城第 18 壁）で採集した骨は契丹時代のものであり，

バヤンオール郡ボンバトの南麓，チンギス・ハーンの長城の土塁上の墓はポストモンゴル帝国時代のものである。

註

[1] U. エルデネバト，Ch. アマルトゥブシン，ボルジギン・フスレ，J. オランゴア，B. バトダライ，Ch. アマルビレグ，Ts. トゥメン「日本・モンゴル共同研究プロジェクト“‘チンギス・ハーンの長城’に関する国際共同研究基盤の創成”によるドルノド県チョイバルサン郡とツァガーンオボー郡における現地調査隊報告書」(『モンゴルと東北アジア研究』Vol.7, 2022 年，pp.37-68)。ボルジギン・フスレ，U. エルデネバト，Ch. アマルトゥブシン，　松川節，二木博史，J. オランゴア，B. バトダライ，Ch. アマルビレグ，Ts.トゥメン，髙井龍「“‘チンギス・ハーンの長城’に関する国際共同研究基盤の創成”プロジェクトによるドルノド県における現地調査報告（2021 年 9 月と 2022 年 3 月）」(『モンゴルと東北アジア研究』Vol.8, 2023 年，pp.57-66)。U. エルデネバト，ボルジギン・フスレ，J. オランゴア，Ch. アマルビレグ，O. バトゾリグ「日本・モンゴル共同研究プロジェクト“‘チンギス・ハーンの長城’に関する国際共同研究基盤の創成”2022 年度現地調査報告」(ボルジギン・フスレ『遊牧帝国の文明——歴史学と考古学からのアプローチ』三元社，2023 年，pp.69-112)。U. エルデネバト，ボルジギン・フスレ，　Ch. アマルビレグ，E. ビルグーン「“‘チンギス・ハーンの長城’に関する国際共同研究基盤の創成”プロジェクト 2023 年度モンゴル国現地調査報告」(『モンゴルと東北アジア研究』Vol.9, 2024 年，pp.73-116)。

[2] Н.Н.Крадин, А.В.Харинский, С.Д.Прокопец, А.Л.Ивлиев, Е.В.Ковычев, Л.Эрдэнэболд. Хятан улсын их хэрэм. Чингисийн далангийн зүүн хойд хэсгийн судалгаа. Улаанбаатар, 2020, 49-50（N. N. クラージン，A. V. ハリンスキー，S. D. プロコピェツ，A. L. イヴリェフ，Ye. V. コヴィチェフ，L. エルデネボルド『ヒャタン山の長城：チンギス・ハーンの長城北東部調査』ウランバートル，2020 年，pp. 49-50）．

[3] クラージン等は，この名前を「トソギーン」と誤って記している（前掲書，pp. 49, 89, 131, 212）。

参考文献

（モンゴル語）

Н.Н.Крадин, А.В.Харинский, С.Д.Прокопец, А.Л.Ивлиев, Е.В.Ковычев, Л.Эрдэнэболд. Хятан улсын их хэрэм. Чингисийн далангийн зүүн хойд хэсгийн судалгаа. Улаанбаатар, 2020, 49-50（N. N. クラージン，A. V. ハリンスキー，S. D. プロコピェツ，A. L. イヴリェフ，Ye. V. コヴィチェフ，L. エルデネボルド『ヒャタン山の長城：チンギス・ハーンの長城北東部調査』ウランバートル，2020 年）．

У. Эрдэнэбат. Хар чулуутын палеолитын хадны зураг. - Mongolian Journal of Anthropology, Archaeology and Ethnology. Vol. 12 (1). УБ., 2023, 11-26.（U. エルデネバト「アル・チョロートの旧石器時代の岩絵」*Mongolian Journal of Anthropology, Archaeology and Ethnology*. Vol. 12 (1). ウランバートル，2023 年. DOI: https://doi.org/10.22353/mjaae.2023120101）．

（日本語）

U. エルデネバト，Ch. アマルトゥブシン，ボルジギン・フスレ，J. オランゴア，B. バトダライ，Ch. アマルビレグ，Ts. トゥメン「日本・モンゴル共同研究プロジェクト“‘チンギス・ハーンの長城’に関する国際共同研究基盤の創成”によるドルノド県チョイバルサン郡とツァガーンオボー郡における現地調査隊報告書」(『モンゴルと東北アジア研究』Vol.7, 2022 年)．

U. エルデネバト，ボルジギン・フスレ，J. オランゴア，Ch. アマルビレグ，O. バトゾリグ「日本・モンゴル共同研究プロジェクト“‘チンギス・ハーンの長城’に関する国際共同研究基盤の創成”2022 年度現地調査報告」(ボルジギン・フスレ『遊牧帝国の文明——歴史学と考古学からのアプローチ』三元社，2023 年)．

U. エルデネバト，ボルジギン・フスレ，　Ch. アマルビレグ，E. ビルグーン「“‘チンギス・ハーンの長城’に関する国際共同研究基盤の創成”プロジェクト 2023 年度モンゴル国現地調査報告」(『モンゴルと東北アジア研究』Vol.9, 2024 年)．

ボルジギン・フスレ，U. エルデネバト，Ch. アマルトゥブシン，　松川節，二木博史，J. オランゴア，B. バ

「"チンギス・ハーンの長城"に関する国際共同研究基盤の創成」プロジェクト 2024 年度モンゴル国現地調査報告

トダライ，Ch. アマルビレグ，Ts.トゥメン，髙井龍「"'チンギス・ハーンの長城'に関する国際共同研究基盤の創成"プロジェクトによるドルノド県における現地調査報告（2021 年 9 月と 2022 年 3 月）」（『モンゴルと東北アジア研究』Vol.8, 2023 年）．

付録

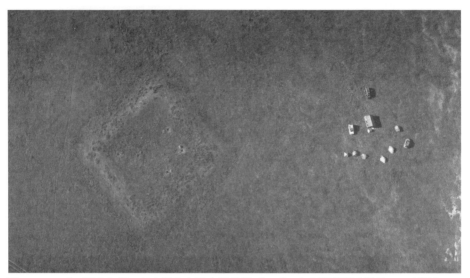

図 35. モンゴル国立大学・日本昭和女子大学共同プロジェクト野外調査隊ドルノド県セルゲレン郡トースゴ湖の砦

図 36. 発掘の様子（ドルノド県セルゲレン郡トースゴ湖の砦）

図 37. 試掘作業中（ドルノド県セルゲレン郡トースゴ湖の砦）

図 38. 試掘作業中（ドルノド県セルゲレン郡トースゴ湖の砦）

「"チンギス・ハーンの長城"に関する国際共同研究基盤の創成」プロジェクト 2024 年度モンゴル国現地調査報告

図 39. 野外調査の昼食の準備完了。コック P. ムンフデルゲル

図 40.「モンゴル国文化遺産保護法」に則り U. エルデネバトがドルノド県バヤンオール郡議会議長 A・アズバヤルに事業を紹介する

図 41. 野外調査隊，ドルノド県バヤンオール郡ボンバトの南麓ブール川（チンギス・ハーンの長城の上で発見された古代の墓の発掘調査の様子）

図 42. ドルノド県バヤンオール郡ボンバト（チンギス・ハーンの長城）墓の発掘作業

「"チンギス・ハーンの長城"に関する国際共同研究基盤の創成」プロジェクト 2024 年度モンゴル国現地調査報告

図 43. ドルノド県バヤンオール郡ボンバト（チンギス・ハーンの長城）墓の発掘作業

図 44. ドルノド県バヤンオール郡ボンバト（チンギス・ハーンの長城）記録作業

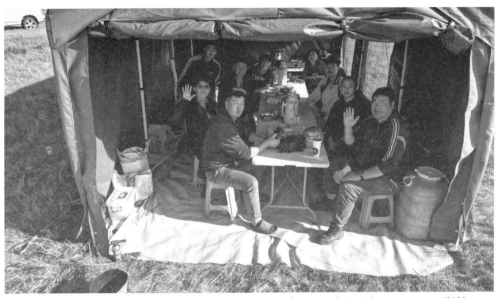

図 **45.** 野外調査隊メンバー，ドルノド県バヤンオール郡ボンバト（チンギス・ハーンの長城）

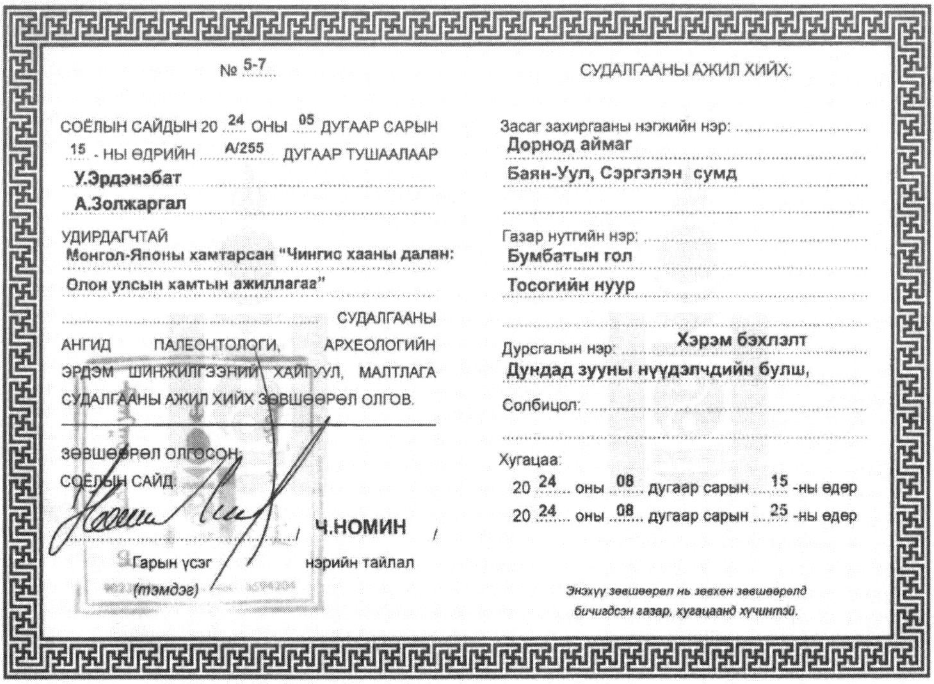

№ 5-7

СОЁЛЫН САЙДЫН 20 24 ОНЫ 05 ДУГААР САРЫН
15 - НЫ ӨДРИЙН A/255 ДУГААР ТУШААЛААР
У.Эрдэнэбат
А.Золжаргал
УДИРДАГЧТАЙ
Монгол-Японы хамтарсан "Чингис хааны далан:
Олон улсын хамтын ажиллагаа"
СУДАЛГААНЫ
АНГИД ПАЛЕОНТОЛОГИ, АРХЕОЛОГИЙН ЭРДЭМ ШИНЖИЛГЭЭНИЙ ХАЙГУУЛ, МАЛТЛАГА СУДАЛГААНЫ АЖИЛ ХИЙХ ЗӨВШӨӨРӨЛ ОЛГОВ.

ЗӨВШӨӨРӨЛ ОЛГОСОН:
СОЁЛЫН САЙД:
/ **Ч.НОМИН** /
Гарын үсэг (тэмдэг) нэрийн тайлал

СУДАЛГААНЫ АЖИЛ ХИЙХ:

Засаг захиргааны нэгжийн нэр:
Дорнод аймаг
Баян-Уул, Сэргэлэн сумд

Газар нутгийн нэр:
Бумбатын гол
Тосогийн нуур

Дурсгалын нэр: **Хэрэм бэхлэлт**
Дундад зууны нүүдэлчдийн булш,

Солбицол:

Хугацаа:
20 24 оны 08 дугаар сарын 15 -ны өдөр
20 24 оны 08 дугаар сарын 25 -ны өдөр

Энэхүү зөвшөөрөл нь зөвхөн зөвшөөрөлд бичигдсэн газар, хугацаанд хүчинтэй.

図 **46-1.** モンゴル国文化省付属考古学専門委員会から与えられた「“チンギス・ハーンの長城”に関する国際共同研究基盤の創成」プロジェクトに対する考古学踏査・発掘調査許可証

「"チンギス・ハーンの長城"に関する国際共同研究基盤の創成」プロジェクト 2024 年度モンゴル国現地調査報告

図 46-2. モンゴル国文化省付属考古学専門委員会から与えられた「"チンギス・ハーンの長城"に関する国際共同研究基盤の創成」プロジェクトに対する考古学踏査・発掘調査許可証

［付記］
　本報告書は JSPS 科研費助成　国際共同研究加速基金（国際共同研究強化［B］）「"チンギス・ハーンの長城"に関する国際共同研究基盤の創成」（課題番号 20KK0012，研究代表者ボルジギン・フスレ）の成果の一部である。

（訳：上村明）

モンゴル国立大学ウランバートル科学技術パーク
セレンゲ県オルホン郡オラーン・チョロート山遺跡考古学発掘調査
2024年報告

T. イデルハンガイ（T. Iderkhangai）

P. エルデネプレブ（P. Erdenepurev）

B. バトチメグ（B. Batchimeg）

L. フスレン（L. Khuslen）

A. ナムスライジャムツ（A. Namsraijamts）

J. エンフゾル（J. Enkhzul）

B. バヤンサン（B. Bayansan）

ボルジギン・フスレ（Husel Borjigin）

M.ムンフジン（M. Mönkhjin）

はじめに

中央アジアの高原地帯に位置するモンゴル国は，アルタイ，ハンガイ，ヘンティーといった高い山脈とゴビや平原が交錯する広大な国土を持ち，一年には四季があり，また自然や気候の面できびしい条件にある。したがって，この地域に古くから暮らして来たわれわれの祖先は，自然や気候，地理的な条件から移動牧畜を行って生計を立ててきた。遊牧民の最初の国家は匈奴であり，300年間続いたその期間にユーラシアの草原地帯のほぼすべてをみずからの手中におさめ，漢帝国と肩をならべる大帝国を築いた。そして，その国家体制と文化は後代の遊牧国家に影響を与えたのである。匈奴帝国の歴史は，歴史書の情報と彼ら自身が残した考古学的遺産を通じて研究がおこなわれている。匈奴文化の考古学的研究がモンゴルだけでなく世界中の多くの国の研究者たちにとって重要な位置を占めているのはもちろんのことである。今日われわれは，匈奴の人々が残した墓や都市，岩絵や祭祀遺跡を発見しているが，その中で墓や埋葬遺跡がもっとも数が多く広い地域に分布していることが明らかになっている。われわれの研究チームは，2010年から匈奴の墓や埋葬遺跡を探索しつづけ登録調査をおこない，それにもとづき彼らの国家の中心を見つける研究をつづけている。その結果，現在のモンゴル国の国土に2023年現在21,518か所の匈奴の墓・埋葬遺跡が発見されていることが明らかになった[1]。このうち，モンゴル国の11の県に5,967の墓があり，匈奴の貴族の埋葬遺跡が52か所登録されており，その大多数である40か所がわれわれの調査チームが2010年以降おこなった登録調査作業で新たに発見されたものである。これは，匈奴の考古学研究にとって大きな貢献である。われわれが新たに発見したこれら遺跡の中でも重要なものがセレンゲ県にあり，同県にある匈奴時代の墓や埋葬遺跡と貴族の埋葬地の数から見ると，ここが匈奴の人口の一部が集中して暮らしていた場所であっただろうとの考えが生まれた。それで，われわれはこの地で2019年以降匈奴の墓の発掘調査をおこなってきた。2019年から2023年には，セレンゲ県オルホントール郡イフ・ヌールグトとヤシル山などの遺跡で多数の匈奴の墓を発掘調査し興味深い成果

モンゴル国立大学ウランバートル科学技術パークセレンゲ県オルホン郡オラーン・チョロート山遺跡考古学
発掘調査 2024 年報告

をえた。そして，今年からは調査の範囲を拡げ，新しい遺跡，つまりオルホン郡にあるオラーン・チョ
ロート山の遺跡で発掘調査をおこなった。この遺跡は，はじめ 2018 年に考古学者 T. イデルハンガイが
セレンゲ県でおこなった匈奴の墓の登録調査の過程で発見されて公表され，その全部で 140 の登録され
た墓のうち 24 が羨道のある貴族の墓であった。そこで，われわれはその遺跡で 2024 年最初の発掘調査
を 8 月 2 日から 8 月 10 日までおこない，2 つの遺跡を発掘した。オラーン・チョロート山の遺跡には匈
奴の王や貴族の羨道のある大規模な墓だけでなく，鮮卑の王や貴族の土や地面の上に石を積み上げた墳
墓，平民の環状の盛り土や四角形の石の囲いのある墓といった多様な構造をもち，多様な時代のもので
あろう遺跡が一か所にあるのが興味を引く。これらの遺跡が，将来詳細な調査によって歴史上の重要な
問題を解決することが期待されている。これもこの遺跡の学問的重要性である。

調査チームの構成

　調査チームのリーダーは，モンゴル国立大学科学校社会学研究人類学考古学教室教師の考古学者，博
士（Ph.D）准教授 T. イデルハンガイである。研究員としてロシア連邦バルナウル市アルタイ国立大学
考古学民族学博物誌教室の博士候補，考古学者，修士 P. エルデネプレブ，国立チンギスハーン博物館収
蔵保管部門上級修復士，修士 B. バトチメグ，学術助手として考古学者修士 L. フスレン，A. ナムスラ
イジャムツ，J. エンフゾル，教室の修士候補，考古学者 B. バヤンサン，昭和女子大学教授ボルジギン・
フスレ，G. ザナバザル美術館研究収蔵部門学芸員の考古学者，学士 M. ムンフジン，モンゴル国立大学
科学校社会学研究人類学考古学教室 4 年生 A. グンチンスレン(A. Günchinsüren)の 10 名構成で発掘調査
をおこなった。

調査のルートと期間

　ウランバートル市—トゥブ県—バヤンチャンドマニ郡—セレンゲ県バヤンゴル郡—サイハン郡—オ
ルホン郡—サイハン郡—バヤン郡—トゥブ県—バヤンチャンドマニ郡—ウランバートル市のルートで
オラーン・チョロート山遺跡に到着，2024 年 8 月 1 日から 8 月 10 日まで 10 日間発掘調査をおこなっ
た。

調査方法

　われわれは，オラーン・チョロート山遺跡で最初の発掘調査で考古学の基本的な科学的方法にもとづ
き，最新の先端的方法も用いて層位法による発掘調査をおこなった。墓の発掘の表土を取りのぞく作業
では，遺跡の外的構造を含むその外側 30-50 ㎝までの表土を，深さ 15-40 ㎝すなわちそのつぎの層の表
面に達するまで取りのぞき，基本的な遺跡の構造が明らかになるように作業をおこなった。区画全体で
表土を取りのぞく作業をおこなう前に，着手前の層の写真を撮影し，計測をおこない，発掘区画を画定
し，遺跡の内部構造を明らかにするため，断面のための仕切りをその遺跡の盛り土の大きさに応じて 20-
30 ㎝の幅でのこすなど，順次段階的な発掘作業をおこなった。表土を取りのぞく作業のあと，この墓の
外的構造を完全に理解する観点から，構造物として積まれた石とその他の明確な特徴をよく観察し，構
造物に含まれない石を取りのぞくなど，墓が地面上にその当時最初に建設された石の構造物を残すよう

に発掘をすすめた。われわれが発掘した2つの遺跡は、ことなる構造をしていたので、それぞれについての発掘方法にしたがい作業した。第1の墓は、モンゴル全国に広く分布する平民の墓とおなじ構造のものであったため層位法で発掘したのに対し、第2の墓は発掘の過程で墳墓であることが分かったので、ダルハンオール県ホンゴル郡にあるガビロイ山遺跡での発掘調査の経験と方法にもとづき発掘をおこなった。発掘のそれぞれの層で写真をカメラとドローンで撮影し記録した。またそれぞれの層で手書きの図を作成し、それぞれの断面も図で記録し、現場で学問的所見を書きしるし、発掘作業がすべて終わったのち、原状回復作業をおこなった。現地調査の作業のあと、発掘の過程で発見された出土品を研究室に持ち帰り詳細に研究し、修復と現地調査作業の過程を整理しまとめ報告書を公刊した。

調査の成果

オラーン・チョロート山遺跡のある場所は、以前発掘調査がおこなわれていなかったので、2024年われわれは最初の発掘調査をおこない、遺跡の年代を確定し、遺跡の構造物を明らかにし、将来の研究計画を策定するために、小規模の遺跡2か所をえらび、第1墓、第2墓という番号を付与して発掘調査をおこなった。われわれが発掘調査作業をおこなったのは8月だったので、草が高く生えており遺跡の構造が十分わからなかった。第1墓は、地面の上に明確に認識されるだけで石は多くなく、表土をのぞくと円形の石積みがあり、中央部の石はなくなっていることが明らかになった。

さらに下に発掘を進めると、細長い石を横に並べた石積みが発見され、その下から頭蓋骨のない元の位置から動かされていない人骨が発見された。墓の横積みされた石の上からは陶器の破片と人の顎の骨が、人の2つの手の骨の下からは骨器が2点発見された。第2の墓は、墓地内の西側に位置し、地面の上に大きな平たい石が角を揃えて置かれていた。この遺跡の表土を取りのぞき、囲いの石の内側の発掘を続けると、墓穴の痕跡は見当たらず、発掘区画を東側に拡張しさらに掘ると、深さ1.3mちかくで羨道の痕跡が発見された。それで、この遺跡が墳墓であることが分かった。このような種類の遺跡は、われわれが2021年から2023年ダルハンオール県ホンゴル郡ガビロイ山の遺跡で発掘調査をおこなったことがある。このガビロイ山の墳墓発掘で得た経験とノウハウでこの第2墳墓をさらに発掘していったところ、墳墓から木の棺に収められた子供の遺体が陶器1点とともに発見された。

われわれは、ダルハンオール県ホンゴル郡ガビロイ山遺跡を鮮卑時代のものだと見ているが、このような種類の墳墓が匈奴の貴族の埋葬地とおなじ場所にあることは興味ぶかい。また、地面の上に石積みのある墓のように見えていた遺跡が、墳墓でもあるように見えることは、匈奴と鮮卑の時代の遺跡の関係や時代についての研究を見直し再吟味する点があることを物語っている。われわれは、セレンゲ県バローンブレン郡のホンゴル・オボー、オルホントール郡のアギト南麓、ユルー郡カルニコフといった場所にも、羨道を持つ匈奴の貴族の墓と鮮卑の貴族の墳墓がひとつの場所に隣りあって存在していることを発見し、学術論文に発表したことがある[2]。このオラーン・チョロート山の遺跡の場所は、匈奴と鮮卑の貴族の墓が隣りあって存在する4番目の遺跡であることが重要である。このほか、この遺跡の場所にある石で四角形に囲まれた複数の墓を見ると青銅時代の方形墓と共通なので、匈奴の起源を明らかにする上でも重要な役割を果たすだろう。これらを見ると、オラーン・チョロート山の遺跡は、匈奴の起源と関係があるだけでなく、墓の構造がどのように変化していったかについて研究する上でも重要な役割を果たすといえる。われわれは、この遺跡をさらに何年も詳細に発掘調査することを計画している。

モンゴル国立大学ウランバートル科学技術パークセレンゲ県オルホン郡オラーン・チョロート山遺跡考古学発掘調査 2024 年報告

1. 調査概要, 現地調査記録

1.1. セレンゲ県考古学調査概要

1912 年, 現在のセレンゲ県アルタンボラグ郡のヒャグト川西岸で, N. P. ミフノが旧石器時代の数少ない出土物を発見した。その後 1923 年, 1925 年に再度探査と発掘調査をおこない, 旧石器時代の数多くの出土品を発見した。1926 年 V. I. リソフスキーもその付近から旧石器時代の多数の出土品を発見した。その中には, ゴビによくある遺物, 包丁, へら, 細片, 細いナイフなど多くの興味深い出土品があった。これらの出土品は現在ヒャグト博物館に所蔵されている[3]。

1927 年ブリヤートの学者 B. ビャンバエフは, セレンゲ流域で探査をおこない, 多くの遺跡を発見し調査した[4]。

1930 年代, D. ブキニチがアルタンボラグの近くから集めた品の中に新石器時代の方法で作られた大型の石の武器が多数あった[5]。

1960 年代, 考古学者 Kh. ペルレーは, オルホン郡ツァントの古代都市の近くで調査し, 1961 年『モンゴル人民国古代中世都市概論』に収録した。都市ツァントの遺跡は, 1994 年と 1996 年モンゴル韓国共同プロジェクト「東モンゴル」の現地調査隊が調査している[6]。

1960-1970 年代, ソ連の学者 N. M. シェペチリニコフ, Kh. ペルレー, D. ダージャブ, D. マイダルらが, バローンブレン郡ブレンハン山南麓にあるアマルバヤスガラント寺院の歴史と建築について, 寺院の中心にある碑の碑文を碑文学の観点から調査し, 著作に収録している[7]。

1961 年, Ts. ドルジスレン, I. エルジェリらの研究者がトゥブ県バトスンベル郡の 6 つの方形墓を発見した。この調査チームは, セレンゲ県スフバータル市の西近郊にあるムンドゥルテイン・ホショーと呼ばれる小山の北稜に 12 の方形墓を, スフバータル市の北東にある山の南面に 6～8 つの方形墓をそれぞれ発見し登録した[8]。

1964 年科学アカデミー歴史研究所研究員考古学者 N. セルオドジャブ, D. ドルジ, ブルガリアの学者 S. ミハイロフらから構成される「セレンゲ学術調査隊」は, オルホン川, ゼルテル川, ユルー川, フデル川の流域で探査をおこない多くの時代の遺跡を発見し登録した[9]。

1966 年, 考古学者 Ts. ドルジスレンは, 現在のセレンゲ県マンダル郡とトゥブ県ボルノール郡の境のボロー川の東岸にある, 盛土の土塁をもつ古代の定住地を調査し, 匈奴のものであると判定した。この遺跡は 1987 年と 1990 年 D. ツェベーンドルジらが, 2005 年から 2007 年にはモンゴル・スイス共同考古学現地調査隊が再度調査している[10]。

1976 年, モンゴルソ連歴史文化共同調査隊碑文研究班研究員 A. オチル, S. ハルジャウバイらは, セレンゲ県マンダル郡ボロー川の東岸にあった漢文碑文のある碑を発見し調査した[11]。

1977 年, サルヒト駅の傍らでおこなわれていた土木工事で古代の墓が壊されたとの情報をもとに D. ナワーンが現場に行って調査したところ, 発掘した 5 つの半壊の墓のうち 4 つが匈奴の墓であった[12]。

1979 年, モンゴル・ソ連歴史文化共同調査隊石器時代調査班 D. ドルジ, A.P. オクラドニコフらの研究者は, セレンゲ県で探査作業をおこない, 多数の石器時代の遺跡を発見し記録した[13]。

1980 年, D. ツェウェーンドルジ, A.P. オクラドニコフ, Yu. S. フジャコフらのハルホリン学術調査隊が, バローンブレン郡にあるショボータイ・ハドの岩絵を発見調査した[14]。

1981 年, ソ連の学者 V. V. ボルコフは, オルホン郡のナルトの南, オルホントール郡のウグームルの

北，フデル郡のハダン・ホショーのオボーにある鹿石の概評をおこない写生図を作成し調査した[15]。

1980 年から 1982 年，モンゴル・ソ連歴史文化共同調査隊青銅器時代鉄器時代遺跡調査班は，アルハンガイ県，ボルガン県，セレンゲ県ホンゴル国営農場のちかく，トゥブ県で 40 ほどの匈奴の墓を発掘調査した。ホンゴル国営農場の北の斜面のトーロイン・アムというところに 8 つの匈奴の墓があり，1980 年うち 7 つを，翌 1981 年残りのひとつを発掘した[16]。

1982 年，アルタンボラグ郡にあるホタグ・ウンドゥル山で D. ナワーンが，畑の中に壊れた 4 つの匈奴の墓があるのを見分し出土品を持って帰還した[17]。

1990 年，科学アカデミー歴史研究所の考古学者 D. バヤル，Kh. サグワスレンらが，セレンゲ県で調査し多数の遺跡を再発見または新発見し登録した。この調査の結果は，1997 年 D. バヤルが『モンゴルにある突厥時代の石人』という著作に出版し，オルホン郡ナルトの北，オルホントール郡シャル・オス川の石人を写生図と概説とともに収録している[18]。

1994 年，モンゴル韓国共同プロジェクト「東モンゴル」の現地調査隊は，オルホン郡で考古学探査をおこなった。

1996 年，科学アカデミー歴史研究所研究員考古学者 D. エルデネバータル，B. ツォグトバータルらは，セレンゲ県トゥシグ郡タブト平原ちかくで考古学予備探査をおこない，25 の墓・埋葬遺跡を発見した[19]。

1997 年，モンゴル韓国共同プロジェクト「モンソル」の研究者たちは，アルタンボラグ郡のオラーン・ボルガスという場所にある新石器時代の定住地と鍛冶場を発見し調査した。またツァガーンノール郡で酸化鉄の絵具で描かれた絵画を発見した[20]。

1996 年から 1999 年，G. ゴンゴルジャブ，G. エンフバトらの現地調査チームは，「モンゴルにある歴史文化遺跡」という名称の検証事業の一環としてセレンゲ県で調査をおこない，多数の遺跡を再度または新たに登録した[21]。

2000 年，モンゴル・ロシア・アメリカ共同プロジェクト「モンゴルの石器時代」の現地調査隊は，セレンゲ県で探査調査をおこなった。同年，科学アカデミー考古学研究所考古学研究センターの調査隊が，マンダル郡のちかくのマンダル・トルゴイの洞窟から，「スージル・チャグト」という文様を酸化鉄の絵具で描いた絵画を発見し 2004 年公表した[22]。

2005 年，モンゴル国立大学社会科学校教官 Z. バトサイハンがリーダーの調査隊は，学生の野外研修の一環として，ユルー郡カルニコフ山口，バローンブレン郡ボルガルタイ川の盆地で考古学探査をおこない，全部で 70 以上の墓を発見した。これらの遺跡で，少なくない数の墓を発掘調査し，数多くの歴史文化的出土品を発見した[23]。

2006 年，科学アカデミー歴史研究所研究員 S. ウルジーバヤルを長とするモンゴル国立大学社会科学校学生野外調査隊は，サント郡ウグームル・ハイルハン山のちかくで考古学調査をおこない，多数の時代の 112 の墓を発見し登録した。かれらは，全部で 7 つの墓を発掘したが，そのなかの匈奴時代の 4 つの墓の発掘調査で，装飾品，武器，日常の食器に関連する多くの出土品を発見した[24]。その翌年，Z. バトサイハンの指揮で 9 つの墓が発掘されたが，そのうち 5 つが匈奴の墓であった。2009 年には U. エルデネバータル博士がリーダーのチームが，2 つの墓を発掘した。モンゴル国立大学考古学人類学教室は，全部で 18 の墓を発掘し，そのうち 11 が匈奴の墓，1 つがウイグル時代のもの，また慰霊碑または偽の墓が 6 つあった[25]。

モンゴル国立大学ウランバートル科学技術パークセレンゲ県オルホン郡オラーン・チョロート山遺跡考古学発掘調査 2024 年報告

2007 年，科学アカデミー考古学研究所，セレンゲ県の総合博物館と専門審査局，フデル郡長役場が共同で，この郡のトゥムルテイ川の流域で小規模の考古学探査をおこなった。この事業の一環として，川の東岸にある扁平な石を内側に積んで作った竈 3 つ，ツァグダー・トルゴイの近くからは，さらに 2 つの竈が発見され，石灰を燃やす竈であったことが判明し記録・登録した[26]。

2007 年，B. ツォグトバータル，Ch. アマルトゥブシンらの研究者は，セレンゲ県フデル郡アルタン・オボーという場所から 2 つの鹿石を発見した[27]。

2008 年，セレンゲ県の総合博物館と専門審査局が共同で，県にある歴史文化不動遺産を登録し，データベースを制作した。調査チームは，この事業の一環として 16 の郡にある 800 以上の遺跡の初期登録をおこない，写真，録画をおこなった[28]。

2011 年，科学アカデミー考古学研究所の研究員たちは，セレンゲ県トゥシグ郡のオラーン・トルゴイという場所で保全探査をおこない，13 の遺跡を発見した[29]。

2015 年，モンゴル・ロシア共同プロジェクト「モンゴル石器時代調査」チームの B. グンチンスレン，B. ツォグトバータル，出穂雅実，D. オドスレンらは，セレンゲ県フデル郡のツフ川とフデル川の流域で以前の探査調査を継続しておこなった[30]。

2015 年から 2016 年，Ch. アマルトゥブシン，G. エレグゼン，L. イシツェレン，G. ガルダン，P. アルダルムンフ，笹田朋孝，臼杵勲らの研究者は，モンゴル日本共同プロジェクト「古代モンゴル人の産業の歴史」の一環として，セレンゲ県マンダル郡のボラグ山口で鉄溶解炉の発掘調査をおこなった[31]。

2016 年，M. ニャムフー，Ch. アマルトゥブシン，G. エレグゼンらは，地理情報システムの技術を考古学に応用し，地図の作成やデータベース制作の事業の一環として，セレンゲ県マンダル郡ボローギーン・ドゥルブルジン，トゥブ県バヤンツァガーン郡チヘルティーン・ゾー，トゥブ県バヤンジャルガラン郡ゴア・ドブ，ボルガン県ブレグハンガイ郡ショボータイン・ヘレムなどの各所で作業をおこなった[32]。

2016 年，科学アカデミー歴史考古学研究所の G. ガルダン，B. バトダライ，Ch. アマルトゥブシンらは，セレンゲ県フデル郡のブドゥーン川という場所で操業中のベイシック・メタル・マイニング有限責任会社が道路修理工事の際に発見した青銅器時代の 6 つの鍋を持ち帰った[33]。

2016 年，国立教育大学考古学教室は，保全調査の一環としてセレンゲ県ユルー郡とフデル郡を通過する道路のルート上で 44 の遺跡を発見した[34]。

2016 年，科学アカデミー歴史考古学研究所は，保全発掘調査の一環として 86 の遺跡を発掘し，セレンゲ県マンダル郡の方形墓から盃状の青銅鍋の断片などを発見した[35]。

2017 年，科学アカデミー歴史考古学研究所は，保全探査調査の一環としてセレンゲ県で 67 の遺跡を発見した[36]。

2018 年，科学アカデミー歴史考古学研究所は，保全探査調査の一環としてセレンゲ県バヤンゴル郡のボル・トルゴイにある古代の住居跡で，同研究所考古学データベース・保全部門長准教授 Ch. アマルトゥブシン博士，青銅器・鉄器時代研究部門上級研究員 N. エルデネオチル博士，匈奴古代史研究部門研究員修士 L. イシツェレン，考古学研究センター研究員修士 B. エルデネ，G. アンガラグドゥルグーンらが，詳細探査調査をおこない，匈奴の墓や住居跡を発見し，土器の破片，青銅器を収集した[37]

2019 年，科学アカデミー考古学研究所研究者 E. アマルボルドは，セレンゲ県バヤンゴル郡，マンダル郡のボヤントという名の土地で保全探査調査をおこない，6 つの遺跡を発見し登録した[38]。

2019 年，ウランバートル大学考古学教室研究者チームは，学生野外研修の一環として，セレンゲ県オルホントール郡のホンゴル・オボー村（バグ）にある興味深い構造をもつイフ・ヌールグトゥの匈奴の平民の遺跡で発掘調査をおこない，3 か所で 7 つの遺跡を発掘した[39]。

2020 年，科学アカデミー考古学研究所の研究者 Ts. ツェルハガラブは，セレンゲ県サイハン郡のツァヒルという場所で保全探査調査をおこない，15 の青銅器時代のヘレクスル，9 つの方形墓，97 のモンゴル墓など，全部で 121 の遺跡を発見した[40]。

2021 年，ウランバートル大学考古学研究室研究者チームは，学生野外研修としてセレンゲ県オルホントール郡のホンゴル・オボー村にあるイフ・ヌールグトゥの匈奴の遺跡で 3 つの墓を発掘調査した[41]

2022 年，ウランバートル大学考古学教室の調査チームは，セレンゲ県オルホントール郡のホンゴル・オボー村にあるイフ・ヌールグトゥで 7 つの墓，ヤシル山遺跡で 3 つのモンゴル時代の墓を発掘調査した[42]。

同年，科学アカデミー考古学研究所は，2021 年にはじまった日本の京都大学との共同プロジェクト「匈奴の社会，匈奴と漢の関係を考古学発見によって明らかにする」でセレンゲ県ユルー郡にあるオラーンボラグ遺跡で調査し 3 つの匈奴の墓を発掘調査した[43]。

2023 年，モンゴル国立大学ウランバートル科学技術パークの教員考古学者 T. イデルハンガイをリーダーとする調査チームは，セレンゲ県オルホントール郡ヤシル山遺跡で実施していた発掘調査を継続し，ヤシル山で 3 つの墓，4 つの祭祀施設，グンジーン・アムで 2 つの突厥の祭祀対象遺物の発掘調査をおこなった[44]。

同年，科学アカデミー考古学研究所とドイツのマックス・プランク地理人類学研究所の共同プロジェクト "MAPS" のチームがフブスグル県，セレンゲ県でおこなった探査調査で 503 の遺跡を登録したなかに，セレンゲ県オルホンロール郡ヌムルグ山の探査調査があった[45]。

2023 年，科学アカデミーと日本の京都大学の共同プロジェクト「匈奴と漢の関係を考古学発見によって明らかにする」は，セレンゲ県ユルー郡ハンドガイト定住地で発掘調査をおこない，都市の城壁とそのちかくにあるひとつの石の構造物を発掘調査した[46]。

同年，モンゴル国立博物館の Ts. オドバータルがリーダーの調査チームは，セレンゲ県バローンブレン郡のホンゴル・オボーとツォータイジ・ハイルハンの遺跡のある場所で，それぞれひとつの埋葬遺跡を発掘調査した[47]。

1.2. 現地調査概要

モンゴル国立大学科学校社会学院人類学考古学教室教師，考古学者の准教授 T. イデルハンガイ博士 (Ph.D) がリーダーの調査チームは，セレンゲ県のオルホン川の流域で 2019 年以降継続的に発掘調査をおこなってきた。2019 年から 2023 年まで，われわれは，セレンゲ県オルホントール郡にあるイフ・ヌールグトゥとヤシル山の遺跡で匈奴，突厥，モンゴル時代の埋葬遺跡の発掘調査をおこない，2024 年には調査を拡大しオルホン郡にあるオラーン・チョロート山の匈奴の貴族の墓がある場所で発掘調査をおこなうことを計画した。2024 年 8 月 1 日荷物を積み込みウランバートル市を出発し，夜 20 時ごろオラーン・チョロート山の遺跡に到着し，荷物をおろしテントを張って野営した。翌 8 月 2 日朝早く起床して野外調査隊を結成し，午後からは調査チームのリーダーT. イデルハンガイが，チームのメンバーを集

モンゴル国立大学ウランバートル科学技術パークセレンゲ県オルホン郡オラーン・チョロート山遺跡考古学
発掘調査 2024 年報告

めミーティングをおこない，発掘調査をどのようにおこなうかについて計画を発表し，各自自分のやる
べき仕事，どのように組織的におこなうか等について決定した。

　それが終わると，発掘調査する遺跡を選び発掘作業を開始した。今年われわれは小規模の墓 2 つの発
掘調査を計画しており，遺跡のある場所の東南と西の部分の 2 つの遺跡を選択した。そして，発掘調査
をはじめ，毎朝 7 時に起床し朝食を終え各自が準備をして 8 時に作業場に行き 5 時間作業し，お昼の 12
時に作業を中断し昼食をとり休憩し，16 時に作業場に再び行き，夜 19 時作業からもどった。発掘調査
作業中，セレンゲ県オルホン郡の幹部と警察が来てわれわれの活動を視察した。発掘をすると，第 2 の
遺跡が墳墓であったので作業のスピードはすこし落ちたが，発掘調査は 8 月 9 日成功裏に作業を終え，
われわれは発掘で発見した出土物を専用の袋や容器に整理して収め，原状回復作業を終え，8 月 10 日 10
時ごろウランバートル市に向かい出発しその日の 16 時ごろ帰着し，今回の発掘調査は成功裏に終了し
た。

2. 発掘調査

2.1. オラーン・チョロート山での発掘調査

　オラーン・チョロート山の遺跡は，セレンゲ県オルホン郡の中心から西に約 16.6 ㎞，オルホン郡北西
のはずれ，オルホン川の北岸のオラーンチョロートという頂上が岩の山の南東側の 400 ㎡の区域にある
140 の埋葬遺跡からなる。この山の西側に青銅器時代のヘレクスル，方形墓などさまざまな種類の遺跡
があるが，それらは歴史・文化の不動遺跡の国家登録に登録されている。しかし，山の東側にある匈奴
の貴族の埋葬遺跡は登録されていなかったが，考古学者 T. イデルハンガイが 2018 年オルホン川流域で
匈奴の墓を登録する調査の際に，最初に発見し学術的発表がなされた。

　最近まで研究者たちは，匈奴の埋葬遺跡は貴族のものと平民のものの 2 つの種類に分類されると考え
ていた。しかし，われわれがオルホン川流域，セレンゲ県でおこなった探査調査の結果から，貴族と平
民の埋葬遺跡がおなじ場所にいっしょにある遺跡が数多く発見されたので，上記の分類を再考しなけれ
ばいけなくなった。オラーン・チョロート山の遺跡には，外的構造において，羨道つきの貴族のおおき
な墓，水を引く溝をもつおおきな盛り土の墳墓，小規模の石積みのある墳墓，環状に積まれた墓，方形
に石で囲われた墓など，いくつもの種類の 140 の埋葬遺跡があり，非常に興味ぶかい。これらの遺跡は，
すべてそれぞれ個別の埋葬場所を形成するように位置しており，体系的で詳細な発掘調査作業を何年も
おこなうことが必要であることを示している。よって，われわれは，今年自分たちのキャパシティを考
え，遺跡のある地域の西と南東部分にある規模の小さい 2 つの遺跡を選び，墓-01，墓-02 と番号をつけ，
発掘調査をおこなった。以下に，2024 年発掘調査をおこなった墓の学術的評価について，写真と図とと
もに詳細に述べたい。

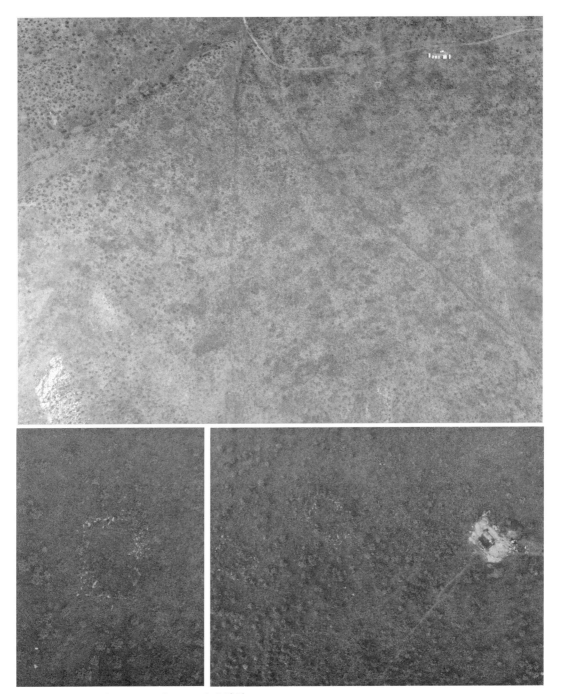

図 1-1, 1-2, 1-3. オラーン・チョロート山遺跡

墓-01.

　この墓は，オラーン・チョロート山遺跡の南東部，広い谷の西側，未舗装道路の西側の上が平たい丘

モンゴル国立大学ウランバートル科学技術パークセレンゲ県オルホン郡オラーン・チョロート山遺跡考古学発掘調査 2024 年報告

の上の海抜 903m，北緯 49°6'38.32"，東経 105°10'34.55"に位置する。われわれがそこに行くと，墓の石積みの上には草や灌木がたくさん生えていた。地上に広く存在する石積みは，それほどよく確認できなかった。石積みを最初に測ると，大きさは 5 x 3.5m であった。

図 2-1, 2-2, 2-3. 墓-01 土を取りのぞく作業

層 01. 広く土を取りのぞく作業.　われわれは，この遺跡の最初の記録をおこなった後，地上に見えている囲いの石の周囲に 7 x 5m の広さの四角形の区画を設け，その中心部に囲いの石を通り 30 ㎝の

幅で断面を取るための仕切りを入れ，もっとも深いところで28㎝，浅いところで15㎝の深さまで表土を取りのぞく作業をおこなった。表土の取りのぞき作業の過程で，断面の仕切りの西側の石積みの中から小型家畜の髄骨の断片が発見された。その作業が終わると，墓の石積みは，若干構造が崩れており，中心の囲いの石が移動して一部は倒れていた。墓の石囲いの端は，西側が完全に現れていなかったので，われわれは西側に30㎝区画を拡張し，石積みの端を完全に露出させた。表土を取りのぞいた後の状態では，この墓の石積みは5.8 x 4.25m，中心の囲いの石は3.1 x 2.95mの大きさであった。発掘深度は15-28㎝であった。

図 3-1, 3-2, 3-3. 墓-01 層 02

モンゴル国立大学ウランバートル科学技術パークセレンゲ県オルホン郡オラーン・チョロート山遺跡考古学発掘調査 2024 年報告

層02. 表土を取りのぞいた後，墓の石積みの写真と図を作成し，断面の仕切りをとり，囲み石を残して中と外に散らばった小さな石を取りのぞき，囲みの中と外の区画を 10 ㎝の深さに平らに掘ったが，墓の穴の跡と見えるものは発見されなかった。この層において，区画を深さ 38 ㎝掘った時には，何も物品は出てこなかった。発掘の深さは 38 ㎝。

図 4-1, 4-2, 4-3, 4-4. 墓-01 層 03

層03. 上記の層の発掘において，写真と図で記録後，墓穴の跡を発見するために，四角形の石囲みの北東側の石を取り，墓の中心に 2.76 x 2.53m の区画を設け，深さ 46-55 ㎝掘ると発掘区画の中心に頭側が 114 ㎝，足側が 63 ㎝，長さ 180 ㎝の楕円形の黒褐色の土が出現した。この土の中心と下部から大小の詰石が現れはじめた。墓穴から発見された土の色の変化を観察すると，頭側または胸の部分が大きな円で黒くなっているのは，むかし盗掘された痕跡であるらしい。発掘の深度は 60 ㎝。

層04. 前の層の発掘後の状態を写真と図で記録し，断面図を作成してさらに発掘作業をつづけると，変色した土の足側の端が完全に出ていないので，われわれは墓の南側の囲いの石を取り，発掘の区画を南に 54 ㎝延ばすと，変色した部分の土の端が完全に出てきた。そのあと，われわれは変色した土の足と頭の側から発見された詰石を取りのぞき，さらに区画を北と東側を狭くして下に 90 ㎝の深さを掘ると，200 x 95 x 85 ㎝の変色した土がはっきり見えた。その中心から土器の破片と人の腰と首の骨が出てきた。この墓は，盗掘されたらしい。発掘の深さは，116 ㎝。

図 5-1, 5-2, 5-3. 墓-01 層 04.

　層 05. 上の層の発掘後の状況を写真と図で記録し，断面図を作成したのち，われわれは変色した土の中の発掘作業をつづけた。そうして，前の層で発見された土器の破片の全部を出し，変色した土の内側を合わせて 20 ㎝の深さで取りのぞくと，その中心の右側から人の顎の骨，土器の破片複数，先が飛び出た詰石が発見された。本層の発掘深度は 136 ㎝であった。

　層 06. 前の層の発掘後の状況を写真と図で記録し，断面の図を作成した後，発見された人の顎骨と土器の底の複数の破片を専用の袋に入れ，識別札をつけた後，発掘作業をさらに続けた。われわれが埋葬の穴を深さ 20 ㎝掘り下げ，前層で先端が出ていた石をすべてとり出すと，穴の蓋らしき扁平の大きな石が複数置かれているのが見えた。埋葬の穴の大きさは 200 x 96 x 85cm であった。本層の発掘では，いかなる出土物も発見されなかった。発掘深度は 156 ㎝。

モンゴル国立大学ウランバートル科学技術パークセレンゲ県オルホン郡オラーン・チョロート山遺跡考古学発掘調査2024年報告

図6-1, 6-2, 6-3. 墓-01 層05

　層07. 上の層の発掘状況を写真と図で記録した後，前層で発見された大きい扁平な石を取りのぞき，深さ40㎝掘り下げると，人骨が現れ埋葬者が発見された。そこから完全に土を取りのぞくと，人の骨格の頭の側が盗掘され頭蓋骨はなくなっていたが，首の骨が移動していたこと以外は最初の状態が保たれていた。死者は上に向いた状態で横たわり，右側の腰の部分の上に沿って鉄の環が置かれていた。発掘深度は表土から下に234㎝。

図 7-1, 7-2, 7-3, 7-4, 7-5. 墓-01 層 06

モンゴル国立大学ウランバートル科学技術パークセレンゲ県オルホン郡オラーン・チョロート山遺跡考古学発掘調査2024年報告

図 7-6. 墓-01 層 06

図 8-1. 墓-01 層 07

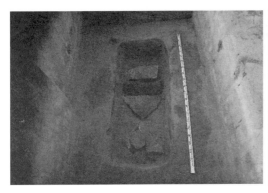

図 8-2, 8-3. 墓-01 層 07

層 08. 前層の発掘後の状態を写真と図で記録した後，人の大腿骨と骨盤，腰，仙骨を左右それぞれ専用の袋に入れ識別札をつけた。その際，埋葬者の右側から，真ん中に穴の開いた端がギザギザの丸い形の骨器，腰椎の左側から小さな鉄の環が発見された。われわれは，これらの写真を撮って記録した後，残った骨つまり人の骨格の上部を同じように左右それぞれ専用の袋に入れ，識別札をつけた。この埋葬者に棺はなく，170 x 50 x 45 ㎝の穴に埋葬されていた。そのあと，穴の底にあった土をすべて掘りだすと，自然の土が出てきたので，今回の発掘作業を成功裏に終わらせ，原状回復作業をおこなった。発掘の深度は，表土から下に 236 ㎝である。

図 9-1. 墓-01 層 08

モンゴル国立大学ウランバートル科学技術パークセレンゲ県オルホン郡オラーン・チョロート山遺跡考古学発掘調査 2024 年報告

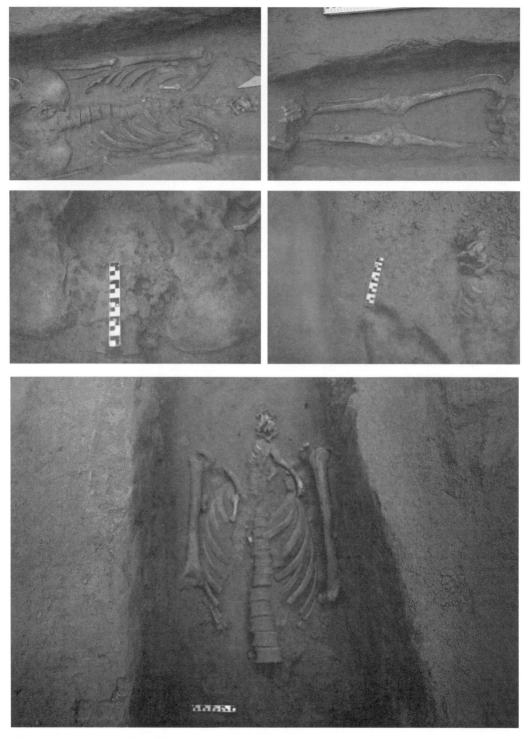

図 9-2, 9-3, 9-4, 9-5, 9-6. 墓-01 層 08

図 9-7, 9-8. 墓-01 層 08

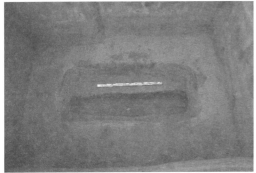

図 9-9. 墓-01 層 08　　　　　　　　　図 10. 墓-01 埋め戻し

出土品説明

骨器 01. 埋葬者の右側の腰の下から発見された，大型家畜の首の骨を加工したものである。この品の用途ははっきりしないが，装飾品か信仰と関係のあるものであろう。この骨器は，前面に 6 つの穴が開いており，衣服，帯などに縫いつけられて使用されていた。この出土品の大きさは，長さ 7.6 cm，高さ 6 cm，幅 1.4 cm，中心の穴の直径は 4 cm，重さ 50.9g である。

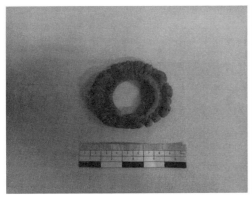

図 11-1, 11-2. 墓-01 骨器 01

モンゴル国立大学ウランバートル科学技術パークセレンゲ県オルホン郡オラーン・チョロート山遺跡考古学発掘調査 2024 年報告

 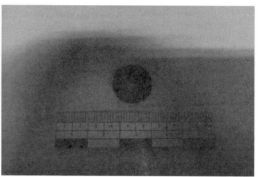

図 12-1, 12-2. 墓-01 骨器 02

骨器 02. 埋葬者の左側から発見された。左の腰の下から発見されたが，何の骨か不明の小さな骨片を加工し環状にしたものである。保存状態は良好。骨器の大きさは，外径 2.5 ㎝，内径 1.1 ㎝である。

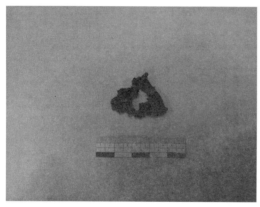 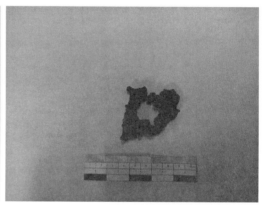

図 13-1, 13-2. 墓-01 鉄器 01

鉄器 01. 埋葬場所から発見された。人骨の右側，骨盤の右側の弁上にあった。方形の帯の金具であろう。この出土品の保存状態は悪く，錆に侵食され内側に折れている。長さ 5 ㎝，高さ 4 ㎝，幅 1.6 ㎝。

図 14-1, 14-2, 14-3. 墓-01 土器 01

土器 01. 黄灰色の小さな土器である。この土器は，この墓発掘の第 7 層で発見され，発掘の最初に見えた小片である。われわれは，これらの小片を研究室に持ち帰りつなぎ合わせ，かなりの程度復元することができた。つなぎ合わせると，短い首をもつ，広がった口のある，底の部分がついた，四角形の，輪の型が押された，徳利状の土器であった。土器の大体の高さは 13 ㎝，径 11.3 ㎝，底の径は 7.3 ㎝。

人骨について

墓から出土した人骨は，保存状態が良好であった。この発見された人骨を上から見ると女性のものであるらしかった。墓からは，以下の骨が発見された。
- 顎の骨
- 肋骨 24 片，脊髄 24 片（胸椎 11 片，仙骨 5 片，頚椎 4 片）
- 肩甲骨（左右），上腕骨（左右），尺骨（左右），橈骨（左右）
- 骨盤骨（左右），仙骨，大腿骨（左右），脛骨（左右），腓骨（左右），手関節，手の骨

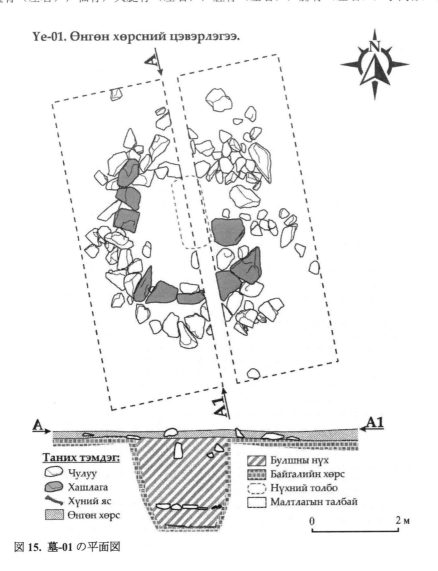

図 15. 墓-01 の平面図

モンゴル国立大学ウランバートル科学技術パークセレンゲ県オルホン郡オラーン・チョロート山遺跡考古学発掘調査 2024 年報告

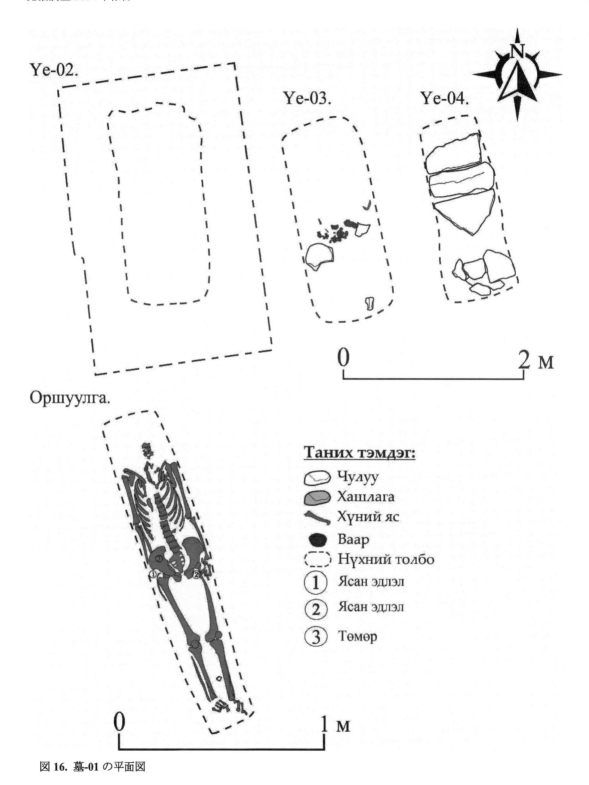

図 16. 墓-01 の平面図

墓-02

　この遺跡は，オラーン・チョロート山の南西につづく尾根の北東側の小さな丘の東に下方した場所で，遺跡全体の西部にある。海抜918m，北緯49°6'38.49"，東経105°10'24.65"に位置する。地上に見えているこの墓の状態は，大きな扁平な石を利用し，3.5 x 2.5mの大きさの方形に囲ったもので，構造が少し失われており，灌木や草が多量に生え，土にかなり覆われていた。

図 17-1, 17-2. 墓-02 層 01

　層01.　表土の取りのぞき作業。われわれは，発掘調査作業を開始する前に，遺跡が表土で覆われている状態が分かる写真を撮影するなど，最初の段階の記録をおこない，その後，墓の四角形に囲う石を含む 4 x 4.6m の大きさの区画を設定し，4つの囲い石の中心をとおり北から南に向かう断面の仕切りを30cmの幅でのこし，表土を取りのぞく作業を浅いところで19 cm，もっとも深いところで23 cmおこなった。そうすると，墓の積み石が現われた。この遺跡の石積みの北部分の囲み石はなくなっており，ほかの部分の囲み石は元の位置から少し動いていた。墓を四角形に石で囲んだ大きさを測ると，3.5 x 2.5m であった。発掘の深度は 19-23 cm。

図 18-1, 18-2. 墓-02 層 02

　層02.　表土を取りのぞいた後の状態を写真と図で記録した後，見えている遺跡の囲い石をのこし，

モンゴル国立大学ウランバートル科学技術パークセレンゲ県オルホン郡オラーン・チョロート山遺跡考古学発掘調査 2024 年報告

その構造と無関係の石を取りのぞいた。そして，墓の四角形の囲いの内側に墓の穴を発見するため，1.3 x 2.6m の大きさの区画をつくり，下に 15-20 ㎝ちかくの深さを掘って平らにならしたが，墓の穴を示す土はよく見分けられなかった。発掘深度は，31-42 ㎝である。

図 19-1, 19-2, 19-3, 19-4. 墓-02 層 03

　層 03. 上記の層の発掘の後の状態を写真と図で記録してから，われわれは四角形の囲いの中心部に 2.6 x 1.2m の大きさの区画を設定し，その内側に埋葬した穴を発見する目的で，スコップで少し掘ってみると，区画の下から穴を示すらしき黒褐色の土が出てきた。それで，区画の北部分を 1.2 x 1.3m の大きさに 20 ㎝ほど掘ると，詰石らしい大きな石と，北の壁に入っていく黒褐色の土が不明瞭であるが出てきた。発掘の深度は，65 ㎝。

　層 04. 前の層の発掘後の状態を写真と図で記録したのち，さらに発掘を継続し，大きな石を取ると，不明瞭だった土の色が区画の北と東につづいていた。それで，発掘の区画を東に 70 ㎝，北に 40 ㎝拡張した。その後，穴を示す土をはっきりさせるため，下に深さ 40 ㎝ちかく掘ってみると，土の色がはっきり分かるようになった。この土の様子を見ると，この遺跡はわれわれが考えていたような地面の下に向かって埋葬の穴がある墓ではなく，墳墓であることが明らかになった。墳墓の羨道を示す土は，入口の部分で 2 x 1.7m の大きさがあり楕円形をしていたが，実際の羨道は，入口の端から発掘区画の東の壁に向かう部分まで長さ 65 ㎝，幅 110 ㎝あった。この遺跡が長い傾斜する羨道をもつ墳墓であったので，われわれは，穴を示す土にしたがって，下に発掘をつづけた。しかし，発掘の時間が限られていたため，東の方向に羨道を完全にあらわにすることはできなかった。発掘深度は，128 ㎝。

図 20-1, 20-2, 20-3, 20-4, 20-5. 墓-02 層 04

モンゴル国立大学ウランバートル科学技術パークセレンゲ県オルホン郡オラーン・チョロート山遺跡考古学発掘調査2024年報告

図21-1, 21-2, 21-3, 21-4, 21-5, 21-6. 墓-02層05

　層05.　上記の層の発掘後の状態を写真と図で記録した後，墳墓の羨道の構造をより明らかにするため，発掘区画を北に50 cm拡張した。そして，発掘区画の東側に階段をつくり，羨道を示す土の内側をつづけて掘った。下に深さ73 cmちかく掘ると，羨道の入り口部分から横に置かれた木の遺物が発見され，その西側は大きな扁平の石で蓋をされていた。羨道の全長は入り口部分を含め305 cm，幅は120 cmあった。発掘深度は210 cm。

　層06.　前層の発掘後の状態を写真と図で記録した後，蓋になっていた扁平な石を取ると，墳墓の羨道の南部分つまり入り口部分の楕円形の土の大きさが羨道の大きさと同じであったのに対し，そこからは小さくなりその下方に大きな木を横に固定していた跡である穴が残っていた。発掘深度は210 cm。

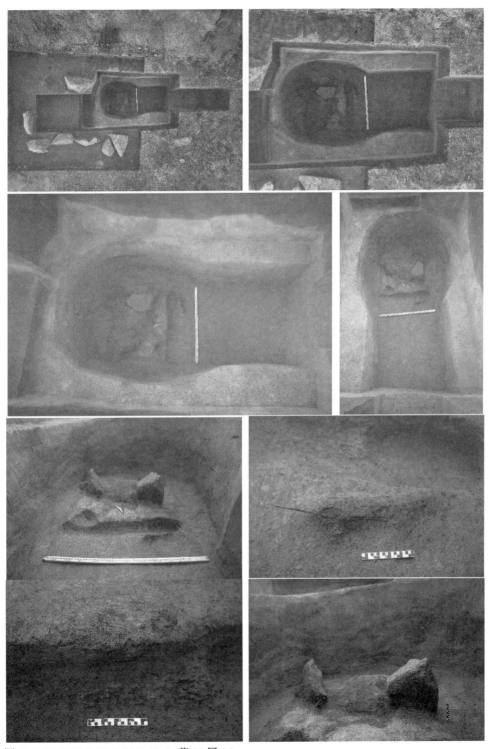

図 22-1, 22-2, 22-3, 22-4, 22-5, 22-6. 墓-02 層 06

モンゴル国立大学ウランバートル科学技術パークセレンゲ県オルホン郡オラーン・チョロート山遺跡考古学発掘調査 2024 年報告

図 23-1, 23-2, 23-3, 23-4, 23-5. 墓-02 層 07

層 07. 上の層の発掘後の状態を図と写真で記録したのち，羨道を示す土の内側を掘りつづけた。下に 110 cm の深さを掘ると，羨道の南部から人の頭蓋骨の破片，肋骨の端と胸骨の上部 2 点などの骨が出てきた。発掘の深度が 325 cm になると，墳墓の玄室の入口が現れた。発掘の深度は，325 cm。

図 24-1, 24-2, 24-3. 墓-02 層 08

モンゴル国立大学ウランバートル科学技術パークセレンゲ県オルホン郡オラーン・チョロート山遺跡考古学発掘調査 2024 年報告

図 24-4, 24-5, 24-6, 24-7. 墓-02 層 08

図 25-1. 墓-02 墓室

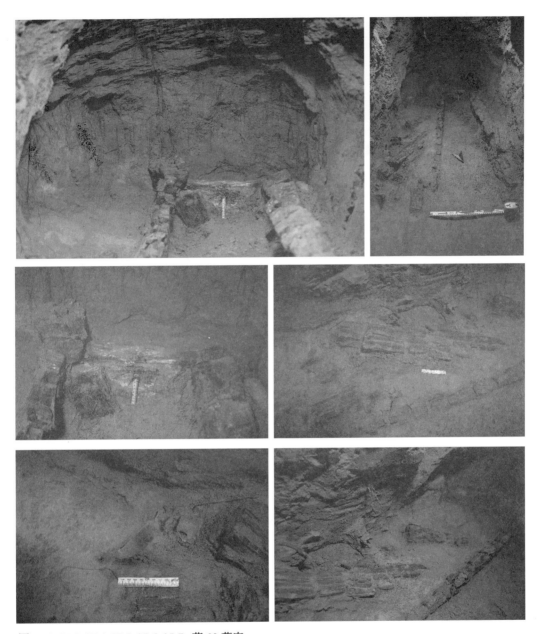

図 25-2, 25-3, 25-4, 25-5, 25-6, 25-7. 墓-02 墓室

層 08. 前層の発掘後の状態を図と写真で記録した後，玄室の土を取りのぞき，発掘をさらにつづけた。玄室の入り口の両側は直線，上部は半円形に作られており，入口の大きさは 97 x 136 cm あった。この墳墓は，南に向かって 280 cm の大きさに作られてあった。羨道から先の玄室は，少し狭くなっており，高さ 95 cm，上部の幅 35 cm，下部の幅 97 cm であった。さらにその先で，墳墓の高さは高くなっており，中心部で 170 cm あった。墳墓の入り口部分に子供らしき小さな人骨が積まれている状態で発見された。また，小さなビーズが 1 点発見された。玄室には，大きな厚い木で作られた棺が玄室の右の壁に寄せら

れており，左側の壁には人の肋骨などの骨が棺から壊れて落ちた木といっしょにあった。

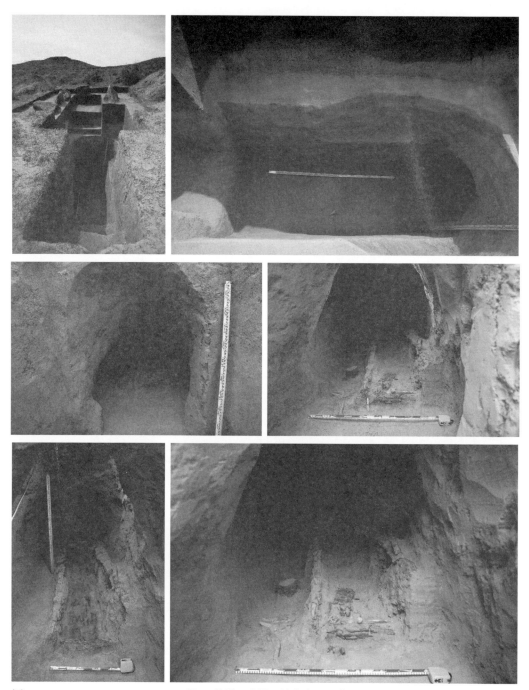

図 26-1, 26-2, 26-3, 26-4, 26-5, 26-6. 墓-02 羨道，玄門と墳墓内の埋葬状態

図 27-1, 27-2, 27-3, 27-4, 27-5, 27-6, 27-7, 27-8. 墓-02 墳墓内の埋葬状態

モンゴル国立大学ウランバートル科学技術パークセレンゲ県オルホン郡オラーン・チョロート山遺跡考古学発掘調査 2024 年報告

図 28-1, 28-2. 墓-02 埋め戻し

　埋め戻し．前層の発掘後の状態を図と写真で記録した後，墓室の床と木棺に残っていた土を取りのぞき，発掘をつづけた。その後，この墳墓の埋葬の様子が明らかになった。人骨は墓室の入り口に積まれていたのに対して，その南側には大型家畜の仙骨が置かれていた。いっぽう，その南側には口の部分が割れただけの小さな土器が置かれていた。木の棺は，21°回転して墓室の右の壁に寄せて置かれており，長さは 180 ㎝，幅 54 ㎝の大きさで，厚さは 12 ㎝，高さは 46 ㎝であった。木の棺は，木のほぞ接ぎをつかい作られていた。墓室の全長は 280 ㎝，幅 94-118cm で，入口部分は，110 x 69cm，玄室は入り口部分から奥に向かって高くなっており，中心部でもっとも高く 170 ㎝，さらに進むと徐々に低くなっている。墓室から発見された人骨を見ると，子供のものらしく小さく，玄室の入り口が盗掘された形跡がないことから，この人骨は齧歯類の動物によって動かされたものらしい。われわれは，発掘の過程で発見された人骨と出土品を専用の袋に入れ，玄室の入り口を木で補強して閉じ，原状回復作業をおこなった。

出土品説明

　土器 01．青灰色の小さい土器。墳墓の埋葬箇所から見つかり，木の棺の右側から出てきた。発掘で発見された時，首の部分が割れてなくなっていた。腹の部分に早い水の流れの文様がある。土器の高さは 14 ㎝，口の径は 11cm，底は 7 ㎝，腹の部分は 12.5 ㎝である。

図 29-1, 29-2, 29-3. 墓-02 土器 01

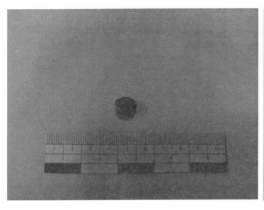 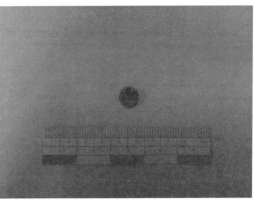

図 30-1, 30-2. 墓-02 ビーズ 01

ビーズ 01. 墓室の入口部分から発見された。青灰色の石で作られ，中心に穴が開けられている。首飾りの装飾品らしい。この石のビーズの大きさは，直径 1 cm，中心の穴の大きさは 0.3 cm である。

人骨について

墓から出土した人骨の保存状態は中程度で，現れた骨を上から見ると，子供のものらしい。墓から見つかった人骨は，つぎのとおりである。

- 頭蓋骨，顎骨
- 肋骨 20 点，脊椎（腰椎 11 点，仙骨 5 点，頚椎 4 点）
- 肩甲骨（左右），上腕骨（左右），尺骨（左），橈骨（左右）
- 骨盤骨（左右），仙骨，大腿骨（左右），脛骨（左右），腓骨（左右），手関節，手の骨

家畜の骨について

墓に埋葬された家畜の骨の保存状態は良く，大型家畜の骨が発見された。つぎの骨が発見された。

- 胸骨とその肋骨との接合部分の軟骨
- 脊髄（頚椎 2 点）

図 31. オラーン・チョロート山遺跡

モンゴル国立大学ウランバートル科学技術パークセレンゲ県オルホン郡オラーン・チョロート山遺跡考古学発掘調査 2024 年報告

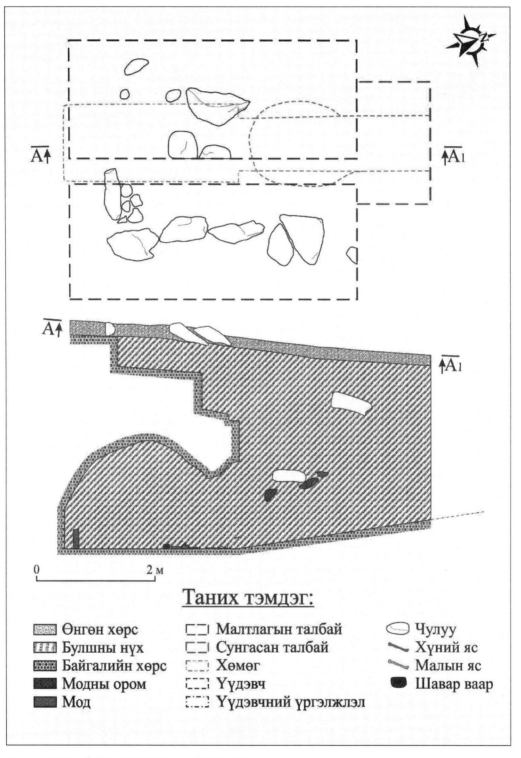

図 32-1. 墓-02 墳墓の地図作成による資料化作業

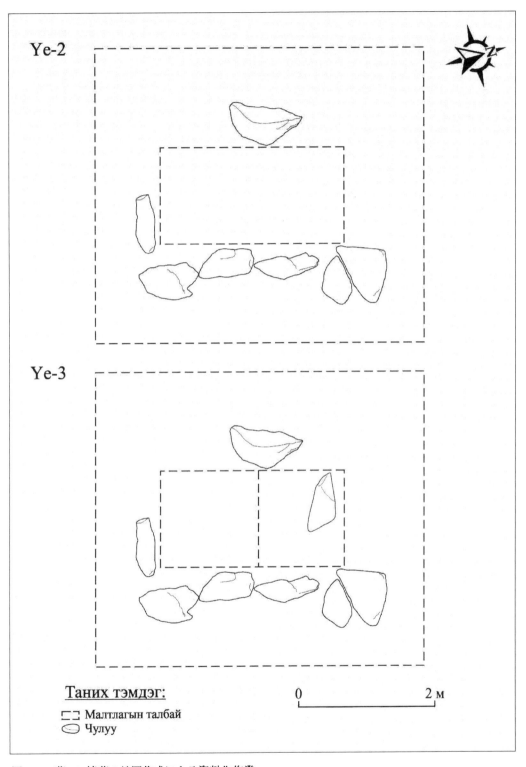

図 32-2. 墓-02 墳墓の地図作成による資料化作業

モンゴル国立大学ウランバートル科学技術パークセレンゲ県オルホン郡オラーン・チョロート山遺跡考古学発掘調査 2024 年報告

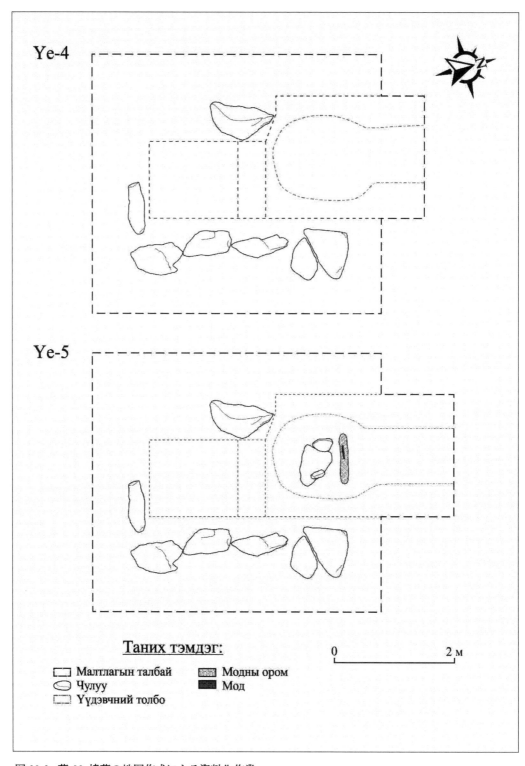

図 32-3. 墓-02 墳墓の地図作成による資料化作業

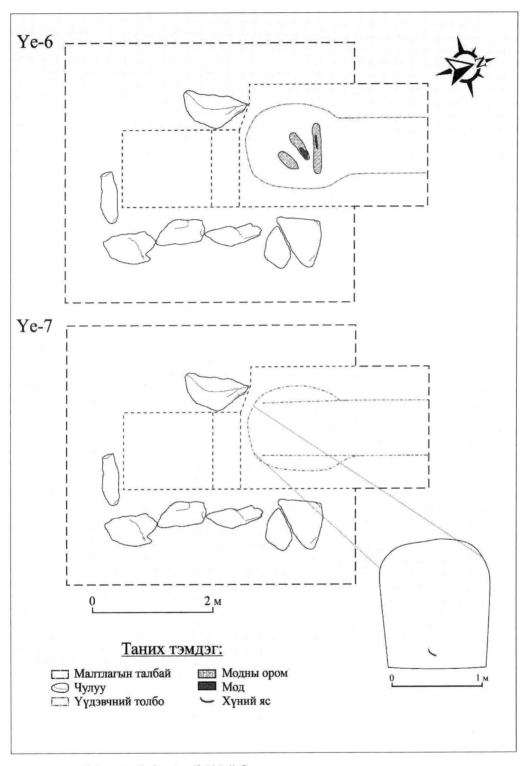

図 32-4. 墓-02 墳墓の地図作成による資料化作業

モンゴル国立大学ウランバートル科学技術パークセレンゲ県オルホン郡オラーン・チョロート山遺跡考古学発掘調査 2024 年報告

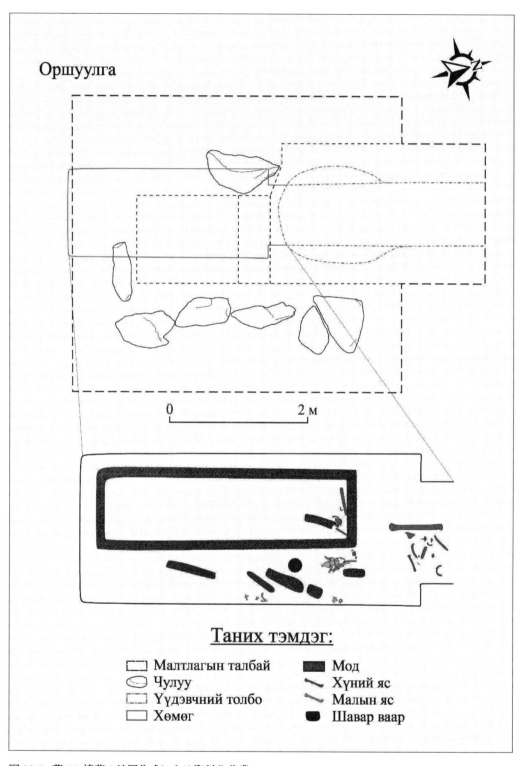

図 32-5. 墓-02 墳墓の地図作成による資料化作業

おわりに

鮮卑は紀元前3世紀からモンゴル高原の北部と東北部で活動していた遊牧民族の一つである。モンゴル古代史のなかで，鮮卑の歴史と文化は匈奴の歴史・文化と同様，きわめて重要視される。モンゴル国立大学科学校社会学人類学考古学教室准教授 T. イデルハンガイ博士がリーダーの調査チームは，古代遊牧民の歴史に関連する遺跡調査をモンゴル全国でおこない，数多くの新発見と重要な調査活動をおこなってきた。われわれは，2024年8月1日から8月10日まで，セレンゲ県オルホン郡のオラーン・チョロート山の遺跡での定期発掘調査を計画した。わが調査チームは，2019年セレンゲ県オルホン郡のイフ・ヌールグトという場所で，学生の現地研修の一環として，青銅器時代の方形墓の文化と匈奴人との関係を明らかにするのに重要な役割をもつ，特徴的な構造の7つの埋葬遺跡を発掘調査した。この調査を継続し，イフ・ヌールグトで2021年と2022年に，同郡ヤシル山で2022年と2023年に発掘調査をおこない，匈奴，突厥，モンゴル帝国の各時代の数多くの遺跡を発掘調査した。さらに，今年からは調査地域を拡大し，オルホン郡のオラーン・チョロート山で最初の発掘調査を実施することを計画した。

当該遺跡は，2018年に考古学者 T. イデルハンガイが最初に発見し，学術的に発表された。オラーン・チョロート山の遺跡は，外的構造の点で，羨道をもつ貴族の大規模な墓，水を引く溝のある大きな盛り土の墳墓，小規模の石積みの墳墓，環状の石積みのある墓，方形の石囲いの墓など，いくつかの異なる種類の140の埋葬遺跡がある。それぞれの種類は，別個の埋葬地をグループごとに形成して存在している，ほかの構造をもつ遺跡と同じ領域に共存している。これは，後の青銅器時代に方形墓文化がどのように匈奴の墓に変化していったか，匈奴人が彼らのつぎに勃興した鮮卑人とどんな関係があったか等，考古学の遺跡がどのように変化しているかについての興味ぶかい多面的な研究が可能となる多方面に意義のある遺跡である。今年の最初の発掘調査では，小規模の2つの遺跡を選び，それぞれ第1と第2と番号をふり，発掘調査をおこなった。第1の遺跡の外的構造は失われていたが，下に掘っていくと，頭蓋骨のない最初の状態を保ったまま置かれた人骨と，多数の土器の破片や骨器が発見された。第2の墓は，大変興味深いことに，地面上に石積みがあり，下に掘っていくと長い傾斜の羨道をもつ墳墓であることが分かった。墳墓の玄室には10歳くらいの小さな子供が埋葬されており，土器と大型家畜の胸骨が副葬されていた。興味を引くのは，この遺跡が盗掘された形跡がないのにもかかわらず，人骨が最初の位置から動かされ，玄室の入口で発見されたことである。これは齧歯類の動物が動かしたと推測される。このように，われわれはオラーン・チョロート山でおこなった初年の発掘調査で，2つの遺跡を選び発掘をおこなった。そして，非常に興味ぶかい成果が生まれたのである。われわれは，この遺跡のある場所でさらに何年か詳細な発掘調査をおこなうことを計画している。

調査隊はまた，一部の試料を年代測定のため日本へ送付するなどの作業をおこなった。放射性炭素年代測定結果は以下の通りである。オラーン・チョロート山の第1遺跡の骨の較正年代は，1σ暦年代範囲：40calBC - 11calBC（30.7%），2calAD - 28calAD（27.9%），46calAD - 58calAD（9.7%），2σ暦年代範囲：47calBC - 73calAD（95.4%）であった。第2遺跡の骨の較正年代は，1σ暦年代範囲：43calBC - 15calAD（68.3%），2σ暦年代範囲：53calBC - 63calAD（95.4%）であった。

モンゴル国立大学ウランバートル科学技術パークセレンゲ県オルホン郡オラーン・チョロート山遺跡考古学発掘調査 2024 年報告

註

[1] Идэрхангай Т., Мөнхжин М., Намсрайжамц А., Уянга Х., Хүслэн Л., Цэнд Д., Энхзул Ж., Эрдэнэпүрэв П. Тулгар төрийн голомт нутаг Тунгалаг тамирын хөндий, Батцэнгэл сумын түүхэн товчоон-I (Чулуун зэвсгийн үеэс XIV зуун). Улаанбаатар, 2024, т. 369（T. イデルハンガイ，M. ムンフジン。A. ナムスライジャムツ，Kh. オヤンガ，L. フスレン，D. ツェンド，J. エンフゾル，P. エルデネプレブ『祖国揺籃の地トンガラグ・タミール盆地，バトツェングル郡概史I［石器時代から 14 世紀まで］』ウランバートル，2024 年，p.369）

[2] Идэрхангай Т., Цэнд Д., Амгаланбат Б. Хүннү, Сяньби гүрний улс төрийн төв ба хүн амын төвлөрөл (Сэлэнгэ, Архангай, Булган аймгуудын нутагт 2018-2020 онд явуулсан хүннү булшны бүртгэл судалгааны дүнгээс). // МУИС-ийн Улаанбаатар сургуулийн Археологи, түүх, Хүмүүнлэгийн сэтгүүл, Дугаар 18 (17). Улаанбаатар, 2022, т. 134-135（T. イデルハンガイ，D. ツェンド，B. アムガランバト『匈奴・鮮卑帝国の中心地と人口の集中（2018 年から 2020 年セレンゲ，アルハンガイ，ボルガンの各県でおこなった匈奴の墓の登録調査結果から）』モンゴル国立大学ウランバートル校考古学歴史人文学誌）18［17］号，ウランバートル，2022 年，pp. 134-135）

[3] Монгол нутаг дахь түүх, соёлын үл хөдлөх дурсгал. VI дэвтэр, Сэлэнгэ аймаг. Улаанбаатар, 2013, т. 18（『モンゴル歴史文化不動遺産』第 6 冊，セレンゲ県，ウランバートル，2013 年，p.18）．

[4] Мөн тэнд, т. 18（同書，p.18）．

[5] Мөн тэнд, т. 18（同書，p.18）．

[6] Пэрлээ Х. Монгол ард улсын эрт, дундад үеийн хот суурины товчоон. Нэмж засварласан 2 дахь хэвлэл. Улаанбаатар, 2011（Kh. ペルレー『モンゴル人民国古代中世都市定住地概要』増補第 2 版，ウランバートル，2011 年）．

[7] Майдар Д. Монголын хот тосгодын гурван зураг. Улаанбаатар, 1970（D. マイダル『モンゴルの都市・集落の 3 枚の地図』ウランバートル，1970 年）．

[8] Доржсүрэн Ц. 1961 онд Хараагын Ноён уул хавьд эртний судлалын малтлага хайгуул хийсэн тухай. // Studia Archaeologica, Tom. II, Fasc. 4, Улаанбаатар, 1963（Ts. ドルジスレン「1961 年ハラーにおけるノヨンオール山周辺古代研究発掘探査について」Studia Archaeologica, Tom. II, Fasc. 4 ウランバートル，1963 年）．

[9] Монгол нутаг дахь түүх, соёлын үл хөдлөх дурсгал. VI дэвтэр, Сэлэнгэ аймаг. Улаанбаатар, 2013, т. 19（『モンゴル歴史文化不動遺産』第 6 冊セレンゲ県，ウランバートル，2013 年，p.19）．

[10] Төрбат Ц., Батсүх Д., Батбаяр Т. 2005 онд Сэлэнгэ аймгийн Мандал сумын нутаг ажилласан Монгол-Швейцарын хамтарсан археологийн "Бороо гол" төслийн ажлын тайлан. ШУА-ийн ТАХБМТБС, 2005（Ts. トゥルバト，D. バトスフ，T. バトバヤル『2005 年モンゴル・スイス共同考古学プロジェクト「ボロー川」セレンゲ県マンダル郡調査報告書』科学アカデミー歴史考古学研究所，2005 年）．

[11] Монгол нутаг дахь түүх, соёлын үл хөдлөх дурсгал. VI дэвтэр, Сэлэнгэ аймаг. Улаанбаатар, 2013, т. 19（『モンゴル歴史文化不動遺産』第 6 冊，セレンゲ県，ウランバートル，2013 年，p.19）．

[12] Цэвээндорж Д. Хүннү судлалын тойм. – Монголын Морин толгойн хүннүгийн үеийн булш. Монгол-Солонгосын хамтарсан эрдэм шинжилгээ судалгааны тайлан. СҮМ, МҮТМ, МУ ШУА ТХ, 2001, т. 248（D. ツェウェーンドルジ「匈奴研究概要」『モンゴル国モリン・トルゴイの匈奴時代の墓：モンゴル韓国共同学術調査報告書』韓国，モンゴル，モンゴル国科学アカデミー歴史研究所，2001 年，p.248）．

[13] Монгол нутаг дахь түүх, соёлын үл хөдлөх дурсгал. VI дэвтэр, Сэлэнгэ аймаг. Улаанбаатар, 2013, т. 19（『モンゴル歴史文化不動遺産』第 6 冊セレンゲ県，ウランバートル，2013 年，p.19）．

[14] Мөн тэнд, т. 19（同書，p.19）．

[15] Мөн тэнд, т. 19（同書，p.19）．

[16] Цэвээндорж Д. Хүннү судлалын тойм. – Монголын Морин толгойн хүннүгийн үеийн булш. Монгол-Солонгосын хамтарсан эрдэм шинжилгээ судалгааны тайлан. СҮМ, МҮТМ, МУ ШУА ТХ, 2001, т. 249（D. ツェウェーンドルジ「匈奴研究概要」『モンゴル国モリン・トルゴイの匈奴時代の墓：モンゴル韓国共同学術調査報告書』韓国，モンゴル，モンゴル国科学アカデミー歴史研究所，2001 年，p.249）．

[17] Мөн тэнд, т. 249（同書，p.249）．

[18] Баяр Д. Монгол нутаг дахь Түрэгийн хүн чулуу. Улаанбаатар, 1997（D. バヤル『モンゴルの突厥の人石』ウランバートル，1997 年）．

[19] Эрдэнэбаатар Д., Цогтбаатар Б. Сэлэнгэ аймгийн Түшиг сумын нутаг Тавтын талд хийсэн археологийн хайгуулын ангийн тайлан. АХГБСХ. Улаанбаатар, 1996（D. エルデネバータル，B. ツォグトバータル『セレンゲ県トゥシグ郡タブト平原考古学探査隊報告書』ウランバートル，1996 年）．

20 Монгол нутаг дахь түүх, соёлын үл хөдлөх дурсгал. VI дэвтэр, Сэлэнгэ аймаг. Улаанбаатар, 2013, т. 19 (『モンゴル歴史文化不動遺産』第 6 冊セレンゲ県，ウランバートル，2013 年，p.19）．

21 Гонгоржав Г, Энхбат Г "Монгол нутаг дахь түүх, соёлын дурсгал" толь бичгийн хэрэглэгдэхүүн бүрдүүлэх экспедицийн өдрийн тэмдэглэл. Соёлын өвийн төв. УнБМС. Улаанбаатар, 1997 (G. ゴンゴルジャブ，G. エンフバト『モンゴルの歴史文化遺跡事典資料作成調査日誌』文化財センター，国家統一登録情報データベース，ウランバートル，1997 年）．

22 Монгол нутаг дахь түүх, соёлын үл хөдлөх дурсгал. VI дэвтэр, Сэлэнгэ аймаг. Улаанбаатар, 2013, т. 19 (『モンゴル歴史文化不動遺産』第 6 冊セレンゲ県，ウランバートル，2013 年，p.19）．

23 Мөн тэнд, т.19 (同書，p.19）．

24 Өлзийбаяр С. Өгөөмөр уулын хүннү цэргийн булш. // Studia Historica, Tom. XXXVI, Fasc. 1. Улаанбаатар, 2006, т. 5-16 (S. ウルジーバヤル「ウグームル山の匈奴戦士の墓」Studia Historica, Tom. XXXVI, Fasc. 1.，ウランバートル，2006 年，pp. 5-16）．

25 Эрдэнэбат У., Содномжамц Д. Өгөөмөрийн хүннү булш. // Studia Archaeologica, Tom. XXXVII, Fasc. 15. Улаанбаатар, 2018, т. 167-178 (U. エルデネバト，D. ソドノムジャムツ「ウグームルの匈奴の墓」Studia Archaeologica, Tom. XXXVII, Fasc. 15.，ウランバートル，2018 年，pp. 167-178）．

26 Цогтбаатар Б., Амартүвшин Ч. Сэлэнгэ аймгийн Хүдэр сумын нутагт ажилласан хээрийн шинжилгээний ангийн урьдчилсан тайлан. Улаанбаатар, 2007 (B. ツォグトバータル，Ch. アマルトゥブシン『セレンゲ県フデル郡野外調査予備報告書』ウランバートル，2007 年）．

27 Мөн тэнд, т. 12 (同書，p.12）．

28 Монгол нутаг дахь түүх, соёлын үл хөдлөх дурсгал. VI дэвтэр, Сэлэнгэ аймаг. Улаанбаатар, 2013, т. 20 (『モンゴル歴史文化不動遺産』第 6 冊セレンゲ県，ウランバートル，2013 年，p.20）．

29 Гүнчинсүрэн Б., Амартүвшин Ч., Эрдэнэ Б., Лхүндэв Г. Сэлэнгэ аймгийн Түшиг сумын нутаг дахь "Red Hill Mongolia" XXКомпаний 14657a, 1231a дугаар бүхий лицензийн талбайн авран хамгаалах хайгуул судалгаа. Улаанбаатар, 2011 (B. グンチンスレン，Ch. アマルトゥブシン，B. エルデネ，G. ルンデブ『セレンゲ県トゥシグ郡における Red Hill Mongolia 有限責任会社所有 14657a, 1231a 号許可証区域保全探査調査』ウランバートル，2011 年）．

30 Гүнчинсүрэн Б., Цогтбаатар Б., Изүхо М., Одсүрэн Д. "Монголын палеолитын судалгаа" төслийн 2015 оны шинжилгээний ажлын үр дүнгээс. // Монголын археологи-2015 (Эрдэм шинжилгээний хурлын эмхэтгэл). Улаанбаатар, 2016. т. 33-37 (B. グンチンスレン，B. ツォグトバータル，出穂雅実，D. オドスレン「モンゴル旧石器時代研究プロジェクト 2015 年調査結果」『モンゴル考古学-2015 ［学術会議論集］』ウランバートル，2016 年，pp. 33-37）．

31 Амартүвшин Ч., Эрэгзэн Г., Ишцэрэн Л., Галдан Г., Алдармөнх П., Сасада Т., Үсүки И. 2016 оны Монгол-Японы хамтарсан "Эртний Монголчуудын үйлдвэрлэлийн түүх" төслийн хээрийн шинжилгээний ангийн товч үр дүн. // Монголын Археологи-2016 (Эрдэм шинжилгээний хурлын эмхэтгэл). Улаанбаатар, 2017. т. 183-192. (Ch. アマルトゥブシン，G. エレグゼン，L. イシツェレン，G. ガルダン，P. アルダルムンフ，笹田朋孝，臼杵勲「2016 年モンゴル日本共同プロジェクト「古代モンゴル人の産業生産の歴史」野外調査成果概要」『モンゴル考古学-2016 ［学術会議論集］』ウランバートル，2017 年，pp. 183-192)

32 Нямхүү М., Амартүвшин Ч., Эрэгзэн Г. Газарзүйн мэдээллийн системийн технологийг археологийн судалгаанд ашиглан газрын зураг зохиох, мэдээллийн сан бүрдүүлэх ажлын үр дүнгээс. // Монголын Археологи-2016 (Эрдэм шинжилгээний хурлын эмхэтгэл). Улаанбаатар, 2017. т. 328-331. (M. ニャムフー，Ch. アマルトゥブシン，G. エレグゼン「地理情報システム技術を考古学調査に利用した地図作成，データベース構築事業の成果から」『モンゴル考古学-2016 ［学術会議論集］』ウランバートル，2017 年，pp. 328-331)

33 Галдан Г., Батдалай Б., Амартүвшин Ч. Умард, төв, баруун бүсийн зарим нутгуудад археологийн мэдээ шалгасан тухай. // Монголын Археологи-2016 (Эрдэм шинжилгээний хурлын эмхэтгэл). Улаанбаатар, 2017. т. 332-339. (G. ガルダン，B. バトダライ，Ch. アマルトゥブシン「北部，中部，西部地域の考古学情報検証」『モンゴル考古学-2016 ［学術会議論集］』ウランバートル，2017 年，pp. 332-339)

34 Мижиддорж Д., Цэнд Д. Улаанбаатарын Их Сургуулийн археологийн тэнхимийн авран хамгаалах хайгуул судалгаа. // Монголын Археологи-2016 (Эрдэм шинжилгээний хурлын эмхэтгэл). Улаанбаатар, 2017. т. 340-345 (D. ミジドドルジ，D. ツェンド「ウランバートル大学考古学教室保全探査調査」『モンゴル考古学-2016 ［学術会議論集］』ウランバートル，2017 年，pp. 340-345）．

35 Амартүвшин Ч., Батдалай Б., Бөхчулуун Д. 2016 онд ШУА-ийн Түүх, археологийн хүрээлэнгээс зохион байгуулсан археологийн авран хамгаалах хайгуул, малтлага судалгааны ажлын товч үр дүн. // Монголын Археологи-2016 (Эрдэм шинжилгээний хурлын эмхэтгэл). Улаанбаатар, 2017. т. 349-351 (Ch. アマルトゥブ

シン，B. バトダライ，D. ブフチョローン「2016 年科学アカデミー歴史考古学研究所実施考古学保全探査発掘調査事業成果概要」『モンゴル考古学-2016［学術会議論集］』ウランバートル，2017 年，pp. 349-351）

36 Амартүвшин Ч., Батдалай Б. 2017 онд ШУА-ийн Түүх, археологийн хүрээлэнгээс зохион байгуулсан археологийн авран хамгаалах судалгааны ажлын товч мэдээлэл. // Монголын Археологи-2017 (Эрдэм шинжилгээний хурлын эмхэтгэл). Улаанбаатар, 2018. т. 194-197 (Ch. アマルトゥブシン，B. バトダライ「2017 年科学アカデミー考古学研究所実施考古学保全調査事業概要」『モンゴル考古学-2017［学術会議論集］』ウランバートル，2018 年，pp. 194-197）.

37 Амартүвшин Ч., Батдалай Б., Бадма-Оюу Б., Батзориг О. ШУА-ийн Түүх, археологийн хүрээлэнгээс 2018 онд гүйцэтгэсэн археологийн авран хамгаалах судалгааны товч мэдээлэл. // Монголын Археологи-2018 (Эрдэм шинжилгээний хурлын эмхэтгэл). Улаанбаатар, 2019. т. 376-381 (Ch. アマルトゥブシン，B. バトダライ，B. バダム・オヨー「2018 年科学アカデミー考古学研究所実施考古学保全調査概要」『モンゴル考古学-2018［学術会議論集］』ウランバートル，2019 年，pp. 376-381）

38 Амартүвшин Ч., Батдалай Б., Бадма-Оюу Б. ШУА-ийн Археологийн хүрээлэнгээс 2019 онд зохион байгуулсан археологийн авран хамгаалах судалгааны мэдээ. // Монголын Археологи-2019 (Эрдэм шинжилгээний хурлын эмхэтгэл). Улаанбаатар, 2019, т. 410-417 (Ch. アマルトゥブシン，B. バトダライ，B. バダム・オヨー「科学アカデミー考古学研究所実施 2019 年考古学保全調査概要」『モンゴル考古学-2019［学術会議論集］』ウランバートル，2019 年，pp. 410-417）.

39 Идэрхангай Т., Оргилбаяр С., Цэнд Д., Батчимэг Б. Улаанбаатарын Их Сургуулийн Түүх, археологийн тэнхимийн оюутны хээрийн дадлагын 2019 оны тайлан. МУИС-ийн ШУТУП-ийн ГБСХ. Улаанбаатар, 2019 (T. イデルハンガイ，S. オルギルバヤル，D. ツェンド，B. バトチメグ『2019 年ウランバートル大学歴史考古学教室学生野外実習報告書』モンゴル国立大学ウランバートル科学技術パーク，ウランバートル，2019 年）.

40 Амартүвшин Ч., Бадма-Оюу Б., Батдалай Б. ШУА-ийн Археологийн хүрээлэнгийн 2020 онд явуулсан археологийн авран хамгаалах судалгааны товч мэдээ. // Монголын Археологи-2020 (Эрдэм шинжилгээний хурлын эмхэтгэл). Улаанбаатар, 2020, т. 137-141 (Ch. アマルトゥブシン，B. バダム・オヨー，B. バトダライ「2020 年科学アカデミー考古学研究所実施考古学保全調査概要」『モンゴル考古学-2020［学術会議論集］』ウランバートル，2020 年，pp. 137-141）.

41 Идэрхангай Т., Оргилбаяр С., Цэнд Д., Эрдэнэпүрэв П., Батчимэг Б., Баянсан Б., Хүслэн Л., Намсрайжмац А., Уянга Х. Улаанбаатарын Их Сургуулийн Түүх, археологийн тэнхимийн оюутны хээрийн дадлагын 2021 оны тайлан. МУИС-ийн ШУТУП-ийн ГБСХ. Улаанбаатар, 2021 (T. イデルハンガイ，S. オルギルバヤル，D. ツェンド，P. エルデネプレブ，B. バトチメグ，B. バヤンサン，L. フスレン，A. ナムスライジャムツ，Kh. オヤンガ『2021 年ウランバートル大学歴史考古学教室学生野外実習報告書』モンゴル国立大学ウランバートル科学技術パーク，ウランバートル，2021 年）.

42 Идэрхангай Т., Оргилбаяр С., Цэнд Д., Эрдэнэпүрэв П., Батчимэг Б., Баянсан Б., Хүслэн Л., Намсрайжмац А., Уянга Х., Мөнхжин., Батхишиг М., Энхзул Ж. Сэлэнгэ аймгийн Орхонтуул сумын Их нөөлөгт, Яшил уулын дурсгалт газарт явуулсан археологийн малтлага судалгааны ажлын 2022 оны тайлан. МУИС-ийн ШУТУП-ийн ГБСХ. Улаанбаатар, 2022 (T. イデルハンガイ，S. オルギルバヤル，D. ツェンド，P. エルデネプレブ，B. バトチメグ，B. バヤンサン，L. フスレン，A. ナムスライジャムツ，Kh. オヤンガ，M. ムンフジン，M. バトヒシグ，J. エンフゾル『2022 年セレンゲ県オルホントール郡イフ・ヌールグトゥ，ヤシル山遺跡考古学発掘調査事業報告書』モンゴル国立大学ウランバートル科学技術パーク，ウランバートル，2022 年）.

43 Ишцэрэн Л., Галдан Г., Буян-Орших Б., Мишээлт Б. Сэлэнгэ аймгийн Ерөө сумын Улаанбулагт ажилласан Монгол-Японы хамтарсан хээрийн судалгааны ангийн үр дүн. Монголын Археологи-2022 (Эрдэм шинжилгээний хурлын эмхэтгэл). Улаанбаатар, 2022, т. 134-137 (L. イシツェレン，B. アンフバヤル，大谷育恵，G. ガルダン「2023 年モンゴル日本共同プロジェクト「匈奴と漢の関係を考古学出土物をもとに明らかにする」セレンゲ県ユルー郡ハンドガイド定住地発掘調査予備成果」『モンゴル考古学-2023［学術会議論集］』ウランバートル，2023 年，pp. 134-137）.

44 Идэрхангай Т., Цэнд Д., Батчимэг Б., Эрдэнэпүрэв П., Хүслэн Л., Намсрайжамц А., Уянга Х., Мөнхжин М., Батхишиг М. "Эрт, дундад үейин булш, оршуулгын дурсгалын судалгаа" төслийн Их нөөлөгт, Яшил уулын дурсгалт газрын археологийн малтлага судалгааны ажлын 2023 оны тайлан. МУИС-ийн ШУТУП-ийн ГБСХ. Улаанбаатар, 2023 (T. イデルハンガイ，D. ツェンド，B. バトチメグ，P. エルデネプレブ，L. フスレン，A. ナムスライジャムツ，Kh. オヤンガ，M. ムンフジン，M. バトヒシグ『2023 年古代中世の墓，埋葬遺跡調査プロジェクト，イフ・ヌールグトゥ，ヤシル山遺跡考古学発掘調査事業報告書』モンゴル国立大学ウランバートル科学技術パーク，ウランバートル，2023 年）.

45 Эрэгзэн Г., Баярсайхан Ж., Довидас Юркенас, Мина Ж., Анхсанаа Г., Хүрэлсүх С., Бямбадорж Б., Батчулуун

О., Баасансүрэн Х., Майкл Фишер, Николь Бойвин. Монгол-Германы хамтарсан "MAPSS" төслийн 2023 оны хайгуул судалгааны товч үр дүн. Монголын Археологи-2023 (Эрдэм шинжилгээний хурлын эмхэтгэл). Улаанбаатар, 2023, т. 110 (G. エレグゼン, J. バヤルサイハン, ドヴィダス・ユルケナス, J. ミナ, G. アンフサナー, S. フレルスフ, B. ビャンバドルジ, O. バトチョローン, Kh. バーサンスレン, カイケル・フィッシャー, ニコル・ボイヴィン「2023年モンゴル・ドイツ共同プロジェクト"MAPSS"探査調査成果概要」『モンゴル考古学-2023［学術会議論集］』ウランバートル, 2023年, p. 110）.

46 Ишцэрэн Л., Анхбаяр Б., Икүэ О., Галдан Г. Монгол-Японы хамтарсан "Хүннү ба Хангийн харилцааг археологийн олдворт тулгуурлан тодруулах нь" төслийн 2023 оны Сэлэнгэ аймгийн Ероо сумын нутаг Хандтгайтын сууринд хийсэн малтлага судалгааны урьдчилсан үр дүн. Монголын Археологи-2023 (Эрдэм шинжилгээний хурлын эмхэтгэл). Улаанбаатар, 2023, т. 188-191 (L. イシツェレン, B. アンフバヤル, 大谷育恵, G. ガルダン「2023年モンゴル日本共同プロジェクト「匈奴と漢の関係を考古学出土物をもとに明らかにする」セレンゲ県ユルー郡ハンドガイド定住地発掘調査予備成果」『モンゴル考古学-2023［学術会議論集］』ウランバートル, 2023年, pp. 188-191）.

47 Одбаатар Ц., Бүрэнтөгс Г., Нямбат М., Хос-Эрдэнэ Г., Сүхбаатар Г. Сэлэнгэ аймгийн Баруунбүрэн сумын нутаг Хонгор овоо, Цуутайж хайрхны оршуулгын газрын малтлага. Монголын Археологи-2023 (Эрдэм шинжилгээний хурлын эмхэтгэл). Улаанбаатар, 2023, т. 264-268 (Ts. オドバータル, G. ブレントゥグス, M. ニャムバト, G. ホス=エルデネ, G. スフバータル「セレンゲ県バローンブレン郡ホンゴル・オボー, ツォータイジ・ハイルハンの埋葬地発掘調査」『モンゴル考古学-2023［学術会議論集］』ウランバートル, 2023年, pp. 264-268）.

参考文献

（モンゴル語）

Амартүвшин Ч., Бадма-Оюу Б., Батдалай Б. ШУА-ийн Археологийн хүрээлэнгийн 2020 онд явуулсан археологийн авран хамгаалах судалгааны товч мэдээ. // Монголын Археологи-2020 (Эрдэм шинжилгээний хурлын эмхэтгэл). Улаанбаатар, 2020 (Ch. アマルトゥブシン, B. バダム・オヨー, B. バトダライ「2020年科学アカデミー考古学研究所実施考古学保全調査概要」『モンゴル考古学—2020［学術会議論集］』ウランバートル, 2020年）.

Амартүвшин Ч., Батдалай Б. 2017 онд ШУА-ийн Түүх, археологийн хүрээлэнгээс зохион байгуулсан археологийн авран хамгаалах судалгааны ажлын товч мэдээлэл. // Монголын Археологи-2017 (Эрдэм шинжилгээний хурлын эмхэтгэл). Улаанбаатар, 2018 (Ch. アマルトゥブシン, B. バトダライ「2017年科学アカデミー考古学研究所実施考古学保全調査事業概要」『モンゴル考古学-2017［学術会議論集］』ウランバートル, 2018年）.

Амартүвшин Ч., Батдалай Б., Бадма-Оюу Б. ШУА-ийн Археологийн хүрээлэнгээс 2019 онд зохион байгуулсан археологийн авран хамгаалах судалгааны мэдээ. // Монголын Археологи-2019 (Эрдэм шинжилгээний хурлын эмхэтгэл). Улаанбаатар, 2019 (Ch. アマルトゥブシン, B. バトダライ, B. バダム・オヨー「2019年科学アカデミー考古学研究所実施考古学保全調査概要」『モンゴル考古学-2019［学術会議論集］』ウランバートル, 2019年）.

Амартүвшин Ч., Батдалай Б., Бадма-Оюу Б., Батзориг О. ШУА-ийн Түүх, археологийн хүрээлэнгээс 2018 онд гүйцэтгэсэн археологийн авран хамгаалах судалгааны товч мэдээлэл. // Монголын Археологи-2018 (Эрдэм шинжилгээний хурлын эмхэтгэл). Улаанбаатар, 2019 (Ch. アマルトゥブシン, B. バトダライ, B. バダム・オヨー「2018年科学アカデミー考古学研究所実施考古学保全調査概要」『モンゴル考古学-2018［学術会議論集］』ウランバートル, 2019年）.

Амартүвшин Ч., Батдалай Б., Бөхчулуун Д. 2016 онд ШУА-ийн Түүх, археологийн хүрээлэнгээс зохион байгуулсан археологийн авран хамгаалах хайгуул, малтлага судалгааны ажлын товч үр дүн. // Монголын Археологи-2016 (Эрдэм шинжилгээний хурлын эмхэтгэл). Улаанбаатар, 2017 (Ch. アマルトゥブシン, B. バトダライ, D. ブフチョローン「2016年科学アカデミー歴史考古学研究所実施考古学保全探査発掘調査事業成果概要」『モンゴル考古学-2016［学術会議論集］』ウランバートル, 2017年）.

Амартүвшин Ч., Эрэгзэн Г., Ишцэрэн Л., Галдан Г., Алдармөнх П., Сасада Т., Усүки И. 2016 оны Монгол-Японы хамтарсан "Эртний Монголчуудын үйлдвэрлэлийн түүх" төслийн хээрийн шинжилгээний ангийн товч үр дүн. // Монголын Археологи-2016 (Эрдэм шинжилгээний хурлын эмхэтгэл). Улаанбаатар, 2017 (Ch. アマルトゥブシン, G. エレグゼン, L. イシツェレン, G. ガルダン, P. アルダルムンフ, 笹田朋孝,

臼杵勲「2016 年モンゴル日本共同プロジェクト「古代モンゴル人の産業生産の歴史」野外調査成果概要」『モンゴル考古学-2016［学術会議論集］』ウランバートル，2017 年）．

Баяр Д. Монгол нутаг дахь Түрэгийн хүн чулуу. Улаанбаатар, 1997 (D. バヤル『モンゴルの突厥の人石』ウランバートル，1997 年）．

Галдан Г., Батдалай Б., Амартүвшин Ч. Умард, төв, баруун бүсийн зарим нутгуудад археологийн мэдээ шалгасан тухай. // Монголын Археологи-2016 (Эрдэм шинжилгээний хурлын эмхэтгэл). Улаанбаатар, 2017 (G. ガルダン，B. バトダライ，Ch. アマルトゥブシン「北部，中部，西部地域の考古学情報検証」『モンゴル考古学-2016［学術会議論集］』ウランバートル，2017 年）．

Гонгоржав Г, Энхбат Г "Монгол нутаг дахь түүх, соёлын дурсгал" толь бичгийн хэрэглэгдэхүүн бүрдүүлэх экспедицийн өдрийн тэмдэглэл. Соёлын өвийн төв. УнБМС. Улаанбаатар, 1997 (G. ゴンゴルジャブ，G. エンフバト『モンゴルの歴史文化遺跡事典資料作成調査日誌』文化財センター，国家統一登録情報データベース，ウランバートル，1997 年）．

Гүнчинсүрэн Б., Амартүвшин Ч., Эрдэнэ Б., Лхүндэв Г. Сэлэнгэ аймгийн Түшиг сумын нутаг дахь "Red Hill Mongolia" XXКомпаний 14657a, 1231a дугаар бүхий лицензийн талбайн авран хамгаалах хайгуул судалгаа. Улаанбаатар, 2011 (B. グンチンスレン，Ch. アマルトゥブシン，B. エルデネ，G. ルンデブ『セレンゲ県トゥシグ郡における Red Hill Mongolia 有限責任会社所有 14657a, 1231a 号許可証区域保全探査調査』ウランバートル，2011 年）．

Гүнчинсүрэн Б., Цогтбаатар Б., Изухо М., Одсүрэн Д. "Монголын палеолитын судалгаа" төслийн 2015 оны шинжилгээний ажлын үр дүнгээс. // Монголын археологи-2015 (Эрдэм шинжилгээний хурлын эмхэтгэл). Улаанбаатар, 2016 (B. グンチンスレン，B. ツォグトバータル，出穂雅実，D. オドスレン「モンゴル旧石器時代研究プロジェクト 2015 年調査結果」『モンゴル考古学-2015［学術会議論集］』ウランバートル，2016 年）．

Доржсүрэн Ц. 1961 онд Хараагын Ноён уул хавьд эртний судлалын малтлага хайгуул хийсэн тухай. // Studia Archaeologica, Tom. II, Fasc. 4, Улаанбаатар, 1963 (Ts. ドルジスレン「1961 年ハラーにおけるノヨオンオール山周辺古代研究発掘探査について」*Studia Archaeologica*, Tom. II, Fasc. 4, ウランバートル，1963 年）．

Идэрхангай Т., Мөнхжин М., Намсрайжамц А., Уянга Х., Хүслэн Л., Цэнд Д., Энхзул Ж., Эрдэнэпүрэв П. Тулгар төрийн голомт нутаг Тунгалаг тамирын хөндий, Батцэнгэл сумын түүхэн товчоон-I (Чулуун зэвсгийн үеэс XIV зуун). Улаанбаатар, 2024 (T. イデルハンガイ，M. ムンフジン。A. ナムスライジャムツ，Kh. オヤンガ，L. フスレン，D. ツェンド，J. エンフゾル，P. エルデネプレブ『祖国揺籃の地トンガラグ・タミール盆地，バトツェンゲル郡概史 I（石器時代から 14 世紀まで）』ウランバートル，2024 年）．

Идэрхангай Т., Оргилбаяр С., Цэнд Д., Батчимэг Б. Улаанбаатарын Их Сургуулийн Түүх, археологийн тэнхимийн оюутны хээрийн дадлагын 2019 оны тайлан. МУИС-ийн ШУТУП-ийн ГБСХ. Улаанбаатар, 2019 (T. イデルハンガイ，S. オルギルバヤル，D. ツェンド，B. バトチメグ『2019 年ウランバートル大学歴史考古学教室学生野外実習報告書』モンゴル国立大学ウランバートル科学技術パーク，ウランバートル，2019 年）．

Идэрхангай Т., Оргилбаяр С., Цэнд Д., Эрдэнэпүрэв П., Батчимэг Б., Баянсан Б., Хүслэн Л., Намсрайжмац А., Уянга Х. Улаанбаатарын Их Сургуулийн Түүх, археологийн тэнхимийн оюутны хээрийн дадлагын 2021 оны тайлан. МУИС-ийн ШУТУП-ийн ГБСХ. Улаанбаатар, 2021 (T. イデルハンガイ，S. オルギルバヤル，D. ツェンド，P. エルデネプレブ，B. バトチメグ，B. バヤンサン，L. フスレン，A. ナムスライジャムツ，Kh. オヤンガ『2021 年ウランバートル大学歴史考古学教室学生野外実習報告書』モンゴル国立大学ウランバートル科学技術パーク，ウランバートル，2021 年）．

Идэрхангай Т., Оргилбаяр С., Цэнд Д., Эрдэнэпүрэв П., Батчимэг Б., Баянсан Б., Хүслэн Л., Намсрайжмац А., Уянга Х., Мөнхжин., Батхишиг М., Энхзул Ж. Сэлэнгэ аймгийн Орхонтуул сумын Их нөөлөгт, Яшил уулын дурсгалт газарт явуулсан археологийн малтлага судалгааны ажлын 2022 оны тайлан. МУИС-ийн ШУТУП-ийн ГБСХ. Улаанбаатар, 2022 (T. イデルハンガイ，S. オルギルバヤル，D. ツェンド，P. エルデネプレブ，B. バトチメグ，B. バヤンサン，L. フスレン，A. ナムスライジャムツ，Kh. オヤンガ，M. ムンフジン，M. バトヒシグ，J. エンフゾル『2022 年セレンゲ県オルホントール郡イフ・ヌールグトゥ，ヤシル山遺跡考古学発掘調査事業報告書』モンゴル国立大学ウランバートル科学技術パーク，ウランバートル，2022 年）．

Идэрхангай Т., Цэнд Д., Амгаланбат Б. Хүннү, Сяньби гүрний улс төрийн төв ба хүн амын төвлөрөл (Сэлэнгэ, Архангай, Булган аймгуудын нутагт 2018-2020 онд явуулсан хүннү булшны бүртгэл судалгааны дүнгээс). // МУИС-ийн Улаанбаатар сургуулийн Археологи, түүх, Хүмүүнлэгийн сэтгүүл, Дугаар 18 (17).

Улаанбаатар, 2022 (Т. イデルハンガイ，D. ツェンド，B. アムガランバト『匈奴・鮮卑帝国の中心地と人口の集中（2018 年から 2020 年セレンゲ，アルハンガイ，ボルガンの各県でおこなった匈奴の墓の登録調査結果から）』モンゴル国立大学ウランバートル校考古学歴史人文学誌）18（17）号，ウランバートル，2022 年).

Идэрхангай Т., Цэнд Д., Батчимэг Б., Эрдэнэпүрэв П., Хүслэн Л., Намсрайжамц А., Уянга Х., Мөнхжин М., Батхишиг М. "Эрт, дундад үеийн булш, оршуулгын дурсгалын судалгаа" төслийн Их нөөлөгт, Яшил уулын дурсгалт газрын археологийн малтлага судалгааны ажлын 2023 оны тайлан. МУИС-ийн ШУТУП-ийн ГБСХ. Улаанбаатар, 2023 (Т. イデルハンガイ，D. ツェンド，B. バトチメグ，P. エルデネプレブ，L. フスレン，A. ナムスライジャムツ，Kh. オヤンガ，M. ムンフジン，M. バトヒシグ『2023 年古代中世の墓，埋葬遺跡調査プロジェクト，イフ・ヌールグトゥ，ヤシル山遺跡考古学発掘調査事業報告書』モンゴル国立大学ウランバートル科学技術パーク，ウランバートル，2023 年).

Ишцэрэн Л., Анхбаяр Б., Икүэ О., Галдан Г. Монгол-Японы хамтарсан "Хүннү ба Хангийн харилцааг археологийн олдворт тулгуурлан тодруулах нь" төслийн 2023 оны Сэлэнгэ аймгийн Ерөө сумын нутаг Хандтгайтын сууринд хийсэн малтлага судалгааны урьдчилсан үр дүн. Монголын Археологи-2023 (Эрдэм шинжилгээний хурлын эмхэтгэл). Улаанбаатар, 2023 (L. イシツェレン，B. アンフバヤル，大谷育恵，G. ガルダン「2023 年モンゴル日本共同プロジェクト「匈奴と漢の関係を考古学出土物をもとに明らかにする」セレンゲ県ユルー郡ハンドガイド定住地発掘調査予備成果」『モンゴル考古学-2023［学術会議論集］』ウランバートル，2023 年).

Ишцэрэн Л., Галдан Г., Буян-Орших Б., Мишээлт Б. Сэлэнгэ аймгийн Ерөө сумын Улаанбулагт ажилласан Монгол-Японы хамтарсан хээрийн судалгааны ангийн үр дүн. Монголын Археологи-2022 (Эрдэм шинжилгээний хурлын эмхэтгэл). Улаанбаатар, 2022 (L. イシツェレン，G. ガルダン，B. ボヤン-オルシフ，B. ミシェールト「セレンゲ県ユルー郡オラーンボラグトにおけるモンゴル日本共同野外調査成果」『モンゴル考古学-2022［学術会議論集］』ウランバートル，2022 年).

Майдар Д. Монголын хот тосгодын гурван зураг. Улаанбаатар, 1970 (D. マイダル『モンゴルの都市・集落の 3 枚の地図』ウランバートル，1970 年).

Мижиддорж Д., Цэнд Д. Улаанбаатарын Их Сургуулийн археологийн тэнхимийн авран хамгаалах хайгуул судалгаа. // Монголын Археологи-2016 (Эрдэм шинжилгээний хурлын эмхэтгэл). Улаанбаатар, 2017 (D. ミジドドルジ，D. ツェンド「ウランバートル大学考古学教室保全探査調査」『モンゴル考古学-2016［学術会議論集］』ウランバートル，2017 年).

Монгол нутаг дахь түүх, соёлын үл хөдлөх дурсгал. VI дэвтэр, Сэлэнгэ аймаг. Улаанбаатар, 2013 (『モンゴル歴史文化不動遺産第 6 冊セレンゲ県』ウランバートル，2013 年).

Нямхүү М., Амартүвшин Ч., Эрэгзэн Г. Газарзүйн мэдээллийн системийн технологийг археологийн судалгаанд ашиглан газрын зураг зохиох, мэдээллийн сан бүрдүүлэх ажлын үр дүнгээс. // Монголын Археологи-2016 (Эрдэм шинжилгээний хурлын эмхэтгэл). Улаанбаатар, 2017 (M. ニャムフー，Ch. アマルトゥブシン，G. エレグゼン「地理情報システム技術を考古学調査に利用した地図作成，データベース構築事業の成果から」『モンゴル考古学-2016［学術会議論集］』ウランバートル，2017 年).

Одбаатар Ц., Бүрэнтөгс Г., Нямбат М., Хос-Эрдэнэ Г., Сүхбаатар Г. Сэлэнгэ аймгийн Баруунбүрэн сумын нутаг Хонгор овоо, Цуутайж хайрхны оршуулгын газрын малтлага. Монголын Археологи-2023 (Эрдэм шинжилгээний хурлын эмхэтгэл). Улаанбаатар, 2023 (Ts. オドバータル，G. ブレントゥグス，M. ニャムバト，G. ホス-エルデネ，G. スフバータル「セレンゲ県バローンブレン郡ホンゴル・オボー，ツォータイジ・ハイルハンの埋葬地発掘調査」『モンゴル考古学-2023［学術会議論集］』ウランバートル，2023 年).

Өлзийбаяр С. Өгөөмөр уулын хүннү цэргийн булш. // Studia Historica, Tom. XXXVI, Fasc. 1. Улаанбаатар, 2006 (S. ウルジーバヤル「ウグームル山の匈奴戦士の墓」 Studia Historica, Tom. XXXVI, Fasc. 1., ウランバートル，2006 年).

Пэрлээ Х. Монгол ард улсын эрт, дундад үеийн хот суурины товчоон. Нэмж засварласан 2 дахь хэвлэл. Улаанбаатар, 2011 (Kh. ペルレー『モンゴル人民国古代中世都市定住地概要』増補第 2 版，ウランバートル，2011 年).

Төрбат Ц., Батсүх Д., Батбаяр Т. 2005 онд Сэлэнгэ аймгийн Мандал сумын нутаг ажилласан Монгол-Швейцарын хамтарсан археологийн "Бороо гол" төслийн ажлын тайлан. ШУА-ийн ТАХБМТБС, 2005 (Ts. トゥルバト，D. バトスフ，T. バトバヤル『2005 年モンゴル・スイス共同考古学プロジェクト「ボロー川」セレンゲ県マンダル郡調査報告書』科学アカデミー歴史考古学研究所，2005 年).

Цогтбаатар Б., Амартүвшин Ч. Сэлэнгэ аймгийн Хүдэр сумын нутагт ажилласан хээрийн шинжилгээний ангийн

モンゴル国立大学ウランバートル科学技術パークセレンゲ県オルホン郡オラーン・チョロート山遺跡考古学発掘調査 2024 年報告

урьдчилсан тайлан. Улаанбаатар, 2007（B. ツォグトバータル，Ch. アマルトゥブシン『セレンゲ県フデル郡野外調査予備報告書』ウランバートル，2007 年）．

Цэвээндорж Д. Хүннү судлалын тойм. – Монголын Морин толгойн хүннүгийн үеийн булш. Монгол-Солонгосын хамтарсан эрдэм шинжилгээ судалгааны тайлан. СҮМ, МҮТМ, МУ ШУА ТХ, 2001（D. ツェウェーンドルジ「匈奴研究概要」『モンゴル国モリン・トルゴイの匈奴時代の墓：モンゴル韓国共同学術調査報告書』韓国，モンゴル，モンゴル国科学アカデミー歴史研究所，2001 年）．

Эрдэнэбаатар Д., Цогтбаатар Б. Сэлэнгэ аймгийн Түшиг сумын нутаг Тавтын талд хийсэн археологийн хайгуулын ангийн тайлан. АХГБСХ. Улаанбаатар, 1996（D. エルデネバータル，B. ツォグトバータル『セレンゲ県トゥシグ郡タブト平原考古学探査隊報告書』ウランバートル，1996 年）．

Эрдэнэбат У., Содномжамц Д. Өгөөмөрийн хүннү булш. // Studia Archaeologica, Tom. XXXVII, Fasc. 15. Улаанбаатар, 2018（U. エルデネバト，D. ソドノムジャムツ「ウグームルの匈奴の墓」*Studia Archaeologica, Tom. XXXVII, Fasc. 15.*，ウランバートル，2018 年）．

Эрэгзэн Г., Баярсайхан Ж., Довидас Юркенас, Мина Ж., Анхсанаа Г., Хүрэлсүх С., Бямбадорж Б., Батчулуун О., Баасансүрэн Х., Майкл Фишер, Николь Бойвин. Монгол-Германы хамтарсан "MAPSS" төслийн 2023 оны хайгуул судалгааны товч үр дүн. Монголын Археологи-2023 (Эрдэм шинжилгээний хурлын эмхэтгэл). Улаанбаатар, 2023（G. エレグゼン，J. バヤルサイハン，ドヴィダス・ユルケナス，J. ミナ，G. アンフサナー，S フレルスフ，B. ビャンバドルジ，O. バトチョローン，Kh. バーサンスレン，カイケル・フィッシャー，ニコル・ボイヴィン「2023 年モンゴル・ドイツ共同プロジェクト"MAPSS"探査調査成果概要」『モンゴル考古学-2023［学術会議論集］』ウランバートル，2023 年）．

付録

図 33. 空からのオラーン・チョロート山遺跡

図 34. 野外調査隊

図 35. 第 1 号墓表土取り除き作業

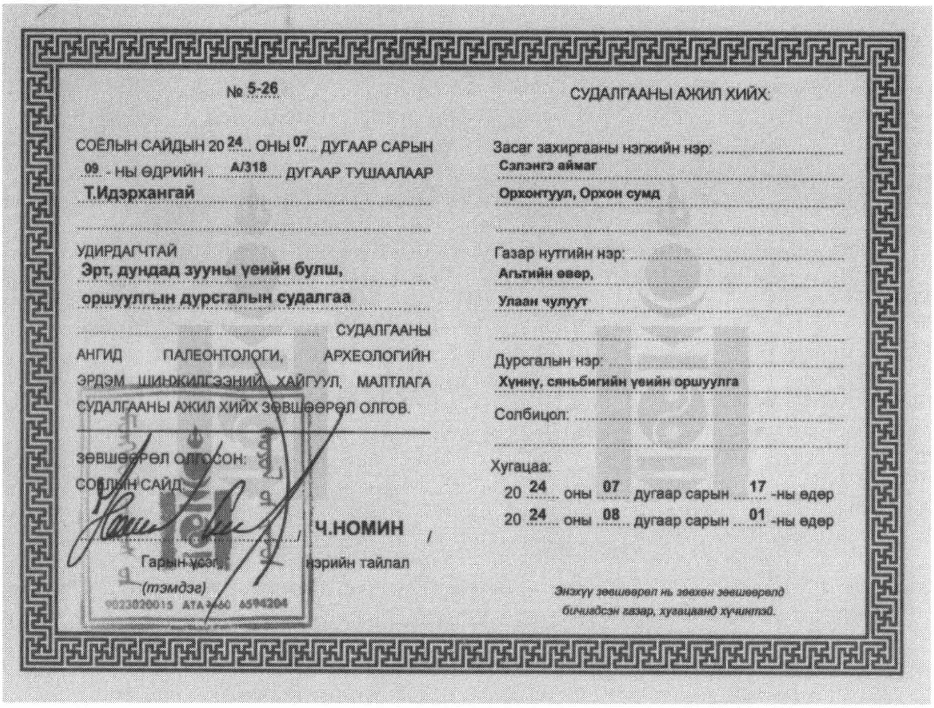

モンゴル国立大学ウランバートル科学技術パークセレンゲ県オルホン郡オラーン・チョロート山遺跡考古学発掘調査 2024 年報告

図 36. 古生物学・考古学学術調査，発掘調査の許可

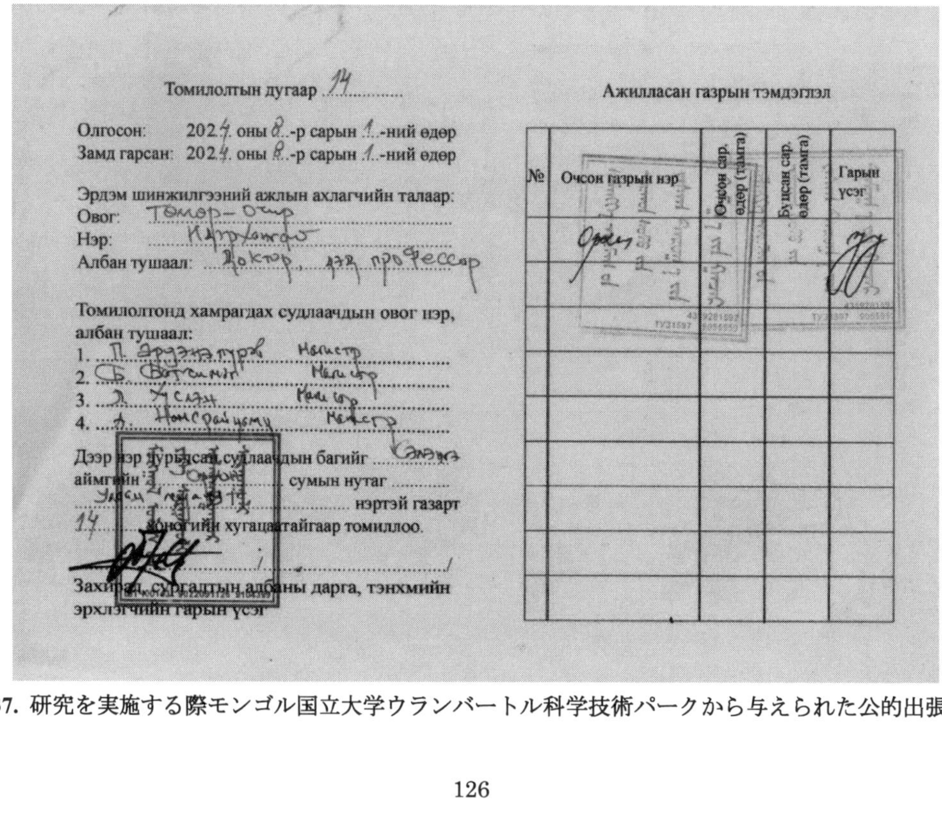

図 37. 研究を実施する際モンゴル国立大学ウランバートル科学技術パークから与えられた公的出張命令

「"チンギス・ハーンの長城"に関する国際共同研究基盤の創成」プロジェクト2024年度内モンゴル現地調査報告

ボルジギン・フスレ（Husel Borjigin）

はじめに

「"チンギス・ハーンの長城"に関する国際共同研究基盤の創成」プロジェクトを2020年11月に立ち上げ，翌年2021年からモンゴル国で，2023年から中国の内モンゴル自治区で現地調査を実施してきた[1]。2024年9月，中国内モンゴル自治区現地研究者の協力を得て，研究代表者は，包頭（Buγutu）市ダルハン・モーミンガン連合旗エルデン・オボー区間，バヤンノール市オラド中旗トグルタイ（同和太）区間，フグジルト区間アルフレー（阿日障城），エヘイーンツァガーン区間，オラド後旗チョグウンドゥル鎮（「鎮」は行政単位）チョローン・フレー，ショーレンギーン・シウォー，ライディフレー（来地庫列），ダバート区間高厥塞（Gaoquezhai），磴口（Dengkou）県鶏鹿塞（Jiluzhai）を踏査した。本報告では，その調査の成果を簡単に紹介したい。

1. チンギス・ハーンの長城嶺南ラインにおけるエルデン・オボー区間

内モンゴル自治区包頭市ダルハン・モーミンガン連合旗内のチンギス・ハーンの長城は，三つのラインより構成されている（図1）。東南部のラインはチンギス・ハーンの長城嶺南ラインに属す。南西部には平行に二つのラインがあり，チンギス・ハーンの長城南西ラインに属す。後者は，中国の学者の間では，それぞれ，「漢外長城」の南線と北線とされている。今回調査したのは，チンギス・ハーンの長城嶺南ラインにおけるエルデン・オボー区間である。

チンギス・ハーンの長城エルデン・オボー区間は，2001年6月に中華人民共和国国務院により認定された中国の第5次国家重要文化財（「中華人民共和国全国重点文物保護単位」）では「金界壕」の一部として登録された。内モンゴル自治区政府は，2010年11月に同遺構の城壁の外側に「国家重要文化財（全国重点文物保護単位）」というモンゴル語・漢語で刻まれた記念碑を建てた。ダルハン・モーミンガン連合旗内の「金界壕」はダルハン・ソム（「ソム」は行政単位）エルデン・オボー区間（図2）と石宝（Shibao）鎮坤兌灘（Kunduitan，「坤兌」はモンゴル語 Köndei の漢語音訳表記である）区間により構成されており，全長58キロメートルである。東はオラーンチャブ市ドゥルベンフーヘド旗からエルデン・オボー区間に入り，西はフフホト市武川（Wuchuan）県二份子（Erfenzixiang）郷（「郷」は行政単位）に入る。

エルデン・オボー区間のチンギス・ハーンの長城が外壕・外壁，副壕・副壁，内壕・内壁のという三重の構造になっているのに対し，坤兌灘区間は外壕・外壁，内壕・内壁という構造になっており，いずれも土で築かれたものである。内モンゴルの考古調査隊によりエルデン・オボー区間の「金界壕1段」とナンバリングしている長城の内壁の土台の部分の幅は約7〜11メートル，上部の幅は約2〜4メートル，高さは約1〜3メートル，内壕の幅は約2〜4メートル，深さ0.5〜1メートルで

「"チンギス・ハーンの長城"に関する国際共同研究基盤の創成」プロジェクト 2024 年度内モンゴル現地調査報告

ある。副壁の土台の部分の幅は約 6〜10 メートル，上部の幅は約 2〜4 メートル，高さは約 0.5〜2 メートル，副壕の幅は約 2〜5 メートル，深さ 0.5〜3 メートルである。外壁の土台の部分の幅は約 6〜10 メートル，上部の幅は約 2〜4 メートル，高さは約 0.5〜2 メートル，外壕の幅は約 3〜5 メートル，深さは約 1〜3 メートルとなっている。また，同長城の内壁の内側（南側）には円形の「戍堡（防塁）」が設けられており，幅は土台の部分で直径約 20〜25 メートル，上の部分で直径は約 6〜8 メートル，高さ約 3〜5 メートルで，約 250〜300 メートルおきにつくられている。エルデン・オボー区間と坤兊灘区間にこのような戍堡が約 250 個も設けられている。さらに防衛用の「障址」（城）も設けられており，その間隔は 5 キロメートルから 7 キロメートルなどとなっている。

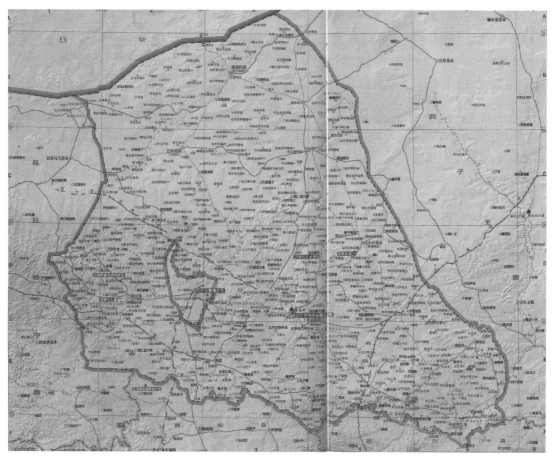

図 1.「達爾罕茂明安聯合旗」（呉斉文［主編］，内蒙古自治区地図制印院［編著］『内蒙古自治区地図集』北京：中国地図出版社，2007 年。縮尺 1: 650000）

エルデン・オボー区間の「飼料地 1 号障址」と名付けられた障址は二重のもので，ともに土を突き固めてつくったもの（「土築」，すなわち版築）だ。北の内側と外側の城壁はそれぞれ長城の城壁を利用している。内側の東と西の城壁の長さは 81.5 メートル，南と北の城壁の長さは 79 メートル，幅は土台部分で約 8〜10 メートル，上部は約 3〜5 メートル，高さは約 0.5〜1 メートルである。内側の城壁と外側の城壁の間には 20〜22.5 メートルの間隔がある。外側の城壁の幅は約 4〜6 メート

ル，高さは約 0.6 メートルである。「障址」の南の城壁には門があり，横幅は約 9 メートルである。内側の門と外側の門を通る道を設けており，その両側も城壁を設けている。中国の研究者は，『金史・仆散揆伝』の「国境に沿って，堡塁を立て，長城を築いた」という記述にもとづいて，この長城は女真の金（1115～1234 年）の章宗（1168～1208 年，在位 1189～1208 年）明昌年間（1190～1196 年）に築かれたとしている。地表にはさまざまな陶器と土器の破片がある。

図 2. チンギス・ハーンの長城ダルハン・モーミンガン連合旗エルデン・オボー区間

2. チンギス・ハーンの長城南西ライン

チンギス・ハーンの長城南西ラインは 3 条の長城より構成されている。その最も北のラインは，中国では「漢外長城」の北線とし，その南に平行してある長城を，「漢外長城」の南線としている。さらにその南，陰山山脈に沿ってもう一つの長城があり，中国では「秦漢長城」としている[2]。上記の長城は，中国で 2007 年に出版されたモンゴル語版の『内モンゴル自治区地図集』には *Činggis-ün kerem*[3]，すなわち「チンギスの長城」と表記し，同年及び 2015 年に出版された漢語版の『内蒙古自治区地図集』などには，「成吉思汗辺墻（*Chengjisihan Bianqiang*）」[4]，すなわち「チンギス・ハーンの長城」と表記している。近年，中国の研究者は，中国領内の「漢外長城」と「秦漢長城」を踏査し，そのデータを整理してきた[5]。

2.1. トグルタイ（同和太）区間

バヤンノール市オラド中旗には 3 条の長城が横断している（地図 3）。南には陰山山脈にそって，「秦漢長城」が築かれており，中部と北側には「漢外長城」の南線と北線が横切っている。

「"チンギス・ハーンの長城"に関する国際共同研究基盤の創成」プロジェクト 2024 年度内モンゴル現地調査報告

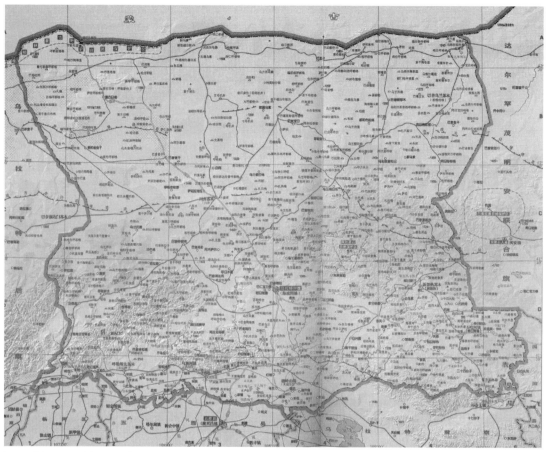

図 3.「烏拉特中旗」（呉斉文［主編］，内蒙古自治区地図制印院［編著］『内蒙古自治区地図集』北京：中国地図出版社，2007 年。縮尺 1: 650000）

　　中国の研究者は，オラド中旗の「秦漢長城」を 154 の「段」として区分し，その内，石で築かれた部分を 114 段，土を突き固めてつくった部分を 8 段，山の自然状況にあわせて築かれた部分を 11 段，「山険」（山勢険要，長城の一部となっている）の部分を 3 段，消失した部分を 11 段と分けている。その長さは 164,427 メートルであり，その内，石で築かれた部分の長さは 128,903 メートル，土を突き固めてつくった部分は 7,146 メートル，山の自然状況にあわせて築かれた部分は 10,456 メートル，山勢険要の部分は 1,784 メートル，消失した部分は 16,138 メートルである。その沿線には 3 個の障城，265 個の峰火台が設けられている[6]。

　　トグルタイ（同和太）区間は 26 の段より構成され，その内，土を突き固めてつくった部分は 2 段（第 1，2 段）あり，石で築かれた部分は 24 段（第 3～26 段）ある（図 4，5）。東はオラド中旗シネフレー・ソムのツァガーンオボー・ガチャー（「ガチャー」は行政単位）ツァガーンチョロー牧場からはじまり，西は同旗ハリョート（Qaliγutu）鎮バヤンオーラ・ガチャーのシラチョロー村にいたる。全長は 26,145 メートルであり，1 個の障城，56 個の峰火台が設けられている。長城の規模，寸法は場所によって異なり，土台の部分の幅は 1.5～4.7 メートル，上部の幅は 1.3～2 メートル，高さ

0.3〜1.8メートルの部分（第11段）もあれば，土台の部分の幅は1.3〜2.1メートル，上部の幅は0.4〜1.6メートル，高さ0.5〜1メートルの部分（第2段）もある。2006年5月に中華人民共和国国務院により認定された中国の第6次国家重要文化財では「秦漢長城」の一部として登録された。

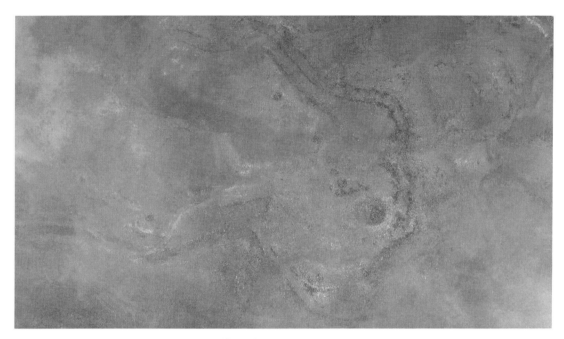

図4. チンギス・ハーンの長城オラド中旗トグルタイ区間

図5. チンギス・ハーンの長城オラド中旗トグルタイ区間

2.2. アルフレー（阿日障城）遺跡

オラド中旗における「漢外長城」の南線は全長 171,417 メートルである。中国の研究者はそれを 163 の「段」として区分し，その内，土を突き固めてつくった部分は 80 段，101,922 メートルであり，石で築かれた部分は 33 段，31,031 メートルであり，消失した部分は 50 段，38,464 メートルである。70 個の障城，25 個の峰火台が設けられている[7]。2006 年 5 月に中華人民共和国国務院により認定された中国の第 6 次国家重要文化財では「漢長城」として登録された。

フグジルト区間は 28 の段より構成され，すべて土を突き固めてつくったものである。東はガンツモド・ソムのフグジルト・ガチャーのチョロート牧場からはじまり，西は同ガチャーのアルフレー牧場にいたる。7 個の障城，5 個の峰火台が設けられている。全長 39,339 メートルである。

アルフレー（阿日障城）遺跡は，オラド中旗ガンツモド・ソムのフグジルト・ガチャーのアルフレー牧場に位置し，長城の南 60 メートルに築かれている。内モンゴルの考古調査隊は，同遺跡を「フグジルト 7 号障城」とナンバリングしている。辺長 130 メートルの正方形の城であり，土を突き固めてつくったものである（図 6, 7）。城壁の土台の部分の幅は約 6～6.5 メートル，上部の幅は約 0.5～3.5 メートル，高さは 0.1～2.2 メートルである。城の角部にそれぞれ角台が設けられており，また城壁の外側に幅 6～8 メートルの壕が設けられている。南の城壁の真ん中に，長さ 6 メートルの門が設けられている[8]。東の城壁の真ん中にも長さ 6 メートルの門が設けられているとする研究者もいるが[9]，私たちの調査では，東の城壁の門は確認されなかった。内モンゴルの考古調査隊の発掘調査では，西夏の貨幣や黒，色の瓷器の破片が出土している[10]。

図 6. アルフレー（阿日障城）

図 7. アルフレー（阿日障城）

2.3. エヘイーンツァガーン区間

図 8. エヘイーンツァガーン区間

「"チンギス・ハーンの長城"に関する国際共同研究基盤の創成」プロジェクト2024年度内モンゴル現地調査報告

　オラド中旗における「漢外長城」の北線は全長186,319メートルである。中国の研究者はそれを137の段に区分し，その内，土を突き固めてつくった部分は82段，131,392メートル，石で築かれた部分は1段，73メートル，消失された部分は54段，54,854メートルである。3個の障城が設けられている[11]。土を突き固めてつくった部分には，土と石で築かれたものも含まれる。

　エヘイーンツァガーン区間は21の段より構成され，その内，土を突き固めてつくった部分は16段，30,235メートル，土と石で築かれた部分は1段（第14段），73メートル，消失された部分は4段，3,393メートルである。東はガンツモド・ソムのエヘイーンツァガーン・ガチャーのサンギーンハシャート・バローン牧場からはじまり，西は同ガチャーのナラーンシャバブ牧場にいたる。1個の障城が設けられている。全長33,701メートルである。

　中国の研究者の記述によると，土と石で築かれた「エヘイーンツァガーン14段」の長城の城壁は，両側は石で築かれ，まんなかに石を入れてつくったものであり，土台の部分の幅は2.3〜3.5メートル，上部の幅は2〜2.5メートル，高さは1〜1.3メートルである[12]。私たちが調査したエヘイーンツァガーン区間の長城は，基本的に石で築かれたもの（図8）であり，土台の部分の幅は約1〜2メートル，高さは約0.5〜1メートルである。これは，上記「エヘイーンツァガーン14段」とナンバリングされたものとは異なる。

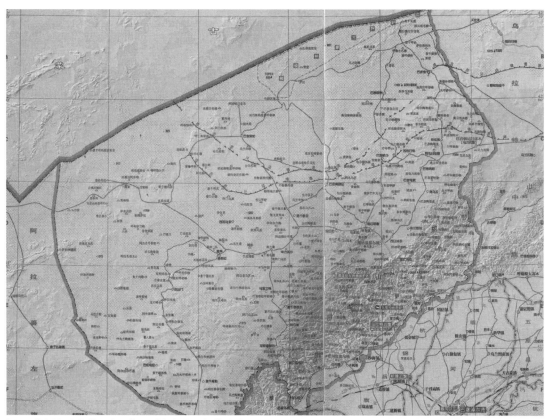

図9．「烏拉特後旗」（呉斉文［主編］，内蒙古自治区地図制印院［編著］『内蒙古自治区地図集』北京：中国地図出版社，2007年。縮尺1:750000）

2.4. 高闕塞

オラド中旗の3条の長城は西へとオラド後旗に入る（図9）。

オラド後旗の南部，陰山山脈にそって築かれた「秦漢長城」の長さは10,668メートルであり，5個の障城が設けられている。その内のダバート区間は，2006年5月に中華人民共和国国務院により認定された中国の第6次国家重要文化財では「漢長城」として登録された。

高闕塞は同長城の障城の一つであり，モンゴル語は「ダバート」である。ダバート遺跡（ダバート溝遺跡）は南北2つのつながった城より構成されている（図10）。北の城の城壁は東西35.2メートル，南北36.8メートルであり，それとつながる南の城の東西は64メートル，南北48メートルである。上記の長城より先，2001年6月に中華人民共和国国務院により認定された中国の第5次国家重要文化財では「漢長城」として登録された。

候仁之（Hou Renzhi），俞偉超（Yu Weichao）は，1963年の調査ですでにダバート遺跡に注目した。ただし，二人は同遺跡の北の城を辺長23.1メートル，南の城の東西の城壁を38.5メートル，南北25.5メートルであるとしている[13]。最初にダバート遺跡を高闕塞と比定したのは唐曉峰（Tang Xiaofeng）である[14]。のちに魏堅（Wei Jian）は，『水経注』などの文献を根拠に，再度ダバート遺跡を高闕塞と比定した[15]。張海斌（Hang Haibin），楊掂恩（Yang Dian-En）等ものちに同じかんがえ方を踏襲しているが，北城を辺長48メートルの正方形，南城を辺長66メートルの正方形のものであるとしている[16]のは，間違いである。

2014年，中国国家文物局は，資金を投入し，同城を高闕塞として修復した（図11）。ただし，中国の研究者のなかには，ダバート遺跡を高闕塞として比定してよいのかについて，慎重な態度をしめす者もいる[17]。

図10. 高闕塞

「"チンギス・ハーンの長城"に関する国際共同研究基盤の創成」プロジェクト 2024 年度内モンゴル現地調査報告

図 11. 高厥塞

2.5. チョローン・フレー遺跡

　チョローン・フレー遺跡は，オラド後旗チョグウンドゥル鎮シネオス・ガチャーのチョローン・フレー牧場に位置し，その北東は「漢外長城」南線のシネオス区間の長城から 420 メートル離れている。同遺跡は多くの研究者により注目されてきたが，その規模（広さ等），構築された年代についての見解は異なる。中国人民大学北方民族考古研究所の調査隊は，チョローン・フレー遺跡の東西の城壁の長さを 128 メートル，南北の城壁を 126.9 メートルだとし，西夏の時代に築かれたものとしている[18]に対し，蓋山林（Gai Shanlin），陸思賢（Lu Sixian），及び内モンゴル自治区文物考古研究院等は，東西の城壁の長さを 124.6 メートル，南北の城壁を 126.8 メートルだとし，西漢（前漢）の時代に築かれたとしている[19]。日本の森谷一樹は，Google Earth と対角線 800 漢尺の基準にもとづいて，同遺跡は漢代に築かれたものというかんがえ方を支持している[20]。同遺跡は，2006 年 5 月に中華人民共和国国務院により認定された中国の第 6 次国家重要文化財では「漢長城」として登録された。

　内モンゴル自治区文物考古研究院の調査データにしたがうと，チョローン・フレー遺跡は石と土で築かれたもので，現存の城壁の土台の部分の幅は約 5.5 メートル，上部の幅は約 2.6〜2.8 メートル，高さは 1.2〜2.6 メートルである。城の角部にそれぞれ角台が設けられており，その長さは 5 メートル，横は 4〜5 メートルであり，城壁から外へと 3 メートルほど延びている。東の城壁の真ん中には門があり，横幅は約 6.6 メートルである。門の外側にさらに石で築かれた馬蹄形の甕城が設けられ，その東西の長さは 10.5 メートル，南北 16 メートル，土台の部分の幅は 3.5 メートル，高さは

136

0.6〜1.6メートルである。南の城壁に長さ3メートルの門が設けられている[21]（図12-13）。内モンゴル自治区の考古調査隊の1976年の発掘調査では，陶器，銅鏃，弩，弩の鍵，鉄の钁，鎌，残剣などが出土した[22]。私たちが調査した際，地表には，さまざまな陶器と土器の破片，煉瓦等が見られた。

図12. チョローン・フレー遺跡

図13. チョローン・フレー遺跡

「"チンギス・ハーンの長城"に関する国際共同研究基盤の創成」プロジェクト 2024 年度内モンゴル現地調査報告

2.6. ライディフレー（来地庫列）とショーレンギーン・シウォー遺跡

図 14. ライディフレー（ハルオボー）遺跡

図 15. ショーレンギーン・シウォー遺跡

中国の研究者は，オラド後旗の「漢外長城」の北線を 75 の「段」に区分し，その内，石で築かれた部分を 3 段，土を突き固めてつくった部分を 61 段，消失した部分を 11 段としている。その長さは 159,460 メートル，その内，石で築かれた部分の長さは 6,167 メートル，土を突き固めてつくった部分は 137,929 メートル，消失された部分は 24,679 メートルである。その沿線には 6 個の障城が設けられている[23]。

　バヤンノロー区間は 24 の段より構成され，その内，土を突き固めてつくった部分は 21 段（第 1～12，14～15，18～24 段），土と石で築かれた部分は 1 段（第 13 段），石で築かれた部分は 2 段（第 13 段）である。東は同旗チョグウンドゥル鎮バヤンノロー・ガチャーのバローンハバルザ牧場からはじまり，北西へとモンゴル国ウムヌゴビ県ノムゴン郡に入る。5 個の障城が設けられている。全長 69,275 メートルである。

　ライディフレー（来地庫列）は別名ハルオボーで，中国の研究者は同遺跡を「バヤンノロー 2 号障城」とナンバリングしている[24]。バヤンノロー区間の第 15 段の長城から約 120 メートル離れたところに位置する。ライディフレーは東西約 130 メートル，南北約 110 メートルの長方形の遺跡である（図 14）。土を突き固めてつくったものである。現存城壁の土台の部分の幅は約 2 メートル，高さは 0.5～1 メートルである。城の角部にそれぞれ角台を設けている。南の城壁の真ん中に，広さ約 3 メートルの門が設けられている。地表には漢代の陶器の破片等が残る。

図 16．ショーレンギーン・シウォー遺跡

　ライディフレー遺跡から北東へ約 2,340 メートル離れたところにショーレンギーン・シウォーがある。中国の研究者は同遺跡を「バヤンノロー 3 号障城」とナンバリングしている[25]。ショーレンギ

「"チンギス・ハーンの長城"に関する国際共同研究基盤の創成」プロジェクト 2024 年度内モンゴル現地調査報告

ーン・シウォー遺跡は石で建造したものであり，現存東西の城壁は約 14 メートル，南北の城壁は約 11 メートル，城壁幅は約 1.8 メートル，高さは約 1.3～4 メートルである。南の城壁の真ん中に広さ約 1.5 メートルの門が設けられている。門の外側に，東西約 10 メートル，南北約 4 メートルの塢，すなわち防衛用の小屋が設けられている（図 15-16）。唐暁峰や張文平等は同遺跡を漢代に建造されたものであると断定しているが[26]，魏堅等は西夏の時代のものとかんがえている[27]。私たちが調査した際，地表には漢代の陶器の破片等の遺物が見られた。

2.7. 鶏鹿塞

上で述べた高厥塞（ダバート遺跡）から西へと 20 キロメートル離れたところにバヤンオール遺跡がある。バヤンオール遺跡はバヤンノール市磴口県のハルガーイーン・ゴル（川）の西の畔の高台に位置する。中国の学界では，同遺跡を鶏鹿塞と認定している。

図 17. 鶏鹿塞

多くの研究者は，鶏鹿塞は辺長 68 メートルの正方形の障城であると認識しているが[28]，最近，内モンゴル自治区文物考古研究院の研究者は，同遺跡を辺長 69.3 メートルと修正しており，また，「鶏鹿」を「匈奴語あるいはモンゴル語の"チョロー（čilaɣu）"」，すなわち「石」であると解釈している[29]。同遺跡は石で建造したものであり，城の城壁の土台の幅は約 5～6 メートル，上部の幅は約 1.5～2 メートル，高さは 5～7 メートルである。城の角部に角台が設けられている。南壁の真ん中の西よりに，長さ 3 メートルの門がつくられている（図 17-18）。城の内部，南壁の門の東横に幅 2 メートルの道がつくられ，城壁の上部にまでいたる。門の外側に甕城が設けられている。鶏鹿塞の北側

は山の麓に長城と複数の峰火台がある。同遺跡は2006年5月に中華人民共和国国務院により認定された中国の第6次国家重要文化財では「秦漢長城」一部として登録された。

図18. 鶏鹿塞

おわりに

筆者はくりかえし強調してきたが，チンギス・ハーンの長城は異なる時代に構築されたものであり，その構築された当時の機能的意義と，後世，および今日における社会的，文化的意義は異なる。チンギス・ハーンの長城南西ラインについて，学界では，漢代創建説[30]と，漢代に築かれた漢外長城が西夏に再利用された説[31]，西夏の時代に構築されたとする説[32]，西夏と宋が構築し，互いに奪い合い，利用した説[33]などがある。しかし，これらの長城について，民間では，「チンギスの長城（*Chingisiin Kherem, Činggis-ün kerem*）」「チンギス・ハーンの長城（成吉思汗辺墙）」と言い伝えられてきた。チンギス・ハーンの長城嶺北ラインと嶺南ラインの場合も同じである。本稿で指摘しているように，中国の学界，あるいは中華人民共和国国務院により認定された国家重要文化財ではチンギス・ハーンの長城南西ラインを「秦漢長城」「秦長城」であるとしているのに対し，中国で出版されたモンゴル語版の地図集では *Činggis-ün kerem*，すなわち「チンギスの長城」と表記し，漢語版の『内蒙古自治区地図集』などでは，「成吉思汗辺墙（*Chengjisihan Bianqiang*）」，すなわち「チンギス・ハーンの長城」と表記している。中国の地図の制作では，ある程度，民間の名称が考慮されているといえよう。

「"チンギス・ハーンの長城"に関する国際共同研究基盤の創成」プロジェクト2024年度内モンゴル現地調査報告

註

1 ボルジギン・フスレ「"'チンギス・ハーンの長城'に関する国際共同研究基盤の創成"プロジェクト2023年度内モンゴル現地調査報告」(『モンゴルと東北アジア研究』Vol.9, 2024年, pp.143-154)。

2 張文平［主編］, 内蒙古自治区文物考古研究院［編］『陰山山脈秦漢長城調査報告［上・下］』(北京：文物出版社, 2023年)。張文平『内蒙古長城戦国秦漢篇』(北京：文物出版社, 2019年)。

3 Öbör Mongɣol-un Öbertegen Jasaqu Orun-u ulus-un ɣaǰar siroi eki bayaliɣ-un tingkem, Öbör Mongɣol-un Öbertegen Jasaqu Orun-u kemǰin ǰiruɣlaqu aǰil üiles-ün tobčiy-a, *Öbör Mongɣol-un Öbertegen jasaqu Orun-u ɣaǰar-un ǰiruɣ-un emkidkel*, Si an, 2007 (内モンゴル自治区国土資源庁, 内モンゴル自治区測絵局『内モンゴル自治区地図集』西安, 2007年)．

4 呉斉文［主編］, 内蒙古自治区地図制印院［編著］『内蒙古自治区地図集』(北京：中国地図出版社, 2007年)。内蒙古自治区測絵事業局［編制］, 内蒙古自治区地図制印院［制作］『内蒙古自治区地図集』(西安：西安煤航地図製印公司, 2007年)。内蒙古自治区測絵地理信息局［編制］, 内蒙古自治区地図院［制作］『内蒙古自治区地図集』(西安：中煤地西安地図制印有限公司, 2015年)。

5 張文平［主編］, 内蒙古自治区文物考古研究院［編］, 前掲『陰山山脈秦漢長城調査報告［上・下］』。張文平, 前掲『内蒙古長城戦国秦漢篇』。

6 張文平［主編］, 内蒙古自治区文物考古研究院［編］, 前掲『陰山山脈秦漢長城調査報告［上］』(pp.262-264)。

7 張文平［主編］, 内蒙古自治区文物考古研究院［編］, 前掲『陰山山脈秦漢長城調査報告［上］』(pp.396-397)。

8 同上 (p.439)。

9 張海斌, 楊揩恩［主編］『固陽秦長城』(呼和浩特：内蒙古大学出版社, 2007年, pp.106-107)。

10 張文平［主編］, 内蒙古自治区文物考古研究院［編］, 前掲『陰山山脈秦漢長城調査報告［上］』(p.439)。

11 張文平［主編］, 内蒙古自治区文物考古研究院［編］, 前掲『陰山山脈秦漢長城調査報告［下］』(p.506)。

12 同上 (p.526)。

13 候仁之, 兪偉超「烏蘭布和沙漠的考古発見和地理環境的変遷」(『考古』1973年第2期, pp.92-122)。

14 唐曉峰「内蒙古西北部秦漢長城調査記」(『文物』1977年第5期, pp.16-24)。

15 魏堅「河套地区戦国秦漢塞防研究」(『辺疆考古研究』2007年第4期, pp.214-226)。

16 張海斌, 楊揩恩［主編］, 前掲『固陽秦長城』(p.104)。

17 張文平, 前掲『内蒙古長城戦国秦漢篇』(pp.144-149)。

18 中国人民大学北方民族考古学研究所, 中共烏拉特後旗委員会宣伝部「陰山滄桑——烏拉特後旗歴史文化遺存調査報告 西夏長城与古城」(『中国人民大学歴史学院専題資料匯編』北京：中国人民大学, 2010年, pp.114-133)。

19 蓋山林, 陸思賢「潮格旗朝魯庫倫漢代石城及其附近的長城」(『中国長城遺跡調査報告集』北京：文物出版社, 1981年, pp.25-33)。張文平［主編］, 内蒙古自治区文物考古研究院［編］, 前掲『陰山山脈秦漢長城調査報告［上］』(p.480)。

20 森谷一樹「内外モンゴル・河西回廊・楼蘭における一辺130mの囲郭遺跡の分布と展開」(『金大考古』80, 2021年, pp.1-48)。

21 張文平［主編］, 内蒙古自治区文物考古研究院［編］, 前掲『陰山山脈秦漢長城調査報告［下］』(p.506)。

22 蓋山林, 陸思賢, 前掲「潮格旗朝魯庫倫漢代石城及其附近的長城」。

23 張文平［主編］, 内蒙古自治区文物考古研究院［編］, 前掲『陰山山脈秦漢長城調査報告［下］』(pp.528)。

24 同上 (p.540)。

25 同上 (p.540)。

26 唐曉峰, 前掲「内蒙古西北部秦漢長城調査記」。張文平［主編］, 内蒙古自治区文物考古研究院［編］, 前掲『陰山山脈秦漢長城調査報告［下］』(pp.540)。

27 中国人民大学北方民族考古学研究所, 中共烏拉特後旗委員会宣伝部, 前掲「陰山滄桑——烏拉特後旗歴史文化遺存調査報告 西夏長城与古城」。

28 張海斌, 楊揩恩［主編］, 前掲『固陽秦長城』(p.103)。

29 張文平, 前掲『内蒙古長城戦国秦漢篇』(p.142)。

30 唐曉峰, 前掲「内蒙古西北部秦漢長城調査記」(p.19)。

31 尹姍姍「西夏長城研究」(中国人民大学修士論文, 2013年)。

32 А・А・科瓦列夫，Д・額爾徳涅巴特爾「蒙古国南戈壁省西夏長城与漢受降城有関問題的再探討」(『内蒙古文物考古』2008 年第 2 期，pp.101-109)。

33 杜建録「西夏沿辺堡寨述論」(『寧夏社会科学』1993 年第 5 期，pp.71-75)。陳育寧，湯暁芳，雷潤沢『西夏建築研究』(北京：社会科学文献出版社，2016 年，pp.326-364)。

参考文献

（モンゴル語）

Öbör Mongγol-un Öbertegen Jasaqu Orun-u ulus-un γaǰar siroi eki bayaliγ-un tingkem, Öbör Mongγol-un Öbertegen Jasaqu Orun-u kemǰin jiruγlaqu aǰil üiles-ün tobčiy-a, *Öbör Mongγol-un Öbertegen jasaqu Orun-u γaǰar-un jiruγ-un emkidkel*, Si an, 2007（内モンゴル自治区国土資源庁，内モンゴル自治区測絵局『内モンゴル自治区地図集』西安，2007 年）．

（中国語）

陳育寧，湯暁芳，雷潤沢『西夏建築研究』(北京：社会科学文献出版社，2016 年)．

杜建録「西夏沿辺堡寨述論」(『寧夏社会科学』1993 年第 5 期)．

蓋山林，陸思賢「潮格旗朝魯庫倫漢代石城及其附近的長城」(『中国長城遺跡調査報告集』北京：文物出版社，1981 年)．

候仁之，兪偉超「烏蘭布和沙漠的考古発見和地理環境的変遷」(『考古』1973 年第 2 期)．

А・А・科瓦列夫，Д・額爾徳涅巴特爾「蒙古国南戈壁省西夏長城与漢受降城有関問題的再探討」(『内蒙古文物考古』2008 年第 2 期)．

内蒙古自治区測絵事業局［編制］，内蒙古自治区地図制印院［制作］『内蒙古自治区地図集』(西安：西安煤航地図製印公司，2007 年)．

内蒙古自治区測絵地理信息局［編制］，内蒙古自治区地図院［制作］『内蒙古自治区地図集』(西安：中煤地西安地図制印有限公司，2015 年)．

唐暁峰「内蒙古西北部秦漢長城調査記」(『文物』1977 年第 5 期)．

魏堅「河套地区戦国秦漢塞防研究」(『辺疆考古研究』2007 年第 4 期)．

呉浩文［主編］，内蒙古自治区地図制印院［編著］『内蒙古自治区地図集』(北京：中国地図出版社，2007 年)．

尹姗姗「西夏長城研究」(中国人民大学修士論文，2013 年)．

張海斌，楊揯恩［主編］『固陽秦長城』(呼和浩特：内蒙古大学出版社，2007 年)．

張文平［主編］，内蒙古自治区文物考古研究院［編］『陰山山脈秦漢長城調査報告［上・下］』(北京：文物出版社，2023 年)．

張文平『内蒙古長城戦国秦漢篇』(北京：文物出版社，2019 年)．

中国人民大学北方民族考古学研究所，中共烏拉特後旗委員会宣伝部「陰山滄桑——烏拉特後旗歴史文化遺存調査報告 西夏長城与古城」(『中国人民大学歴史学院専題資料匯編』北京：中国人民大学，2010 年)．

（日本語）

ボルジギン・フスレ「“‘チンギス・ハーンの長城’に関する国際共同研究基盤の創成”プロジェクト 2023 年度内モンゴル現地調査報告」(『モンゴルと東北アジア研究』Vol.9, 2024 年)．

森谷一樹「内外モンゴル・河西回廊・楼蘭における一辺 130m の囲郭遺跡の分布と展開」(『金大考古』80, 2021 年)．

（英語）

N.N. Kradin, A.V. Kharinsky, S.D. Prokopets, A.L. Ivliev, E.V. Kovychev, L. Erdenebold, *The Great Wall of Khitan: North Eastern Wall of Chinggis Khan*, Moscow, 2019.

「"チンギス・ハーンの長城"に関する国際共同研究基盤の創成」プロジェクト 2024 年度内モンゴル現地調査報告

［付記］

　本報告書は JSPS 科研費助成　国際共同研究加速基金（国際共同研究強化［B］）「"チンギス・ハーンの長城"に関する国際共同研究基盤の創成」（課題番号 20KK0012，研究代表者ボルジギン・フスレ）の成果の一部である。

モンゴルと東北アジア研究 Vol. 10（2025）

マルコ・ポーロが語るカラコルムと北方世界

村岡　倫（Hitoshi Muraoka）

はじめに

　マルコ・ポーロの旅行記，いわゆる『世界の記』（日本では主に『東方見聞録』と呼ばれる）[1]がモンゴル帝国時代を知る上で貴重な史料であることは，いまさら贅言を必要としないであろう。『世界の記』には，彼が実際に足を踏み入れたことのない地の記述も多く見られるが，その内容には信頼できる確かな情報源があったと考えられる[2]。本稿で取り上げるモンゴル帝国の旧都カラコルムを中心とするモンゴル高原，そして，そこから広がる北方の広大な世界に関する記述もマルコ・ポーロが実際に訪れた地ではなく，明らかに伝聞によるものである。

　カラコルムに関しては，19世紀末の発見から，モンゴル国内外の研究者により発掘調査や文献研究が盛んに行なわれきた。しかし，後述するように，これまで中国式の宮殿である「万安宮」の遺跡と考えられていた城内の大型建造物址は，実は仏教寺院「興元閣」の跡であることが近年明らかとなっている。一方，「万安宮」の位置についても現在はほぼ確定できていると言ってよいが，すでに，マルコ・ポーロはこれに関しても注目すべきことを語っていたのである。

　また，北方世界については，「カンチ王」なる人物が統治する国家について語っており，この王はジョチ・ウルス（いわゆるキプチャク・カン国）の左翼であるオルダ・ウルスの当主と考えられ，マルコ・ポーロは彼の領域の自然地理的環境を詳細に語り，さらに，その地域の駅伝制度，交易の諸相なども紹介している。

　このように，『世界の記』のカラコルムと北方世界に関する記述は，研究においては重要な情報を提供してくれている。このような観点から，本稿では，マルコ・ポーロが語るこれらの地域に関する内容の歴史的意義を検討したい。

1. マルコ・ポーロが語るカラコルムの宮殿

　周知の如く，カラコルムは，チンギス・カンの後を継いだ第2代オゴデイ（在位1229〜1241年）によって，1235年に建設された都城である。あるいは，興元閣に関する碑『勅賜興元閣碑』には，チンギス・カンによって1220年に創建されたという記述がある（それに基づくと思われる『元史』地理志にも同文あり）[3]。

　前述のように，カラコルムには万安宮が建造されたことが知られている。都城址の西南隅には，一辺が約41mある大型の方形基壇があり，城内で最も大きな建造物跡であることから，1948〜49年のソ連のセルゲイ・キセリョフによる調査以来，長い間，これが万安宮に当たると考えられてきた。

145

マルコ・ポーロが語るカラコルムと北方世界

『勅賜興元閣碑』のレプリカ[4]

　しかし，実は，カラコルムの宮殿の位置に関して，マルコ・ポーロが次のように伝えている。『世界の記』の記述は下記の通りである。

　　カラコランは周囲三マイルにおよぶ町で，昔タルタル人が住み着いた最初の場所だった。同市は，石があまりないため堅固な土塁をまわりに巡らせている。その外の近くにとても大きな城があり，その中に市の統治者の住む大そう美しい宮殿がある[5]。

　ここで，注目すべきことは，宮殿はカラコルム城の外にあると語っている点である。マルコ・ポーロは実際にカラコルムを訪れているわけではなく，この記述がどこまで信頼できるかは疑念が持たれよう。しかし，彼が東方を到来する20年前，1254年にカラコルムを実際に訪れた修道士ルブルクは，その旅行記に次のように記している。

　　マング［モンケ］はカラカルムの町の城壁の近くに大きな宮廷を構えていて，それは我々の所の修道士たちの僧院が囲まれるように，煉瓦の壁で囲まれている。そこには大きな宮殿が一つあり，彼はそこで年に2回酒宴を催す[6]。

　宮殿がカラコルムの町の中にあるわけではなく，あくまで町の城壁の近くにあり，宮殿自体も壁で囲まれているというのである。ルブルクも，カラコルムの町と宮殿が別に位置していることを記している。従来，この二つの記述はほぼ注目されず，上記のように，カラコルム都城址内の西南隅にある大型建物跡が万安宮であったと考えられてきた。

146

一方，カラコルム遺跡では，古くから『勅賜興元閣碑』の断片が各所で発見されていた。興元閣とは，第4代モンケ・カアンが建造した仏教寺院を1340年代になって，改修した際にその名が付されたものであった。それを記念して立石されたのが本碑で，漢文とモンゴル文を両面に載せるバイリンガル碑文である。

　実は，1999年から始まったドイツとモンゴルの共同調査の結果，これまで万安宮と考えられてきた建造物は，発掘で数多くの仏像の塑像が発見されたこともあり，宮殿ではなく，興元閣であると2005年に初めて報告された。さらに，建物跡の前には碑文の台座である亀趺が残されているが，その後の白石典之らの研究により，この亀趺には『勅賜興元閣碑』が載せられていたことが明らかとなった。これらの成果により，現在では，カラコルム都城址内の西南隅にある大型建物跡が興元閣であったことは定説となっている[7]。

　では，万安宮はどこにあったのか。これについても，前述のドイツの発掘隊は，カラコルム市街地の遺構の南側にあるエルデネ・ゾーというチベット仏教僧院の地下に万安宮と思われる構造物を発見しており，その後の白石の発掘調査でも，エルデネ・ゾーの外壁の下から13世紀前半に築かれた古い壁が確認されている[8]。もはや万安宮は，現在エルデネ・ゾーが位置する場所にあったということも，ほぼ定説となっていると言ってよいだろう。

　このことは，白石自身が描くカラコルム城址実測図面にも反映されている。下図の左は白石2001（141頁）のものであり，右は最新の白石2025（265頁）のものである。

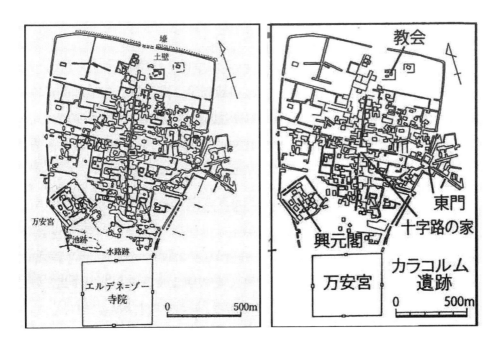

　カラコルムの様子を実際には目にしたことのないマルコ・ポーロであるが，カアンの宮殿はカラコルムの城外にあったという彼の言葉は正しかったのである。『世界の記』には，信頼できる確かな情報源があったことの証左の一つであろう。

2. マルコ・ポーロが語るカンチ王の国

　マルコ・ポーロはモンゴル高原よりさらに遠く，足を踏み入れたことのない北方の 「カンチ王」なる人物が統治する国家について語っている。『世界の記』に次のようにある。

　　さてご存じありたいが，北方にコンチ［カンチ］と呼ばれる王がある。彼はタルタル人［モンゴル人］
　　で，その民も皆タルタル人である。正統のタルタル法を守っているが，それはとても獣的なものだ。し
　　かし彼らは，チンギス・カンや他の直系のタルタル人がしたと全く同じようにそれを守っている。（中
　　略）［カンチ王は］誰の支配下にもない。もっとも，チンギス・カンの系譜すなわち皇統に属し，グラ
　　ン・カン［大カン，クビライ］の近縁に当たる。この王は町も城市も持たず，いつも大平原や大きい谷
　　や大きい山に住んでいる。動物と乳で生きる。穀物は何もない。とても多くの民を有するが，誰とも戦
　　も闘いもせず，人々を全くの平和のうちに治めている。莫大な数の家畜，すなわち駱駝・馬・牛・羊そ
　　の他の獣がいる[9]。

　愛宕松男は，この「カンチ王」をジョチ・カンの第5子シバンの第12子コニチを指すか，同じくジョチ・カンの長子オルダの孫コニチに相当すると述べている[10]。マルコ・ポーロが語る「カンチ王」は一国の主であり，ペルシア語史料『集史』などで，シバンの第12子であったという記事しかない影の薄い前者とは考えられない。一方，ジョチ家の左翼を形成するオルダ・ウルスの当主である後者は，マルコ・ポーロが語る「カンチ王」にふさわしいと言える。すでにペリオは，「カンチ王」はオルダ家のコニチであることを明言している[11]。

　マルコ・ポーロが，モンゴル帝国を「グラン・カンの版図（元朝）」・「東タルタル（イル・カン国）」・「西タルタル（キプチャク・カン国）」・「大トルキエ（カイドゥの国）」の独立した四つの勢力に区分し，当時の状況を正しく認識していたということはよく知られている［村岡1988：175および193-194参照］。しかし，加えてそれらに準ずる国家として「カンチ王の国」について語っているのである。実際に，オルダ・ウルスは，ジョチ・ウルスの宗主国家であるバトゥ・ウルスからは半ば独立した存在であった。ラシード・アッディーンの『集史』に次のようにある。

　　当初より，［現在も］依然としてオルダのウルク［一族］から彼の地位に立った者が，バトゥのウル
　　クのカンたちのもとに赴くことは決してなかった。なぜなら，［彼らは］互いに遠く，さらに独立し
　　て彼ら自身のウルスの君主であったからである[12]。

　1260年代から1295年頃まで長く当主であったコニチも，例えば，カイドゥとクビライ政権の対立が続く中でもバトゥ・ウルスとは別に，自らの判断で行動していた。その意味では，マルコ・ポーロがカンチ王すなわちコニチを「誰の支配下にもない」と語っているのは正しい認識であった。しかし，その後，コニチを継承したその子バヤンの時代になり，オルダ・ウルスでは継承問題から内乱が勃発し，その際，バヤンがバトゥ・ウルスの当主トクタに援軍を求めたことにより，オルダ・ウルスのバトゥ・ウルスへの従属化が進むことになる[13]。

　さて，『世界の記』には，カンチ王領内の交通に関して次のような記述がある。

また本当にご存じありたいが，この王はどんな馬も行けないような地域を有している。というのは，そこは湖や泉がいっぱいあり，大きい氷や泥や泥濘があって，馬が通れないからである。そうしたひどい地域は十三日行程続く。一日行程ごとに宿駅があって，この地域を行く使者がそこで泊まる。この宿駅のそれぞれに，ロバよりさほど小さくないようなとても大きい犬が四十頭もいて，その犬が使者を宿駅から次の宿駅へ，つまり一つの行程から次の行程へと運ぶ。どのように言おう。さてご承知ありたいが，これら行程はすべて氷と泥濘のため馬が通れないから，つまりこの十三日行程は二つの山の間の大きい谷にあり，それでお話したように氷と泥濘があるのだが，そのため今言ったように馬が通れず，また車輪の付いた車は通ることができないから，彼らは橇を作らせた。それは車輪がなく，氷や泥や泥濘の上を通れるように作られており，だからあまり沈み込まないようになっている。（中略）この橇の上に熊の皮を敷き，その上に使者が一人乗る。その橇を，上に述べたあの大きい犬が六頭で牽く。これらの犬は誰も御すわけではないが，次の宿駅へと真っ直ぐに進む。そして氷や泥濘の上をとてもうまく橇を引く。こうして一つの駅から次の駅へ行く。（中略）次の駅に着くと，そこには彼らをさらに先に運ぶ犬と橇が用意されている。そして，そこまで運んで来たのは元に戻る。このように，常に犬が牽いて全行程を進むのである[14]。

　オルダ・ウルス領内の駅伝に関して，馬で行くことができない地があり，そこでは，犬に橇を牽かせて交通の便をはかっているというのである。この記述は，漢籍に見える「狗站」に極めて類似している。元朝領内北東部の「狗站」に関して，『元史』巻101，兵志，站赤に次のような記述がある。

　　遼陽等処行中書省，管轄するところ［の站赤］は総計一百二十か所である。陸站は一百五か所あり，馬は六千五百一十五頭，車は二千六百二十一輛，牛は五千二百五十九頭。狗站は一十五か所あり，もともと站戸を三百戸設け，犬は三千匹いたが，後に死んでしまったものを除いてそのほかが，実質，站戸二百八十九戸に，犬が二百一十八匹となった[15]。

さらに，『南村輟耕録』巻8に「狗站」には関する具体的な記述がある。

　　高麗以北は別十八［ビシュバリク］と言い，漢語では連五城のことである。罪人の奴児幹［ヌルカン］に流される者は必ずここを経由する。その地は極めて寒く，海もまた凍る。八月から凍り，翌年四，五月になってやっと解けるのだが，［その間］人がその上を行くことは，平地を歩くが如くである。征東行省は毎年役人を任命して奴児幹に派遣し，囚人の食糧を支給しているが，それには全て橇を用いる。橇ごとに四頭の犬でこれを牽く。犬は全て人の心を知り尽くしている[16]。

　このように，元代の犬橇を利用した駅伝については，漢文史料によって，北東アジアの地域に敷設されていたことは知られていた。マルコ・ポーロは，さらにその西方のオルダ・ウルス領内でも行なわれたことを語っている。

元朝が北東アジアの自然環境に合わせて，その地域に「狗站」を設けたのと同じように，オルダ・ウルス領内においても，ユーラシア北方の自然環境に合わせて「狗站」が設けられたのである。おそらくこれは国家的な事業であり，ここからも，マルコ・ポーロが言うように，オルダ・ウルスが他の四つの国家と並ぶ，独立性を有した王国であったと理解できよう。

3. マルコ・ポーロが語る北方世界の毛皮交易

マルコ・ポーロは，カンチ王領内において毛皮の交易が盛んであることにも高い関心を寄せている。商人として当然のことであろう。次の通りに述べている。

> ［カンチ王領内の］この十三日行程の谷と山に住む男たちは優れた狩人である。つまり，大変な価値のある高価な動物をたくさん捕らえ，それで大きな利益と財を得る。すなわちクロテン・アーミン・リス・エルコリン・クロギツネその他多くの高価な獣で，それから高い価値のある高価な皮が得られる[17]。

さらに，彼はその北方に広がる地域からロシアに至るまでの毛皮交易について具体的な記述を残している。

> その国［カンチ王の国］からずっと先さらに北に，暗がりと呼ばれる地方[18]があるというのは本当である。いつの時も暗がりだからで，太陽も月も星も現れず，ちょうど我々のところの夕暮れ時のようにいつも暗い。人々は君主をもたない。獣のごとく生きる。他の君主の下にもない。もっともタルタル人は，今からお話しするようにして時々そこに入る。（中略）この人々はとても高価な皮を大量に持っている。前に述べたような高い価値のクロテンがいっぱいいるからである。アーミン，エルクリンやリスやクロギツネ，その他多くの高価な皮のがいる。彼らは皆狩人で，これらの皮をびっくりするほどたくさん蓄えている。そして言うと，彼らと境を接している明るみの地にいる者たちが，彼らからこの皮を全て買う。（中略）彼らからこの皮を買い入れる商人はとても大きな利益と稼ぎを上げる。（中略）また，大ロシエは一つの端でこの地方と境を接していることを言っておこう[19]。

ロシアの毛皮やその他の産物について，上記はF本によるが，Z本には次のような記述も見える。

> ロシアは北方の広大な地方で，人々はキリスト教徒で，ギリシァ人の律法を守っている。そこには何人も王がいる。独自の言語を有する。（中略）彼らの一部が，タルタル人でトクタイ（ジョチ家の当主トクタ，在位1291-1312）と呼ばれる西の王，前に述べたあの者［トクタと敵対していたノガイを指している］になにがしか納める以外は，誰にも納貢していない。ここは商業の国ではない。しかし，高価な毛皮をたくさん持っている。クロテン・アーミン・リス・エルクリン・キツネがいっぱいいるからである。蠟が豊富にある。また銀鉱がたくさんあり，銀が大量に見つかる[20]。

毛皮の交易に関しては，犬橇を利用した駅伝「狗站」と同様，北東アジアでも盛んに行なわれていた。特に，マルコ・ポーロが言う「アーミン」とは，イタチ科に属するオコジョであり，冬には全身が真っ

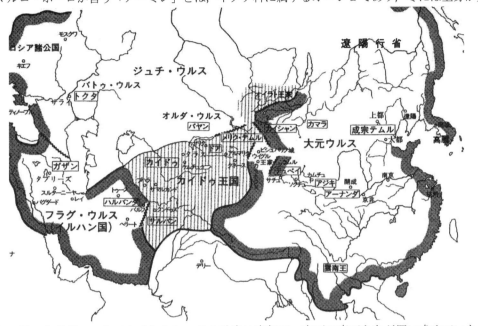

白になり，尾の先が黒いことでよく知られ，その毛皮は高価で，東西の帝王たちが買い求めていた。漢籍では「銀鼠」と表記され，元朝時代においても，北東アジアの産物として重要な交易品であった[21]。

マルコ・ポーロ往来時のモンゴル帝国（地図は本田1991より，一部改変）

元朝の宮廷では，ジスン（只孫）宴と呼ばれる祝宴があり，その際，参加する重臣たちは，賜与された同一色彩の宴服を着用することがよく知られている。『元史』巻9，世祖本紀，至元13年（1276）12月庚寅に，

> 伯顔（バヤン）・阿朮（アジュ）等に青鼠・銀鼠・黄鼬の只孫（ジスン）の衣を賜い，そのほかの功臣に豹の裘，獐の裘，及び皮の衣と帽を賜い，各々その等級に違いがあった[22]。

とあり，功臣たちは銀鼠すなわちオコジョなどの皮で作られた衣や被り物がジスン宴用に賜与されたことが記されている[23]。

台北国立故宮博物院所蔵の有名な羅貫道『世祖出猟図』には，全体が白く，黒い尾をあしらった獣皮を身にまとうクビライの姿が描かれている。これは，オコジョの毛皮で作られた外套として知られている。もちろん，北方交易の産物であろう。

マルコ・ポーロは，オルダ・ウルス領内からロシアとの境域に至るまで，獣皮交易が行なわれていたことを語っているが，元朝領内の獣皮の需要も踏まえると，それは，モンゴル帝国の北方世界の広範

囲にわたっていたことになる。前述の「狗站」も含め，東方の元朝領内の遼陽行省からオルダ・ウルス領内を経て，西方のロシアとの境域まで，モンゴル帝国北方の極めて広範囲にわたる世界（前頁の地図参照）で，同質の駅伝制度や交易品の売買などが行なわれていたことは注目に値しよう。

また，ロシア領内の国々（マルコ・ポーロは「何人も王がいる」と述べており，おそらく各公国を指しているのであろう）に関して，マルコ・ポーロは「ここは商業の国ではない」と言う。つまり，毛皮の交易は，ロシアを支配するジョチ家宗主のバトゥ・ウルスと関わりなく，オルダ・ウルスが専権を有していたと考えてよい。交易の面から考えても，前述の通り，モンゴル帝国内の4国家「元朝」・「キプチャク・カン国」・「イル・カン国」・「カイドゥの国（後に「チャガタイ・カン国」）」に加えて，カンチ王領すなわちオルダ・ウルスが独立した国家のひとつであったと言える。

おわりに

以上，マルコ・ポーロが語るカラコルムと北方世界について考察を加えてきた。カラコルムの宮殿の位置に関して，正確な記述がなされているのは重要な意味を持っている。「はじめに」も述べたように，彼が足を踏み入れたことのない地であっても，正しい叙述がなされているのは，精度の高い情報源があったからこそである。

モンゴル帝国時代の北方世界に関する史料は決して多くはない。本稿で取り上げたその地で展開された駅伝や獣皮交易についても不明な点は多いが，マルコ・ポーロの記述から，それらが東から西へ，広い地域で共通して行なわれていたことが明らかとなった。そして，その背景として，オルダ・ウルスの存在があった。オルダ・ウルス領内の制度や経済活動などは，これまであまり注目されてこなかったが，今後のモンゴル帝国史研究の課題と言えよう。マルコ・ポーロが語る北方世界の諸相は，その意味でも重要な史料である。

註

[1] マルコ・ポーロ旅行記については数多くの訳注書があるが，近年，フランス国立図書館に所蔵される基本的かつ重要な写本 Fr.1116 からの翻訳が高田英樹によって上梓された（高田 2013）。本書は Z（ゼラダ）本および R（ラムージオ）本からの翻訳も併記しており，利便性が高い。本稿ではマルコ・ポーロ旅行記の記述についてはこれに依拠する。旅行記を称する際にも，高田が採用する『世界の記』と呼ぶことにしたい（詳細は村岡 2023 参照）。

[2] 村岡 2023：26-28 および 31-32 注 12 参照。そこでは，「皇帝クビライの周辺にいたものでなければ知りえない情報が，かなり盛り込まれている」という杉山正明の見解（杉山 2006：143），「元朝とイル・カン国の両宮廷が関わったペルシア語訳の存在を想定」する松田孝一の見解（松田 2009：89），『世界の記』には五つの情報源が想定できるという宮紀子の見解（①ヨーロッパで流布した指南書・航海図，②フレグ・ウルスで編まれたペルシア語の地理書・歴史書・使節団の報告書，③ローマ教皇庁やフランク王国に残るモンゴルとの外交記録，④商業活動のなかで仕入れた情報，⑤東方の布教に関わる修道士たちからの伝聞など）を紹介した（宮 2020：207）。

[3] チンギス・カンが 1220 年にカラコルム首都化の命令を発したという『元史』の記述に関しては，その経緯も含め，松田 2014 参照。『勅賜興元閣碑』に関する研究は多い。ここでは松川 2013 を挙げておく。

[4] 2022 年に私が所属する龍谷大学の支援で作製され，カラコルム博物館に寄贈された（筆者撮影）

[5] 高田 2013：134，R本より

[6] 高田 2019：251

7 白石 2006：176-180, 2022：194-197, 2024：255-256
8 白石 2022：194-197, 2025：255-256
9 高田 2013：586-587, F 本より
10 愛宕 1971：303
11 Pelliot1959:404
12 *GTS*：156a/22-24
13 村岡 1999：23-28。オルダ・ウルス政治史の詳細は Allsen1987 参照。
14 高田 2013：587, F 本より
15 『元史』巻 101, 兵志, 站赤：遼陽等處行中書省所轄, 總計一百二十處。陸站一百五處, 馬六千五百一十五匹, 車二千六百二十一輛, 牛五千二百五十九隻。狗站一十五處, 元設站戶三百, 狗三千隻, 後除絕亡倒死外, 實在站戶二百八十九, 狗二百一十八隻。
16 『南村輟耕録』「狗站」：高麗以北名別十八, 華言連五城也。罪人之流奴兒幹者, 必經此。其地極寒, 海亦冰, 自八月即合, 至明年四五月方解, 人行其上, 如履平地。征東行省毎歳委官至奴兒幹給散囚糧, 須用站車, 毎車以四狗挽之。狗悉諳人性。
17 高田 2013：587, F 本より
18 愛宕松男は「常闇の国」と訳している。注において, これは, 極地に近い高緯度圏を指しており,「常闇」とは年間の半ばを占める冬季に限っての現象であるとし, 夏季には逆に白夜の現象が連続することに言及している（愛宕 1971：303-305）。R 本では, 当該の個所の最後に「この暗がりの地域の住民は, 夏, この時はいつも日と光がある」と付け加えている（高田 2013：593, R 本より）。
19 高田 2013：591, F 本より
20 高田 2013：594-595, Z 本より
21 中村 2021：247-248
22 『元史』巻 9, 世祖本紀, 至元 13 年（1276）12 月庚寅：賜伯顏, 阿術等青鼠, 銀鼠, 黃鼬只孫衣, 餘功臣賜豹裘, 獐裘及皮衣帽各有差。
23 ジスン宴に関する『世界の記』の記述は高田 2013：208-214（F 本および R 本より）。愛宕 1970：230-232 にも解説も含め記されている。

参考文献

（日本語）

愛宕松男『東方見聞録』第 1 巻（平凡社〈東洋文庫〉, 1970 年）.

愛宕松男『東方見聞録』第 2 巻（平凡社〈東洋文庫〉, 1971 年）.

白石典之『チンギス・カンの考古学』（同成社, 2001 年）.

白石典之『チンギス・カン"蒼き狼"の実像』（中公新書, 2006 年）.

白石典之『モンゴル帝国誕生―チンギス・カンの都を掘る―』（講談社選書メチエ, 2017 年）.

白石典之『モンゴル考古学概説』（同成社, 2022 年）.

白石典之『遊牧王朝興亡史―モンゴル高原の 5000 年―』（講談社選書メチエ, 2025 年）.

杉山正明『モンゴルが世界史を覆す』, 日経ビジネス人文庫, 日本経済新聞社, 2006 年）.

高田英樹『マルコ・ポーロ　ルスティケッロ・ダ・ピーサ　世界の記「東方見聞録」対校訳』（名古屋大学出版会, 2013 年）.

高田英樹『原典 中世ヨーロッパ東方記』（名古屋大学出版会, 2019 年）.

中村和之「モンゴル帝国と北の海の世界」（『元朝の歴史 モンゴル帝国期の東ユーラシア』〈アジア遊学〉, 勉誠社, 2021 年）.

松川節「勅賜興元閣碑」（『モンゴル国現存モンゴル帝国・元朝碑文の研究』〈ビチェース・プロジェクト成果報告書〉，大阪国際大学, 2013 年）.

松田孝一「『東方見聞録』の謎―モンゴル帝国史話（中）―」（月刊『しにか』2002-9,〈大特集：シルクロードの旅人 東西文化交流を担いし者たち〉, 2002 年）.

松田孝一「カラコルムを首都とするチンギス・カンの命令の真相を探る」（『歴史懇談』34, 大阪歴史懇談会, 2014 年）.

宮紀子「帝国の遺文, 異聞の帝国」（『ユリイカ』52-15, 青士社, 2020 年）.

村岡倫「カイドゥと中央アジア―タラスのクリルタイをめぐって―」『東洋史苑』30・31, 1988 年）.

村岡倫「オルダ・ウルスと大元ウルス―「カイドゥの乱」・「シリギの乱」をめぐって―」（『東洋史苑』52・53, 1999 年）.

本田實信『モンゴル時代史研究』（東京大学出版会, 1991 年）.

（欧文）

Allsen, Th.T, "The Prince of the Left Hand : An Introduction to the History of the Ulus of Orda in the Thirteenth and Early Fourteenth Centuries", *Archivum Eurasiae Medii Aevi 5*, Wiesbaden, 1987.

Pelliot, P. *Notes on Marco Polo, I* , Paris,1959 .

ĞTS : Rašīd al-Dīn, *Ğami' al-Tavarīh*, mss. İstanbul Topkapı Sarayı Müzesi, Kütüphanesi, Rewan köşkü 1518.

モンゴルと東北アジア研究 Vol. 10（2025）

マルコ・ポーロの中国領内の進行ルート及び古今地名考略

黒 龍（Hei Long）

喬 航（Qiao Hang）

はじめに

　『マルコ・ポーロ旅行記』（以下『旅行記』）の版本は多く存在していて，各国語の訳注版本も異なる。その中で，中国学術界に影響が比較的大きかったのは，確かにフランス人学者シャリニョン（A. H. J. Charignon）の訳注本で馮承鈞の漢訳本である。シャリニョンの注の内容は正確に欠けており，馮承鈞が注を翻訳する際も無理のある箇所は削られており，同時にユール（H. Yule）やコルディエ（H. Cordier）の注釈を抄訳することで，自身の考証として付け加えており，この漢訳本は比較的高い学術的価値を有している。ムール（A. C. Moule），ペリオ（P. Pelliot）著『マルコ・ポーロ寰宇記』はマルコ・ポーロ研究の最高峰であり，その完璧な版本，内容のすべては読む者を震撼させる。馮承鈞は漢訳本の中で，ペリオの文献を参照しなければならないと提言している。これにより本論は馮承鈞の漢訳本を底本とし，ムール，ペリオ著『マルコ・ポーロ寰宇記』及び近年の研究成果を結び付けて，マルコ・ポーロの中国における旅行ルート及び古今地名に対して整理と考証を進めるものである。

1. 学術史の回顧

　中国学術界のマルコ・ポーロ研究は，1915 年，当時の歴史地理学者・丁謙が『旅行記』の中の地名と史実に対して校訂を行ったものに最も早く遡ることができる。1980 年代以来，中国学術界のマルコ・ポーロについての研究は深化しており，数多くの優れた研究成果を輩出している。筆者はメルコ・ポーロの中国におけるルートの順序を三つに分類し，先行研究を振り返る。

　まずカスカール（現在のカシュガル）からハンバリク（汗八里，大都。現在の北京）までに関する研究は次のものがある。楊志玖「マルコ・ポーロ天徳，宣徳行」[1] は，マルコ・ポーロが上都へ赴く前に経由した天徳（タンデュック）と宣徳（シュイダシウ）について考察し，シャリニョンの行程日数と方向分析から宣徳州（現在の河北地域）を撫州（現在の内モンゴル自治区ウランチャブ市以東）とする誤りを正すとともに，マルコ・ポーロ自身が訪れた二つの地域が根拠のない伝聞で語られているのではないことを指摘している。榮新江「真実か伝説か マルコ・ポーロが記したホータン」[2] は，旅行記に記されたホータン（忽炭州）とペム（培因州）の二地方について考証を行い，旅行記の内容が元朝初年のこれらの地域状況の真実を克明に描き出していることを指摘している。石堅軍「マルコ・ポーロ上都の旅考述」[3] は，カシュガル（可失合爾）から元上都の若干の地名ならびに史実とマルコ・ポーロの旅行ルートについて詳細な考察を加え，『旅行記』の中の地域の状況についてまとめている。

　次にマルコ・ポーロの雲南行に関連する研究には次のものがある，陳得芝「中国におけるマルコ・

ポーロの旅程及びその年代」[4]は，彼のジョンジュウ（涿州）を離れた後の行程について分析を進め，その通過地点に多く論述し，当時の駅道ルートと対比し，マルコ・ポーロの辿った大都から雲南の進行ルートが元代の駅道の状況と完全に一致していると考える。方国瑜，林超民『「マルコ・ポーロ旅行記」雲南史地叢考』[5]は，マルコ・ポーロの雲南旅行記について，雲南行省政区から雲南までのルートに詳しく言及しながら考証を加えており，これはマルコ・ポーロの雲南行を研究する上で必読の佳作である。

次いで京杭大運河から行在城（現在の浙江省杭州市），それからの刺桐城（現在の福建省泉州市）までの研究には次のものがある。周良霄「元代に中華を旅した西方人──マルコ・ポーロは中国に赴いたのかについて答える」[6]は，第145章の「襄陽府大城とその城下の包囲攻撃での奪取のこと」という記述を例に，中国に関する箇所に伝聞の要素があると考える。元軍が襄陽を攻城したのは1273年のことであるが，マルコ・ポーロが元上都に到着したのは1275年で，時間的に差が生じる。『元史』には襄陽を攻城するため投石器を利用し，その製造者はアラーウッディーンとイスマイールであり，マルコ・ポーロではなく，また彼が揚州総督の任にあった三年間の出来事であって，たとえ証拠のない状況下であっても信じるに値しないと考える。高榮盛「Choncha とマルコ・ポーロ入閩ルート」[7]は，泉州から北上し江西・浙江等の地に至るまでの駅道について分析し，Choncha とは旧称崇安県であること，さらにマルコ・ポーロ一行は浙江から西進し，最終的に泉州に到着したことを指摘する。

『マルコ・ポーロ旅行記』の中の地名に関する研究には次のものがある。丁謙「元代の客卿マルコ・ポーロ旅行記地理考訂」[8]は，魏易の訳本を底本とし，書中の注にある古今の地名について，詳細にその方向やルートを検証するとともに校訂を行っている。余士雄「『マルコ・ポーロ旅行記』の中の中国歴史名城の考証解釈」[9]は，旅行記の中に記載された汗八里（北京），揚州，蘇州，行在（杭州），刺桐城（泉城）にある歴史的名城について考証を行い，歴史資料を通して，旅行記の中に記された内容の正確さを実証する。賈二強「『マルコ・ポーロ旅行記』の中の陝西地名及び陝情記載」[10]は，マルコ・ポーロが山西から陝西に入って黄河を渡ったことに考証を行うと同時に，陝西領内のいくつかの地名について整理し，マルコ・ポーロの陝西に関する記述が相当真実であると考える。日本人学者高田英樹「ザイトン泉州──マルコ・ポーロの東方」[11]は，多くの版本を通して，ザイトンという地名が泉州で間違いないことを提示し，あわせて Tingiu という言葉についても泉州を示すものであり，質疑ならびに自身の見解を提出している。アメリカ人学者クリストファー・P. アトゥッド（Christopher P. Atwood）撰，馬曉林訳『マルコ・ポーロ漢語──蒙古語地名──「州」の転写を重点として』[12]は，言語学の視点から，その地名の構成について分析を行い，地名中に回紇語，モンゴル語，ペルシア語等の多種にわたる言語形態が存在していると指摘している。注目に値するのはこの文の付表が『旅行記』の中に記された地名をモンゴル語，ペルシア語，漢語と対照するとともに，ムール，ペリオ著『寰宇記』の中の章節を明示し，古今地名の異動に便宜を施している。

2. ルート（1）：カスカールから汗八里（大都）

『マルコ・ポーロ旅行記』における彼の中国での最初の旅行進路は元大都に向かうルートで，旅行記の中では中国への進入がバラシャン（Badascian, 現在のアフガニスタン東北部）を通過してカ

スカール（Cachgar, 現在のカシュガル）に入ったとある。バラシャンに関しては，ペリオが『マルコ・ポーロ注』の中で，その地名は現在の中国の文献で最も早いものは7世紀にまで遡れ，さらに『元史』の中にも対応する章節を見つけることができると指摘している[13]。カスカールに関しては，『マルコ・ポーロ旅行記』の中に「カスカールはかつて王国であったが，現在は大ハーンに服属している」[14]と記されているが，この地は記述の中に確認される最初の大ハーンの服属地で，現在でも中国領土である。これによってこの地をマルコ・ポーロが中国領内における旅行ルートの最初の地とするのは妥当であろう。しかしながら続章になるとサマルカン（Samarcan, 現在のウズベキスタン・サマルカンド）が登場しており，これは明らかにそれに続いて述べられるヤルカン（Yarcan, 現在の新疆ウイグル自治区カシュガル地区ヤルカンド県）と辻褄が合わない。まずその前進方向から見ると，サマルカンはカスカールの西北の方向にあるが，ヤルカンはカスカールの東南の方向に位置しているから，サマルカンは元大都に向かう方向と一致しない。次にその距離についても，サマルカンはカスカールと約1200km余りも離れており，数日間の旅程では到着できない。このようなサマルカンまでの長い旅程において，道中で遭遇する出来事についての記述は一つもなく，さらにこの章では前章までのような進行方向と進行時間についての説明がないことから，マルコ・ポーロはサマルカンに到着しておらず，この地が挿入された可能性がある。かつてユールは彼の父と叔父が大ハーンの宮廷に赴きバカラ（Bokhara, 現在のウズベキスタン・ブハラ）に長く住んでいて，それによりこの地は父と叔父の所在した地とすべきで，マルコ・ポーロはサマルカンに到着していないと指摘している[15]。

　ユールの見解から出発後に通過した地は順にコータン（Cotan, 現在の新疆ウイグル自治区ホータン市），ペニ（現在の新疆ウイグル自治区チラ県北部），シアルチアン（Ciarcian, 現在のウイグル自治区バインゴリン・モンゴル自治州チャルチャン県），ルブ（Lop, 現在の新疆ウイグル自治区バインゴリン・モンゴル自治州チャルクリク県），タンガート（Tangut, 西夏）にあるサシオン（Saciou, 現在の甘粛省敦煌市）へ，続いてルートから外れたカムール（Camul, 現在の新疆ウイグル自治区クムル市）とチンニータラス（Chinghintalas, ビシュバリク，現在の新疆ウイグル自治区昌吉回族自治州ジムサル県）の二つの地が出現する。カムールに関しては，その位置についての研究者の考証が詳細で，今日の新疆ウイグル自治区のクムル（ハミ）市であり，そこはサシオンから西北の方向に位置している。チンニータラスの方位に関しては現在学術界でも若干異なる見解があって，一説にはロプノールの南に位置するというものであるが，そこはカムールの南に位置しており，これは『マルコ・ポーロ旅行記』の中の「カムールの話はここまでとし，北北西にある別の地域について語ることにする」[16]記述と矛盾する。別の説ではシャリニョンに代表されるバルクル（現在の新疆ウイグル自治区バルクル・カザフ自治県）とする考えで，これは主にこの地がマルコ・ポーロの言う石綿の豊富な産地であることに依拠している。『旅行記』の中には「チンニータラスも北西に位置する砂漠の辺地にあり，16日行程の広さがある」[17]とあり，その名称と距離にも違いが認められるため，筆者は石堅軍氏の『マルコ・ポーロ上都の旅考述』の一文に見られる観点，つまりチンニータラスはその方位とルートが比較的正確である元朝・哈剌火州の西北と北の方向の重鎮ビシュバリクに位置しており，さらに『元史』の記述の中にも，その近くのウルムチ・ボコダ山で盛んに採れ，『旅行記』でも取り上げられる「火鼠」（石綿——火浣布）についての記述があり，裏付けとなる。注目に値するのはムール，ペリオがラテン語の写本の翻訳に協力する過程で，カムールとチンニータラス

157

の間に一地域を発見したことである。この地がカラホージョ[18]（Carachoco, 現在の新疆ウイグル自治区トルファン市の東）で，そこはクムル（ハミ）市とウルムチの中間にある。この三つの地の位置は繋がりをもっており，チンニータラスの位置を考察する上で大きな助けとなっている。クムル（ハミ）市とチンニータラスの方向はマルコ・ポーロ一行が東に向かったルートではなく，むしろその逆であるから，彼が西へ西へと向かったものと考えることができる。クムル（ハミ）市は敦煌の西北約 400 ㎞に，ウルムチは敦煌の西北 1000 ㎞にそれぞれ位置しており，これも続けて登場するスクチュール（Succiu, 粛州，現在の甘粛省酒泉市）の方向と相反する。酒泉は敦煌の東方約 400 ㎞の場所に位置しているが，記述ではチンニータラスについて述べた後で直接スクチュールに戻っており，往復した日程や経過についての言及がない。ここには他の章節の記述と違いが見られることから，マルコ・ポーロのカムールとチンニータラスの記述は自身の体験に基づくものではないと考える研究者も存在するが，筆者はマルコ・ポーロ自身が二つの地域に行ったことに違和感を感じていない。まず時間的な観点から考えると，マルコ・ポーロ一行は 1271 年に東方の旅に出発し，1275 年に元上都に到着した。仮に直接元上都を目指した東進ルートを選択したならが，このような長きに及ぶ時間はかからない。彼ら一家は商売をするのが目的であるから，道中で品物を仕入れたら東へのルートから外れるのを免れない。次に石綿は極めて貴重で，西洋人のサラマンダー（salamander）伝説も，これが強靭な皮に覆われた火の中でも生きる獣類であったことに基づいている。クビライが教皇に贈ったのは他でもなく石綿製の布であり，一行が道中でこの品物のことを耳にしたなら，強い好奇心を引き起こすのは当然である。マルコ・ポーロは『旅行記』の中で，これが獣類ではなく山で採れる鉱産物であると強調し，さらにその採掘や生産過程について詳しく記録している。馬暁林氏による「新たな元代石刻史料から見るマルコ・ポーロが記すサラマンダー（火浣布）に関する検証」で取り上げられる「高信神道碑」という碑文の「火浣竜須布仙裳」という一句は，マルコ・ポーロの火浣布に関する記述を裏付ける。それと同時に，高信が異様局に在籍した時期（1261～1288 年）は，火浣布で皇室衣裳を拵えていた頃であり，時間的観点から言っても，マルコ・ポーロが火浣のことを理解した時期とかなりの確率で符合し，記述の内容にも関連性が認められる。

　スクチュールからそのまま東に進むと，次に通過する地域はカンビシオン（Caracorom, 甘州，現在の甘粛省張掖市），エサナール（Ecina, 現在の内モンゴル・エチナ旗），カラコロン（Caracorom 現在のモンゴル・後杭愛省額爾徳尼召北），バルグ（Bargu, 現在のロシア・バルグジン川一帯）平原となり，その後カンビシオンに戻り，再びここを出発点としている。『マルコ・ポーロ旅行記』の中には「すでに説明したカンビシオンを出発して，夜な夜な精霊の声を聴きながら，馬で 5 日ほど進むと，エルギユルという国に到る」[19]とある。エサナール，カラコロン，バルグ平原等の地域のうち，いくつかの地域は記述が比較的少なく，土着の風俗や人情に紙幅を割いている。特にカラコロンはクビライが 1260 年に即位する前の政治の中心地，元朝嶺北行省の首府であり，その賑やかさは元上都にも劣らなかった。ペリオはマルコ・ポーロがカラコロンについて言及が少ないのは，すべての城市についての理解が名称のみに限定されていることの証明であり[20]，パルラディも彼の旅が元朝大ハーンをめぐる精神の旅であった可能性を指摘している。

　カンビシオンを出発して，次にエルギユル（Ergiuul, 現在の甘粛省武威市），シニー（現在の青海省西寧市），エグリガイヤル（Egrigaia, 現在の寧夏）に到着する。首邑はカラチアン（Calacian, 賀

蘭山）と呼ばれる。カラチアンは現在の内モンゴル自治区アルシャー盟ではない。「アルシャー」は古代突厥語に由来し，また賀蘭山の音訳でもある。現在の研究者のほとんどはこの地が寧夏・銀川市から 30km の賀蘭山麓にある西夏王・李元昊が造った夏宮と見るロシア修道院長パルラディの考えに同意している。注目に値するのは先で述べられるサシオンからカラチアンまではすべてタングート（Tangut, 西夏）に隷属していたことである。タングートは元代の蒙古語「党項」の音訳であり，西夏国を指している。1277 年に蒙古に滅ぼされたが，現地の住民はこの名称を変更し難かった。したがってマルコ・ポーロがここで耳にした地名とは蒙古人が踏襲して用いた西夏の地名とすべきである。

　続けて東進するとタンデュック[21]（Tenduc, 現在の内モンゴル陰山一帯），シェイダシウ[22]（Sindachu, 現在の内モンゴル・集寧市及び河北省張北県），シャガノール（Ciagannor, 現在の河北省沽源県）を通過して元上都（Ciandu, 現在の内モンゴル錫林郭勒盟正藍旗元上都遺址）に到着する。タンデュックとは豊州城のことであり，遼朝・神冊五年に遼の天徳軍の所在地となり，元朝以後は豊州に改称された。遼以来現地住民はこの地を「天徳州」と呼んだが，これも『旅行記』の中の「天徳州」という地の由来である。この地は現在の内モンゴル・フフホト市の東の白塔鎮であり，明代にアルタン・ハーンが豊州城の西部十数kmに帰化城を造り，清代にはその近くに綏遠城が新たに造られ，これにより帰化と綏遠の二つの城はこの地域の中心地となった。帰化城は蒙古語で「庫庫河屯」，つまりフフホトであり，その意味は「青い城」のことであり，フフホトが「青城」とも呼ばれる所以である。これにより，マルコ・ポーロが通った天徳州とはフフホト市の東の白塔鎮とするべきで，現在のフフホトではない。注目に値するのはエグリガイヤルから天徳州までのルートは，原文に道中の城市の詳細な記述がないため，学術界にはこの進路についての異なる見方が存在する。一つはユールのテキストのマルコ・ポーロ旅行図IVはマルコ・ポーロが黄河西岸沿いにまっすぐ北上し，黄河の大カーブ（内モンゴル・包頭市辺り）に至って黄河を渡りトクト県に来たという考え方である。もう一つはシャリニョンの陝西楡林を経由してからトクト県に来たという考え方で，筆者は後者の見方に信を置く。なぜなら『旅行記』の進行方向についての叙述はエグリガイヤルから東進しているが，ユールの説では北進しなければならなくなるからである。元上都到着後マルコ・ポーロはクビライに謁見した。元朝の「両都巡行」制によって通常皇帝は春と夏に元上都に，秋と冬は汗八里（元大都。現在の北京）にいる。元上都から元大都までは四つのルートが存在し[23]，どのルートでも到着できるため，選択はその都度違いが見られるであろう。『旅行記』の中では元大都の制度，経済，文化等の面から詳しく述べられている。

　以上をまとめると，マルコ・ポーロの中国における進路はカシュガルを起点とし，シルクロードの南路を通過して，莎車，ホータン，チラ，且末，チャルクリクを経てロプノールを通りぬけて河西走廊に入り，甘粛，寧夏，内モンゴル南部と河北を通過して元上都に到着し，クビライに同行して元大都に来たのである。その後は元上都を起点とし，新たな旅程を切り開いた。シルクロードは中西文化交流の重要な窓口であり，マルコ・ポーロが中国に入ったルートの大体はシルクロードと重なり合う。彼の記述を通して我々はシルクロード貿易と文化を理解することができる。マルコ・ポーロの中国に入ったルートを追うことで，元代におけるシルクロードの発展と変化についても理解するのである。

3. ルート（2）：雲南行

　マルコ・ポーロ自身の記述に基づくと，彼はクビライの使者としてカラヤン（Caragian，現在の雲南省大理市，元代の雲南行中書省）に派遣された。『旅行記』の中には「彼が非常に聡明で態度も見事で立派なのを知ると，大ハーンは使者として六か月の旅程にある地に派遣した」[24]という記述がある。六か月の地がどこであるのかという説明はなく，馮承鈞氏は注を加え，これが他でもなく『旅行記』117章の雲南に派遣されたことであるとしている。ムール，ペリオ『マルコ・ポーロ寰宇記』の中でもこの地がカラヤンであることを明確にしている[25]。学術界も均しく雲南旅行が使者としての最初の任務であり，これによって元大都から雲南方面の道中の見聞が開かれたと考えている。

　元大都から南へ出発し，プリサンギン川（Pulisanghin，現在の北京市豊台区永定河）を通過する。水都ヴェネツィアで生まれたこともあって，マルコ・ポーロは橋について特別な感情を抱いており，ここでもプリサンギン川にかかる石造の橋を褒め称えているが，これは現在の盧溝橋に他ならない。ここからさらに南へ進むと，次いでジュジュ（Giogiu，現在の河北省涿州市），タイアンフ（Taingu，現在の山西省太原市），ピアンフ（Pianfu，現在の山西省臨汾市），該州（Caiciu，現在の山西省運上市新絳県），カチアンフ（Cacionfu，現在の山西省永済市）[26]を通過する。ピアンフとカチアンフの間にある該州は，学術界でも諸説あって，一つは吉州（現在の山西省臨汾市吉県）とするもので，ユールは吉州が『旅行記』の中にある西に馬で20マイルほどのカラモラン（Caramoran，蒙古語で黄河の呼称で「黒い川」の意味）に到着する方向と符合すると考える。二つ目は解州（現在の山西省運城市西南）とするもので，浩史悌（Haw）が元代の解州の発音（Hiai-jiu）と繋がることから，音声上から言えば理にかなっている。ペリオは地名と地勢の調査によって絳州（山西省運上市新絳県）とすべきと考える。そうすると記述にある方向と距離が合致せず，ピアンフとカチアンフの間とならない。ピアンフから吉州までは高い山と険しい嶺であって，吉州も決して名城ではなく，ピアンフとカチアンフ間の重要な地域は絳州しかない[27]。筆者が支持するのは第三の見方で，絳州から河津にある黄河の渡し場までの距離は約30マイルであるが，この距離は続いて到着するカンジアンフ（Quengianfu，現在の陝西省西安市）までの旅程と近い。『旅行記』には「この川を越えて馬で二日ほど進むと，カチアンフと呼ばれる名高い城市に着く」[28]とあるが，疑うべきはカチアンフは現在の山西省山西省永済市に位置し，黄河を渡る前にあることである。『旅行記』の中のカチアンフについての記述は少なく，彼自身の目で見たものではないかのようである。黄河を渡った後に現れた「カチアンフ」は，黄河を渡った後で川に沿って西南の方向に進んで到着したカチアンフの対岸であったとも考えられ，西に馬で八日で到着すると記されているカンジアンフの方向と距離が近いのである。

　カンジアンフに到着して，マルコ・ポーロはマングレ（忙哥刺，クビライの第三子）の宮殿について記述している。マングレは安西王で，カンジアンフはクビライからこの王国を与えられ，管轄地であった。マングレが居住した安西王府は現在斡爾垜遺跡と呼ばれ，陝西省西安市灞橋区に位置しているので，これもカンジアンフが現在の西安であることの証明となる。カンジアンフを発って，アクバレ・マンジ（Acbalec Mangi，阿黒八里，現在の陝西省漢中市）に到着しようとするならばクンタン地域（Cuncun，現在の漢中地域）から秦嶺山脈を越える必要があるが，歴史的には子午道，儻駱道，褒斜道と陳倉道の四本の主要道路が存在している。『旅行記』には「上述のマングレの宮殿

を発って馬で西に三日進む」[29]という記述があるが，子午道は現在の西南の南に位置し，西進の方向とは一致しない。陳倉道は距離が記述の行程と合わないので，妥当ではないようだ。儻駱道は方向と日程の推算に基づくと最も妥当であるが，この道は五代の戦乱後荒廃して塞がった。褒斜道の宋・元時代の起点は現在の宝鶏市の西南に移動し，宋以降は漢中に到る四川の主要道路であった[30]。注目に値するのは，これが元代の駅路であったことで，マルコ・ポーロはクビライの委託を受けて雲南に向かったが，彼が歩いた道も多くは駅路であった。これによりマルコ・ポーロが褒斜道を通過してクンタン地域に入った可能性が強く考えられる。アクバレ・マンジは漢中府を指しているが，この漢字表記「阿黒八里」は実は漢語ではない。「阿黒」は突厥語の「白」の意味で「八里」とは蒙古語の「城」の意味である。

　クンタン地域に到着し，続いて西進すると，次なるルートはシンディフ（Sindufu，現在の成都），テベット（Tebet，現在の四川省西部），ガンドゥ（Caindu，現在の四川省西昌市）となる。マルコ・ポーロの中国での進路は基本的に政府公認の駅站で，クンタン地域から成都までは蜀道，別名で金牛道とも呼ばれる両地域に繋がる重要な道を通ることになる。この道を通って成都につくと，建都路が主要な道となる。『経世大典』「赤站（ジャムチ）」には「至元22（1285）年11月6日刺迄奏：雲南に赴くには二道あり：急がざる者は水站を通り，急ぐ者は建都を取る。今あらゆる使者は皆建都道を通る」という記述がある。方国楡氏は成都・建都間の駅站を考察し，このルートが成都を起点に雅安市，漢源県，大渡河，越西県，西昌市を経ることを明らかにしている[31]。西昌到着後，『旅行記』はブリン（Brius，長江上流の金沙江）について，この呼び名は蒙古語の転音で，金沙江を指しており，川を渡って五日でヤチン（Laci，現在の雲南省昆明市）に到着したことに基づくと，川を渡った場所は黎溪付近とするべきである。金沙江を通過して次にヤチン（Laci，現在の雲南省昆明市），カラヤン（Caragian，現在の雲南省大理市），ヴォチャン（Uncian，現在の雲南省宝山）を通過している。ヤチンは元代初めの蒙古人の昆明に対する呼称である。昆明の西北郊外に現存する笻竹寺の聖旨碑には「雲南鴨池城子玉案山鄒竹寺住持玄堅長者為頭和尚」とあるが，この中の「鴨池城子」もマルコ・ポーロが記すヤチンと同じで昆明を指している。

　ヴォチャンは彼の中国旅行ルートの終点すべき場所で，その叙述が終わると，続けてミェン（Mien 蒲甘，現在のビルマ中部地域），バンガラ（Bangala，現在のベンガル地域），カンジグ（Caugigu，現在のベトナム北部紅河流域）とアニン（現在のベトナム地域）を叙述する。その位置は中国領内ではなく，学術界では彼がこれらの地域に行ったのか否か大論争となっており，張星烺，陳得芝，石堅軍等の研究者はみな否定的意見に立っている。ペリオは雲南行の叙述について，これらの地域の占める割合は小さく，叙述は道中の伝聞に過ぎないと考える。現在学術界はマルコ・ポーロが使者として雲南に行った時期は1281年から1822年の間とされるが，『元史』には「至元24（1287）年2月，雲南王と諸王は遠征しメェンに至った。メェンは七千人余りを失い，元への朝貢を決めた」[32]とあるから，マルコ・ポーロのこれらの地域についての考察はやや伝聞の向きがある。筆者も上述の研究者の見方と軌を一にする。

　マルコ・ポーロの帰路の起点とすべきは昆明で，アニンに触れた後でトロマン（Toloman，現在の四川省宜昌の南から雲南省昭通の北まで），キュニー（Ciugiu，現在の四川省宜昌），キュニーから馬で12日間でシンディフ（成都府）に到着する。陳得芝氏は二地域の位置が『経世大典』「站赤」の中の烏蒙道に関する記述から，元代の烏蒙道とは昆明から烏蒙（現在の雲南省昭通），トロマン，キ

ュニーを経て成都に至ると考える[33]。成都に到着した後『旅行記』には「シンディフを発って 70 日馬で行くと，すでに順に述べた往路に滞在した地域を過ぎてジュジュに到着する」とある[34]。これによってマルコ・ポーロの帰路の起点は昆明とすべきである。『旅行記』第 15 章に，大ハーンがマルコ・ポーロを使者として派遣し，第 16 章ではマルコ・ポーロが出使から戻り大ハーンに謁見し，その見聞を述べると，忽ちクビライの賞賛を受けた。その後も「常に命を受けて各地を行き来した」[35]と記されている。マルコ・ポーロは南から北への帰路を叙述するが，次の章ではカカンフ[36]（河間府 Cacacfu，現在の河北省河間市付近）の後，北から南へ転じている。この中では元上都または元大都へ赴いてクビライに報告した記述が欠けている。これによりマルコ・ポーロの雲南旅行は元大都をその行程の終点となるのである。

　以上をまとめると，マルコ・ポーロの雲南旅行は北京より始まり，途中河北，山西，黄河を渡った後で西南を経てクンタンに到着した。褒斜道から秦嶺山脈を通って四川に入り，成都，西昌等の地域を通って金沙江を渡り雲南に到着した。帰りのルートは雲南から成都までは前述のルートとは異なり，四川昭通から宜昌を通って成都に到着し，その後はもとのルートに基づいて北京に戻っている。マルコ・ポーロの雲南行の沿道城市の記述は元代の交通ルートには十分明らかな発達がみられていたこと，また商業交流が城市の繁栄と発展を促進していたことを体現している。またこれらのことは元代の政治経済文化における統制されたシステムの構築がなされていたことを意味していよう。

4. ルート（3）：大運河に沿った東南行

　マルコ・ポーロは使者としての命を受けて雲南から帰ると，その傑出した表現によって，その後も命を受けて各地を訪れた。彼の三本目のルートは北から南にかけての大運河沿いの城市である。記述には塩について多く言及していることから，大ハーンの委任を受けて，北から南の大運河沿いの塩税の状況について調査を進めた可能性がある。その記述の内容に基づくと，第三の進行ルートはカカンフ（Cacanfu，現在の河北省河間市）に始まる。マルコ・ポーロはこのルートを多く往復しているが，決してその順序では記述されていないことから，このルートについての整理と考察を進めよう。カカンフから南に向かうとチアングリュ（Cianglu，現在の河北省蒼州市），シアンリ（Ciangli，現在の山東省徳州市），クンディンフ[37]（東平府 Tundinfu，現在の山東省東平県），シンギュイ・マトゥ（Xingiu Matu，現在の山東省済寧市）を通過する。『旅行記』にはシンギュイ・マトゥについて，「この町には今まで誰も見たことも聞いたこともない，そして信じることができないほどの船の数がある。これらの船がマンジとカタイに向けて商品を運ぶところは驚くばかりの光景であり，しかも船はさまざまな商品を載せてこの町に戻ってくるのである。この二本の河によって，驚くばかりの量の商品が運ばれている」[38]とあることからも，大運河の繁栄ぶりが見て取ることができる。

　シンギュイ・マトゥから続けて南進すると，途中リギュイ（Lingiu，現在の江蘇省徐州市），ピニー（Pingiu，現在の江蘇省邳州市），シニー（Ciugiu，現在の江蘇省宿遷市）を通過し，三日後にカラモラン（Caramoran，黄河）を経て，コギンガンニー（Coigangiu，現在の江蘇省淮安市）に到着する。ここの黄河はもとの川筋で，現在の川筋が変わった山東に至る黄河ではない。元代の黄河の流れは淮河流域，宿遷を経て，淮安を過ぎて塩城市響水県と通って海に注いだ。『旅行記』の記述には

162

黄河を挟んだ一方がコギンガニーであるとしていて，現在の位置と合っていないが，黄河のもとの川筋と大運河の位置に基づくと，やはりこのコギンガニーが現在の江蘇省淮安市であると確認される。京杭大運河に沿って南進し，次いでパウチン（Paughin，現在の江蘇省揚州市宝該県），カユー（Canyu，現在の江蘇省揚州市高郵県），ティニー（Tignu，現在の江蘇省泰州市），ティニーから東の方向へ三日行くとシニー（Cingiu，現在の江蘇省南通市）であるが，ここは研究者によって見解が分かれる。ペリオは原文の Cingju を Caigiu に訂正すべきとしているが，このように見るならばこの地は海州（現在の江蘇省南通市海門区）となる[39]。また『経世大典』「赤站」の中に「海門站」があり，そのためユールは原文の Cingju を Tingju し，その地を通州（現在の江蘇省南通市）に訂正している。陳得芝氏は通州とは大邑のことであり，かつこの地が海沿いの各塩田の中心地であると考える[40]。『旅行記』の中には「この町は大きく，多量の塩が生産され，それが全州に売られて，大ハーンの莫大な収入となっている」とあるので，ユールの説が比較的信じるに足る[41]。アメリカ人学者クリストファー・P. アトウッドは「州」字の表現を切り口として考察を行っている。「州」には二種の表現が存在し，giu と ci に分けられる。Cingju の後半の綴りは前者に対応しているが，海門は揚州に属する一つの町であり，州レベルの地ではない。したがって筆者はユールの見方，つまりシニーとは現在の江蘇省南通市とする説を認めるのである。

シニーからティニーに戻り，西南へ馬で向かうと，ヤンニー（Yangiu，現在の江蘇省揚州市）に到着する，マルコ・ポーロは『旅行記』の中でかつて大ハーンの命を受けてこの地で 3 年間官職に就いたが，具体的な官職名は学術界において論争が続いていて，ペリオは記述の中に塩について多くの言及があることから，塩政と関係がある役人であった可能性を指摘している。ヤンニーの記述が終わると，マンギン（Namghim，現在の河南省開封市）とサヤンフ（Saianfu，現在の湖北省襄陽市）が現れる。この二つの町は叙述の順が北から南のルートと合っておらず，かつ進行時間についても言及がなく，城市の正確な方位を把握する手だてがない。サヤンフの章でマルコ・ポーロはこの町を陥落させるために投石器を献上したことについて言及しているが，中国内外の学術界ではすでに偽証とされており，この二つの地域は前述にあるエチナ，カラコルム等と同じく，マルコ・ポーロが訪問していない可能性がある。注目に値するのは，続章にある「サヤンフを出て，東南に 15 マイルほど進むと，シンニー（Singiu，現在の江蘇省儀証市）と呼ばれる地に出る」[42]という記述である。シンニーの記述から，この地が船による往来が絶えないことを知ることができる。仮にサヤンフから出発すると約 200 マイルの距離となるから，記述の距離とは大きな隔たりがある。仮にヤンニーからだとすると，シンニーは現在の江蘇省儀証市であるから，河の規模や商業の繁栄の状況が符合する，したがってシンニーはヤンニーを出発して到着した地域であるとすべきである。

シンニーを出発して次にクチュイ（Gaigiu，現在の江蘇省揚州市南部），チンギアンフ（Cinghianfu，現在の江蘇省鎮江市），チャンギンニー[43]（Changju，現在の江蘇省常州市），シニー（Sugui，現在の江蘇省蘇州市），ヴンニー（Vugiu，現在の江蘇省呉江市），呉江（Vughin，現在の浙江省嘉江市），シアング（Ciangan，現在の浙江省海寧市長安鎮）を通ってキンセー（Quinsai，現在の浙江省杭州市）に到着する。シアングに関しては，長らく多くの呼び方が存在している。この Ciangan の音は「長安」の訛りで，宋元時代に長安鎮は交通の要衝であり，かつ運河の辺りに位置していた。長安鎮の位置は先人の見解も異なっており，『経世大展』「赤站」の中にも長安鎮に長安站を設置したという記述がある。しかし馮承鈞は現在の長安鎮は杭州から数時間ばかりの航程であるから，『旅行記』の

163

中の馬で三日間という記述と距離が合わないと指摘し[44]，ユールはこの地の音が嘉興の訛りと考えている[45]。『マルコ・ポーロ寰宇記』のＺ本（ラテン語）は，シアングからキンセーまでは約一日のルートであると記されており[46]。ペリオはこれに基づいてこの地が現在の浙江省海寧市長安鎮であると判断している[47]。『旅行記』の中のキンセーに関する記述は詳細にして正確であり，議論の余地はない。大部分の漢文の文献からも「キンセー（行在）」の意味は天子が巡行する場所という検証が得られており，これもマルコ・ポーロがキンセーと記述した由来である。

　杭州は大運河の起点であり，キンセーを記述した後，マルコ・ポーロは杭州から泉州の道中の見聞を叙述する。キンセー出発から一日でタルピニー（Tanpigiu，現在の浙江省杭州市桐盧県）に到着する。ペリオは原文の Tanpigiu を Campgiu，つまり厳州に訂正するが，これは適切であり[48]，厳州はほぼ現在の桐盧県，淳安県，建徳市に該当する。マルコ・ポーロが一日で馬でタルピニーに行ったという記述に基づくと，行程から見ても筆者はこの地が現在の桐盧県とするのが妥当であると考える。タルピニーから馬で次にヴィニー（Vugiu，現在の浙江省金華市），グイニー（Ghiugiu，現在の浙江省衢州市），チアンチャン（Cianscian，現在の浙江省衢州市常山県），チュニー（Cugiu，現在の江西省上饒），ヴゲン（侯官 Vuguen，現在の福建省福州市西北）に到着する。ヴゲンに関しては学術界でも見解が異なっており，ペリオはこの地が南剣州（現在の福建省南平市）とし，Vuguen が Nanchien から Namguem に変わり，さらに Naguem に変わったと考える。そして南平が製糖業で発達していたことを指摘し[49]，これについては『旅行記』の中の記述と一致している。王頲氏は侯官が元代の福州の二種ある附属都市の一つであり，その距離もマルコ・ポーロが記述する 15 マイルと比較的近く，明代の地方志『閩都記』にもこの地がサトウキビで砂糖を作るとあり，これもマルコ・ポーロの大量の砂糖を生産しているという記述を支えている[50]。筆者は「侯官説」が距離，読み方や記述の関連性が比較的一致しているが，ペリオ氏の見解は『旅行記』の記述順と位置にあまり一致していないと考える。

　フニーから進むとフニー（Fugiu，現在の福建省福州市）に到着し，ここを発って五日でザイトン（Caiton，現在の福建省泉州市）に到着する。この地が刺桐城と呼ばれるのは南唐の頃に節度使が城内の周囲に刺桐を植樹させたことに由来している。泉州も当時の対外交通・貿易上の重要な港町で，マルコ・ポーロはここから王女コカチンをイル・ハン国（現在のイラン）に送り届けて帰国したのである。『旅行記』の中には帰国の際に三人のイル・ハンからの使者と波斯まで王女を送り届けたという記述があるが[51]，楊志玖氏は「マルコ・ポーロ帰国の漢文記載について」において『経世大典』「站赤」の中にある三人の使者の名とマルコ・ポーロが書中で使った名，さらに関係した役人の管理区域について分析を行い，その帰国時期と地点が 1291 年の泉州であったと推測している。これは『マルコ・ポーロ旅行記』の中国における活動の終点と一致し，またマルコ・ポーロがここに記述するザイトンが帰国の出発地であったことを証明している。つまりマルコ・ポーロの大運河に沿った東南の旅は，いくつかの地には行っていないものの，順序に則って叙述を進めている。その行程とは京杭大運河を巡って北から南に進み，金華，衢州を経てさらに南進し江西上饒に入り，武夷山から福建に入ると，建甌（ケリフ），侯官，福州を通って最後に泉州に到着した。1291 年にマルコ・ポーロ一行は泉州から海路でジャヴァを経由してインド洋を航行し，1293 年にイランのホルムズに上陸，1295 年に故郷ヴェネツィアに到着した。

おわりに

　長きにわたり,学術界ではマルコ・ポーロが中国に来たのか否かについて疑われており,『旅行記』の中にも破綻と誤解が存在すると考えられていた。その一つは,『旅行記』の中に茶葉,陶器,長城といった中国の物産が現れないことである。楊志玖氏の「中国に到着したマルコ・ポーロ」[52]という一文では,マルコ・ポーロが中国に来た時期のこれらの物産についての記述がないことについて,否定的な見解を提示している。黄時鑑氏は二篇の文でそれぞれ茶と長城について分析を行った上で,記述のないことはマルコ・ポーロが中国に来なかったことを否定するものではないとする。二つ目は,研究者による『旅行記』に記述されることが決してマルコ・ポーロ自身の経験に基づくものではないという検証であるが,これについてはマルコ・ポーロがその伝聞を『旅行記』の中に記録したことを根拠としているだけで,彼が中国に来たのか否かという点についての証明にはならない。

　筆者は,マルコ・ポーロは確実に中国を訪れていたと考える。その理由は次の通りである。第一に,彼が中国の領域構成と方位について明晰な知識を有していたことである。いくつかの地域については自身で訪れていないが,これらの地域はいつも進行ルートの周辺に現れており,ルートが入り交じるといった状況は生じていない。もし彼自身で歩んでいなかったならば,このような複雑な地名についてはっきりと区別する知識を有することは難しい。第二に,マルコ・ポーロの進行ルートは元代の主要交通ルートの状況と一致していることである。『経世大典』「站赤」の記述と照らし合わせても,その進行ルートが彼自身の経験によるものであることを証明している。第三に,『旅行記』の中には異なる地域の文化,風習,食,居住習慣の内容が大量に記述されており,ほとんどが史実と符合することである。もし自身の体験でなかったなら,絶対にここまで詳しい記述にはならなかったはずである。

　今年はマルコ・ポーロが世を去って700周年である。中国と西方文化交流の使者として,マルコ・ポーロの『旅行記』は中国と西方文化の交流の使者として広く流伝し,強い影響を与えた。現在に至って,私たちは今もなお,彼の記述の中から繁栄するシルクロード,延々と続く河西回廊,峻険な蜀道,壮大な京杭大運河を目の当たりにし,十分に中華文明の豊かな精神性を理解することができるのである。

註

1　楊志玖「馬可·波羅天徳,宣徳之行」(『文史』1999 年第 48 輯)。

2　榮新江「真実還是伝説:馬可·波羅筆下的于闐」(『西域研究』《西域研究》2016 年第 2 期)。

3　石堅軍「馬可·波羅上都之旅考述」(『中国歴史地理論叢』2012 年第 27 巻第 1 輯)。

4　陳得芝「馬可·波羅在中国的旅程及其年代」(『元史及北方民族史集刊』1986 年第 10 期)。

5　方国瑜,林超民『「馬可·波羅遊記」雲南史地考叢』(北京：民族出版社,1994 年)。

6　周良霄「元代旅华的西方人——兼答马可·波罗到过中国吗？」(『歴史研究』2001 年第 3 期)。

7　高榮盛「Choncha 與馬可·波羅入閩路線」(『元史論叢』2001 年第 8 期)。

8　丁謙「元代客卿馬哥博羅遊記地理考訂」(『地学雑誌』1915 年第 6～8 期)。

9　余士雄「『馬可·波羅遊記』中的中国歴史名城考釈」(『中国科技史料』1985 年第 5 期)。

10　賈二強「『馬可·波羅遊記』中的陝西地名及陝情記載」(『陝西師範大学学報』1986 年第 3 期)。

11　高田英樹「サイトン　泉州：マルコ・ポーロの東方 (1)」(『大阪国際大学紀要国際研究論叢』第 23 巻第 2 号,2010 年,pp.133-152)。

12 艾騖徳（Christopher P.Atwood）撰，馬暁林訳『馬可·波森羅漢語——蒙古语地名——「州」的転写為重点》（北京：中西書局 2018 年）

13 保羅・伯希和『馬可・波羅注』（上海：中西書局，2017 年，p.72）。

14 馮承鈞訳『馬可·波羅行記』（北京：商務印書館 2012 年，p.86）。

15 Yule，Henry，The book of Ser Marco polo the Venetian Concerning the Kingdoms and Marvels of the East，London：John Murray Albemarle street，W，Vol.I，1929，pp.186.

16 馮承鈞訳，前掲『馬可·波羅行記』（p.111）。

17 馮承鈞訳，前掲『馬可·波羅行記』（p.113）。

18 慕阿徳，伯希和『馬可・波羅寰宇記』（上海：中西書局，2017 年，p.86）

19 馮承鈞訳，前掲『馬可·波羅行記』（p.148）。

20 保羅・伯希和，前掲『馬可・波羅注』（p.177）。

21 楊志玖氏はすでに「馬可・波羅天德・宣德之行」の中でタンデュックが現在の内モンゴル陰山山脈一帯であり，その政治の中心は現在のフフホト市の白塔鎮であったとする。

22 楊志玖氏はすでに「馬可・波羅天德・宣德之行」の中でこの地を宣德州としている。

23 鈕希強「元代両都巡幸制度新探」（『西部蒙古論壇』2017 年第 2 期）。

24 馮承鈞訳，前掲『馬可·波羅行記』（p.27）。

25 慕阿徳，伯希和，前掲『馬可・波羅寰宇記』（p.86）。

26 馮承鈞は「哈強府」と訳す。

27 保羅・伯希和，前掲『馬可・波羅注』（p.132）。

28 馮承鈞訳，前掲『馬可·波羅行記』（p.243）。

29 馮承鈞訳，前掲『馬可·波羅行記』（p.246）。

30 買二強，前掲「『馬可·波羅遊記』中的陝西地名及陝情記載」。

31 方国瑜，林超民，前掲『「馬可·波羅遊記」雲南史地考叢』（p.60）。

32 『元史』巻二百十「外夷三」（北京・中華書局 4659 頁）

33 陳得芝，前掲「馬可·波羅在中国的旅程及其年代」。

34 馮承鈞訳，前掲『馬可·波羅行記』（p.286）。

35 馮承鈞訳，前掲『馬可·波羅行記』（p.28）。

36 馮承鈞は「哈寒府」と訳す。

37 馮承鈞は「中定府」と訳す。

38 馮承鈞訳，前掲『馬可·波羅行記』（p.292）。

39 保羅・伯希和，前掲『馬可・波羅注』（p.373）。

40 陳得芝，前掲「馬可·波羅在中国的旅程及其年代」。

41 馮承鈞訳，前掲『馬可·波羅行記』（p.292）。

42 馮承鈞訳，前掲『馬可·波羅行記』（p.310）。

43 馮承鈞は「鎮巣軍城」と訳す。

44 馮承鈞訳，前掲『馬可·波羅行記』（p.318）。

45 Yule，Henry，The book of Ser Marco polo the Venetian Concerning the Kingdoms and Marvels of the East，London：John Murray Albemarle street，W，Vol.II，1929，pp.185.

46 慕阿徳，伯希和，前掲『馬可・波羅寰宇記』（p.326）。

47 保羅・伯希和，前掲『馬可・波羅注』（p.873）。

48 保羅・伯希和，前掲『馬可・波羅注』（p.862）。

49 保羅・伯希和，前掲『馬可・波羅注』（p.891）。

50 王頲「『馬可波羅遊記』中的幾個地名」（『南京大学学報（哲学与社会科学版）』1980 年第 3 期）。

51 馮承鈞訳，前掲『馬可·波羅行記』（p.29）。

52 楊志玖『馬可波羅在中国』（天津・南開大學出版社 1999 年）。

（訳：戸井 久）

ジュチ汗国を通過する通商路とシルクロード（13〜15世紀）

J. オランゴア（J. Urangua）

はじめに

ジュチ汗国（ロシア語でアルタン・オルド）のハンたちが採っていた経済政策の対象の中心は，多くの国や地域を通過する通商網であった。ジュチの子孫たちが多くの国を通る基本的に3つのルートの遠隔通商路を構築したことは，研究によって明らかにされている。これらは，以下のとおり，元からある通路を発展させたものと新たにつくったものがあり，さらに陸路と海路の区別があった。

1. イジル（ヴォルガ）川に沿った遠隔通商路
2. レバント地方の地中海と黒海を通る海路（Via Tatarica, 13〜15世紀）
3. モンゴル帝国の中心であるカラコルムに向かうシルクロードの通商路

本報告ではヴォルガ川に沿った通商路がジュチ汗国の地でいかに構築されたか，それが発展させた通商がどのような特徴をもっていたかについて論ずる。

1. サライの役割

ジュチ汗国の経済の基礎となる多国間の陸路および海路による通商網は，すべてチンギス・ハーンのおこなった事業を受け継ぐものであった。チンギス・ハーン（1162〜1227年）の長子ジュチ（1224〜1227年）の子孫は，その時代のユーラシアにおいて，たがいに結びつきのなかった通商網を一国の支配によって統合し，西洋から東洋にいたるモンゴル人による新しい体制を構築するのに貢献した。ジュチの子孫に与えられた広大な領地は，信念も習慣も考えもまったく異なる民族で構成されていたので，ジュチの後継者であるバト・ハン（1227〜1256年）とジュチ汗国の初期のハンたちの時代の経済政策は，この多様性を考慮しながら，通商関係がひとつの体制のもと，自由で平和におこなわれる環境をつくることを目指した。

上記の3つの遠隔通商網の重要な中継点は，ヴォルガ川下流沿岸にバトが築いた都市サライであった。この通商網は，ジュチ汗国の支配下にあるトルキスタンを経て，古くからのシルクロードの重要な中継点であるウルゲンチから都市タブリーズ，タブリーズからさらにカフカスをとおり，キプチャク草原（ダシュティ・キプチャーク）に至るまでの多数の都市を通過するので，国を整備するうえで必要なしっかりとした経済基盤をつくるためにシルクロードを復興させサライとつなげようというバトの政策は的を得たものであった。

2. ヴォルガ川に沿った通商路

バトの後，国の最高権力をみずからの手に集中させることに成功したベルフ・ハン（1257〜1266年）はイスラム教に入信し，さらにウズベグ・ハン（1312/1313〜1341年）の時代にイスラム教が国教

ジュチ汗国を通過する通商路とシルクロード（13〜15世紀）

となったことにより，ジュチ汗国の経済政策は大きく転換することになった。ウズベグ・ハンの時代ジュチ汗国は，スカンジナビア，フランス，イタリア，エジプト，シリア，小アジア，ロシアのカフカス，ペルシア，中央アジア，インド，中国を結ぶ巨大な遠隔通商網の最重要中継点になった。

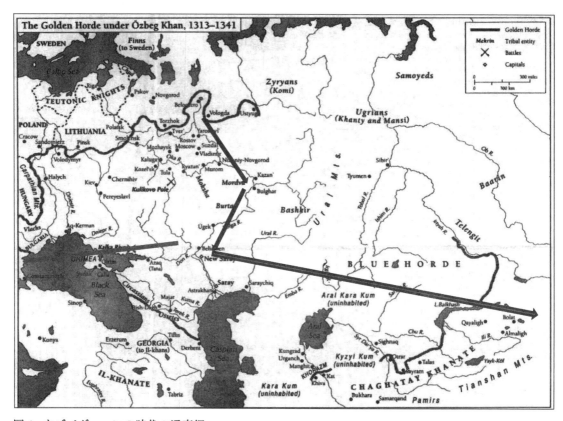

図1．ウズベグ・ハンの時代の通商網

　これは，基本的に北極海からカスピ海に至るヴォルガ川とその多数の支流の流域に沿った水路による遠隔通商網であった（図1）。この通商網の基礎は，モンゴル人がこの地に来る2世紀前に築かれたものであった。

　「年長者の息子たちの遠征戦争」（1235〜1239年）の終了後，バトは親族とともにチンギス・ハーンから受け継いだ国を安定させる事業に直ちにかかり，そのためまず占領した地域のあらゆる経済活動を復興することを目指した。ヴォルガ川の通商路を復活させるため，バトがいくつもの対策を講じたことが歴史書から見える。

　まず，ヴォルガ川の通商を監視するため，バトはこの通商路の流れを自分の国の中心に向かうよう条件を整えた。首都サライをヴォルガ川の下流域に建設したのは，このヴォルガ川通商路を直接監視するのに非常に適した場所であったからだ。バトの時代に建設されたサライをベルヘ・ハンは拡張発展させ，後世ウズベグ・ハンも1332年ヴォルガ河畔に新サライを建設し[1]，1341年に首都を移した。

つぎに，モンゴル人にとって，ハンザ同盟[2]のドイツ，スカンジナビア出身のヨーロッパ商人たちがバルト海を経由しヴォルガ川沿いにジュチ汗国に入り自由に通商する条件を整え，さらにこのヴォルガ川の通商路をモンゴル帝国全域に広がっていた通商路とつなぐことが非常に重要であった。それで，ロシア人の地を経由するルートを監視するため，モンゴル人はヴォルガ川の通商路沿いにバスカク（収税：筆者）の単位を数多くつくり，住民から直接税を集めるか，さもなければモンゴルのハンの宮廷が地方でもっとも有力な貴族を任命し管理する方法で，国家の経済と地方を結ぶことを目指していた。この2つのうち最初の方法はヴォルガ川中流を監視するロストフとその支配下の都市で，二つ目の方法はノヴゴロド公国で採られていた。

　ヴォルガ川の通商路を詳細に研究した研究者によると，上記のどの方法もバト・ハンの時代に緻密な方針をもって実施されはじめ，後代のロシアの政治・経済に消えることのない影響を与えた。なぜなら，「年長者の息子たちの遠征戦争」の際に，モンゴル人はヴォルガ川沿いの主要通商都市を意図的に破壊せず残すか，破壊してもすぐに復興する措置をとったからである。例えば，スーズダリ公国からウラジミール市までの地にはもっともひどい打撃を与え壊滅させたのに対して，ツァガーン湖（Белое озеро：筆者）とヴォルガ川の流域にあたるロストフとその支配下のウグリチ，ヤロスラヴリ，ウスチュク，モロガなどの都市は何事もなく通過したのであった。また，モンゴル人はヴォルガ川の通商路から遠く南にあるキエフ公国はすぐに攻撃し破壊したのに対して，北のヴォルガ川の通商路の重要な中継点であった（大）ノヴゴロド公国には兵を入れず，ほとんど手をつけなかった。戦後すぐに，モンゴル人は納税の義務を，おもに戦火による破壊が少なかったヴォルガ川沿いのロストフやノヴゴロドなどに課した。やがてモンゴル貴族のこの方針のおかげで，ヴォルガ川の北の都市は，13世紀末になると，ロシアの政治的中心，経済の中継点になったのである[3]。

　「年長者の息子たちの戦争」の終結後に，モンゴル人がヴォルガ川の通商路のおもな商人であったロシア人やブルガリア人から毛皮税を徴収する体制を構築しはじめたことは資料から明らかである。1245年ロシアの地を経由したプラノ・カルピニは，自分の見聞きしたことをつぎのように記している。

　　われわれがロシアの地にいた時，グユグ・ハンとバトのふたりに任命された使節だというムスリムの男がやって来た…彼は統治者の命を受けていた…慣例どおり…ひとりにつき，白熊，黒ビーバー，黒テン，そしてわれわれがラテン語に翻訳しがたい，ポーランド人やロシア人が docori と呼ぶ地面の下の穴のなかにすむ黒い毛皮獣，黒きつねの毛皮，それぞれ一枚を税として納めろと命令した[4]。

　ローマ法王の使節による上記の情報は，モンゴル人が戦後すぐにロシアで人口調査をおこない，それにもとづいて毛皮による税（ロシア語 дань）をすべての個人から徴収しはじめたことを物語っている[5]。

　バトは，ロシアで人口調査をおこない徴税するためにバスカク（basqaq）という統治者の役所を増やした。バスカクらの主要な役目は，政治的軍事的に占領した土地を掌握することであったが，徴税者たちの業務を管理し公的な保証をあたえる条件を整える職務も同時に任されていた。資料からは，1262年ベルフが権力を握るまで，大ハーンの経済政策を実施する特別任務の代表者たちがハ

ジュチ汗国を通過する通商路とシルクロード（13〜15世紀）

ルホリンで任命され派遣されて，徴税業務を管理していたことがわかる。しかし，ムンフトゥムル・ハーン（1266〜1282年）の時代からジュチ汗国が単独でバスカクを任命するようになった。モンゴル人が設置したバスカクの役所は，ヴォルガ川沿いのロストフの領地にもっとも多く集中し，とくにロストフからヤロスラヴリ，ヴォログダ，さらにその先のスホナ川をとおりウスチュクに至るヴォルガ川の毛皮交易の中継点に多くあった[6]。

　バスカク役所の集中はもちろんこの通商路と関係しており，バスカクが集中しているヴォルガ川沿岸のウスチュク，トゥベリ等の都市はしだいにこの地域における頂点の都市となる。たとえば，スホナ川やヴィチェグダ川の毛皮交易路の重要な中継点であったウスチュクで徴集された毛皮は，ロストフのバスカク役所に輸送され，ロストフからヴォルガ川の主要通商路経由でサライに運ばれた。

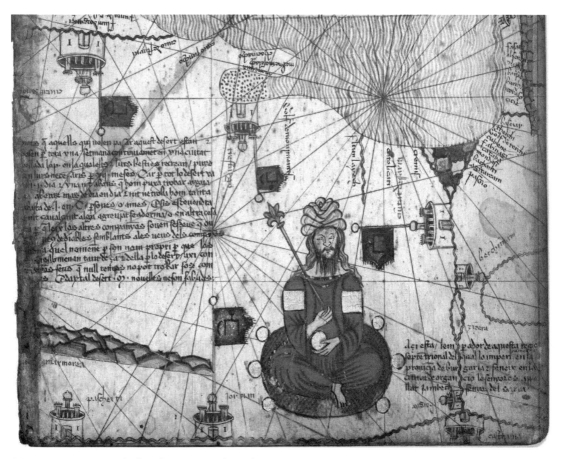

図2. カタルーニャ地図集にえがかれたジュチ汗国

　13世紀後半には，ウスチュクはロストフ公国でもっとも裕福な都市となった。ジュチ汗国のハンたちの望みどおり，ロストフ公国は1286年ディミトリとコンスタンチンの兄弟に分割された。その際，ウグリチ，ベロオゼロは兄のディミトリのものに，ロストフとウスチュクは弟のコンスタンチ

170

ンのものになった。この時代，コンスタンチンはウスチュクで統治をおこなった。13 世紀末になるとウスチュクは地域のもっとも裕福な都市とみられるようになり，1292 年ロストフから独立した寺院があったと研究者たちは特筆している[7]。14 世紀初ウスチュクの影響力，領土，富はさらに増して，ペルムの土地をみずから支配するようになった。

しかし，1330 年代からジュチ汗国では，ウスチュクからの徴税業務はモスクワの公たちが担当するようになった。それは，1320 年代ウスチュクの市民が通行中のノヴォゴロドの商人を強奪したため，ノヴォゴロドは 1320 年代中ごろからモスクワの貴族の援助のもと報復として攻撃するようになったからである。1329 年ハンの婿ユリー・ダニーロヴィチがみずから兵を率いてノヴォゴロドとともにウスチュクを攻撃し占領し，「汗国に以前収めていた税を納めさせる」ようになった。この時代からロストフとウスチュクは公式にモスクワ公国の領地になった。つまり，ヴォルガ川の要衝であるスホナ川—ヴィチェグダ川の通商路の安全はモスクワが保障するようになったのである。しかし，ウスチュクから徴収していた税が滞るようになり，1333 年モスクワ公ユリー・ダニロビッチは再び兵をウスチュクに派遣し，同時に貴族同士で婚姻関係をむすぶ方法で，ジュチ汗国に安定的に税が納められるようになった。14 世紀後半，ジュチ汗国が衰えはじめると，モスクワはヴォルガ川の毛皮交易で築いた権益を利用し威勢を強めはじめた。とくに，ティムール(1336-1405)の攻撃の後，モスクワが独立性を強めるのにもっとも寄与し，後にジュチ汗国が崩壊すると，モスクワはロシアの公国のなかで優越的な立場をえることになった。

一方，ヴォルガ川の交易で最重要の中継点であるノヴォゴロドに対しては，モンゴル人は特別な方針を採っていた。ノヴォゴロドは，「年長者の息子たちの遠征戦争」の直接の攻撃には遭わず，モンゴル人も戦後再び攻撃することはなかった。ただ，ノヴォゴロドの公たちを直接管理し統治するための権限を「大公」 (Великий князь)の称号を持つ者に汗国の宮廷が与えることによって，ヴォルガ川の交易におけるこの都市の果たす役割を拡大させる政策をとったのである。

おわりに

アジアとヨーロッパに大陸をまたいで建国されたジュチ汗国は，当時のユーラシアにおいて互いに交流のなかった通商網を一国の支配のもとで統合し，200 年間「モンゴル人によるもの」である新体制をつくりあげ，多国間の通商路をつうじて安全に行き来し，ひとつの規範のもと自由に交易する条件を整えた。これは，"Pax Tatarica"と呼ばれる。

ジュチの子孫たちが多国間にまたがる基本的に 3 つの遠隔通商網を構築したことは研究から明らかである。そのうちもっとも広範な交易はヴォルガ川流域でおこなわれていた。ジュチ汗国の首都サライは，スカンジナビア，フランス，イタリア，エジプト，シリア，小アジア，ロシアを，カフカス，ペルシア，中央アジア，インド，中国を結びつける，巨大な多国間遠隔交易網の最重要の中継点となった。

ジュチ汗国の時代，その領土ではシルクロードの多くの支道が生まれ，ひと時代繁栄を誇った。その一例が西洋の史書に「タタールの道」つまり"Via Tatarica"と記される通商路である。この通商路，つまりシルクロードの南の支道は，ジュチ汗国を通過し東ヨーロッパに向かい，家畜，畜産品（皮，羊毛），毛皮，はちみつ，木材，手工品，ワイン，奴隷，薬草，香油，絹，香辛料が運ばれた

のである。

15 世紀，ジュチ汗国国内の政治的分裂によりこの国は崩壊し，いくつもの独立した国が建国された。それによって，交易路の安全の保障ができなくなり，その結果交易の衰退をまねいた。しかしながら，上述のモンゴル領主たちの政策は，ロシアの諸公国が独立し，さらにモスクワを中心にまとまっていく過程にしかるべき影響を与えたのである。

註

1　ヴォルゴグラード市の東方 85 キロメートルの現在のコロボフカ市。
2　ハンザ同盟の通商網とは，モンゴル人がこの地域に来る約 100 年前に建設が始まっていたバルト海の通商網である。この通商網は，モンゴル支配時代に発展しその繁栄の頂点に達した。
3　Martin, Janet. Treasure of the Land of Darkness. Cambridge: Cambridge University Press, 1986, pp.27-60.
4　Carpini/ Menesto, VII/3, pp.368-369.
5　*Новгородская первая летопись старшего и младшего изводов. Москва, Лениград: Издательство Академий Наук СССР,* 1950, 298 (『ノヴゴロド第一年代記，古輯本・新輯本』モスクワ，レニングラード：ソ連科学アカデミー出版社，1950 年，p.298). *Софийская первая летопись. Ленинград: Издательство Академий Наук,* 1925, 231 (『ソフィア第一　年代記』レニングラード：科学アカデミー出版社、1925 年、p.231). *Летопись по Воскресенскому Спискую. Санктпетербургъ: Типографии Эдуарда Праца,* 1856, 153. (『ヴォスクレセンスカヤ年代記』サンクトペテルブルク：エドゥアルト・プラッツ印刷所、1856, p.153).
6　А. Н. Насонов. Монголы и Русь (История татарской политики на Руси). Москва, Ленинград: Издательство Академий Наук СССР, 1940, 58 （A. N. ナソノフ『モンゴルとルーシ（ルーシにおけるタタール政治の歴史）』モスクワ，レニングラード：ソ連科学アカデミー出版社，1940 年，p. 58）: Janet Martin. Medieval Russia, 980-1584. Cambridge: Cambridge University Press, 2007, 184.
7　Устюжский летописный свод. Москва, Ленинград: Издательство Академий Наук СССР, 1950, 49 （『ウスチュグ年代記』モスクワ，レニングラード：ソ連科学アカデミー出版社，1950 年，p. 49）: Janet Martin. Treasure of the Land of Darkness. Cambridge: Cambridge University Press, 1986, pp. 88-89.

（訳：上村明）

モンゴルと東北アジア研究 Vol. 10（2025）

2012 年から 2024 年までの中国の学界における "黒水城" 関連研究総述 ——CNKI 掲載文献を中心に——

烏敦（Wudun）

劉雨婷（Liu Yuting）

はじめに

　黒水城は，モンゴル語で"哈拉浩特"（Khara-Khoto）という。また黒城ともいう。黒水城遺址は，中国の内モンゴルエジナ旗ダライホブ鎮の東南約 22 kmに位置し，昔のシルクロードの北線上に最も完全な形で現存するとともに，最も大きな規模の古城遺址である。20 世紀初頭より，Пётр Кузьмич Козлов（ピョートル・クズミッチ・コズロフ）と Marc Aurel Stein（マーク・オーレル・スタイン）が黒水城にて大量の考古遺物と文献を発見し，それらをサンクトペテルブルグで展覧してより，黒水城は学術界の広汎な関心を巻き起こし，世界を震撼させた。黒水城文献は中国の歴史文献において重大な発見であり，現在では中国，ロシア，イギリスに分蔵されている。それらは西夏，及び宋，元等のその他の歴史時期の政治，経済，文化，軍事，法律等を研究するにあたって，貴重な一次資料を提供した。学界は，黒水城遺址の考古と歴史の研究，出土文献の研究と史料の考証において豊富な成果を挙げ，代表的な著作や論文を世に送ってきた。

　本稿は，CNKIやCARSIのアプリケーションリソースなどの検索プラットフォームを利用する。そして，黒水城，黒城，哈喇浩特，黒城遺址，黒水城文献，西夏文献をキーワードとし，ここ十数年において中国の学者が達成した黒水城研究の成果を整理し，またここ十数年において中国の学者が実施した黒水城遺址の考古学上の発掘や出土文献の整理と研究の状況を振り返ることにより，現在の当該領域の特徴を分析し，今後進めていく研究領域を展望する。

1. 研究領域の分類の総述

　ここ十年における中国の学者の"黒水城"に関連する研究を概観するに，その内容は主に黒水城の考古学的発掘，文書による歴史と文化の研究，文献の整理出版と残簡の考釈，語彙研究と俗字の考釈，医薬文献と医術の考釈，宗教芸術と図像の解読，学際的な総合研究，文化遺産の保護と開発利用，そしてデジタル化技術の応用等に及び，数多くの成果を挙げてきた。

1.1. 考古学的発掘と文書による歴史と文化の研究

　黒水城の考古学的発掘とその仕事を振り返ると，1908 年のコズロフによる発掘と西夏文献の発見から 20 世紀 80 年代の内モンゴル自治区考古研究所による発掘に至るまでは，70 年余りになる（図1）。そのうち，1983 年と 1984 年に行われた考古学的発掘は，コズロフから始まった黒水城の調査発掘以後，最も全面的且つ体系的な，そして最も科学的なフィールドワークであり，大量の遺物が

173

出土した。特に，編号が 3,000 近くに及ぶ一群の西夏と元の時代の文書が出土した。そして，この城址の構築と沿革，その都市の配置の考古学的資料を獲得し，黒水城の歴史研究やかつての自然景観や社会状況の復元に貴重な資料を提供するとともに，ここ十年におけるその他の領域の研究に基礎となるものであった。その後，今日に至るまで，黒水城遺址の体系的な発掘はいまだ行われていない。

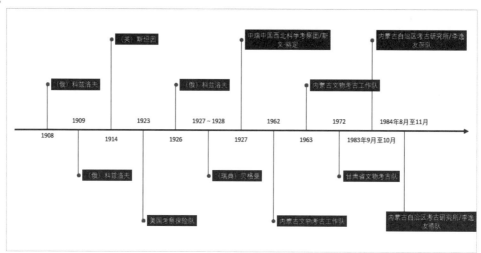

図 1. 黒水城遺址の考古発掘の時間軸図

上述の考古学的発見と発掘の成果の基礎に立って，ここ十年余あまりの間に学者たちは文献整理，解読，研究を絶えず深く掘り下げていき，西夏時代の政治，経済，文化習俗，法律制度等において，より全面的な理解の進展があった。黒水城文献に見られる政治に関する内容の研究を通して，西夏，宋，遼，金，元等の時代の当該地区の政治構造と政治制度，行政管理体制，職官制度等を更に明らかにし，西夏の政権がこの地区にとった統治政策や政治モデルを提示した。それらは，この時期の政治史に対する学界の認識を豊かなものにした。杜立暉の著書『元代地方行政運作研究』[1]は，800 点余りの漢語とモンゴル語による黒水城文献を，長期にわたり深く掘り下げて整理と解読を行った。それは，学界においてあまり研究の及んでいなかった元代の地方行政の運営システムの問題に初めて体系的な研究を行い，元代の地方行政体制の内部と運営に対する過去の認識を進展させた。この成果は，2019 年度の国家哲学社会科学成果文庫に選ばれ，2021 年には山東省社会科学優秀成果奨評において特等奨を獲得した[2]。杜立暉はまた黒水城文献から元代の俸禄制度の運用を分析し，元代の俸禄制度には請俸程序が存在していたこと，その俸禄の支払いの時期が基本的に月単位であったこと，しかし実際の運用においては柔軟且つ地域ごとに異なっていたと考えた[3]。また，日本の天理図書館が所蔵する黒水城文献に基づき[4]，元代のエジナ路に"官羊戸計"が設けられていたこと，この戸計は他の地区で見られないことを発見した。そして，黒水城の西夏の南側の権場使文書に見える"替頭"について考証と解釈を行った[5]。このほかにも，関連論文[6]において，黒水城の元代軍政文書に対して，文書の正確な釈録の基礎に立ち，二重証拠法を運用することによって，黒水城の元代の軍糧や軍事文書，及び文書に反映された西北諸王の"安定王"，忽刺木大王とその部隊と行政文書，元代の地方倉庫官の選任制度の変化，元代エジナ路の機構組織と運用機構等に体系的な研究を行った。

そして，"分省"，"河渠"，倉庫官の選任制度，養済院制度，粛政廉訪司照刷制度等の関連問題を考察した。李橋は，俄蔵「光定十三年千戸劉寨殺了人口状」[7]を基礎として，西夏の女兵士が戦死した実例と"千戸"という職の初出を発見し，西夏は特に領域内の漢人に対して吐蕃の千戸を模倣した軍事と生産を職能とする軍事戸籍制度を施行したと考えた。

　経済史の研究においては，王陽等が黒水城の元代の戸籍と賦税の文書について校読拾遺を行い[8]，中国蔵の黒水城元代漢文法律文書の校読拾遺を行った[9]。陳朝輝は至元三十一年の提調銭粮文巻を中心として[10]，エジナ路の総管府，総管府の下部機関，総管府の下部機関とエジナ路の総管府と甘粛行省の上部から下部への指令の伝達過程を示し，伝世文献には少ない公文書の伝達過程の記載の欠陥を補った。格根珠拉は，西夏時代の黒水城の地方行政の設置と職官を考察した[11]。杜立暉は黒水城文献"催粮由帖"の原巻の読解の基礎に立ち，元代の倉庫の納粮プロセスを考究した。つまり，総管府は催粮由帖を納粮戸に伝達し，納粮戸は催粮由帖を倉庫に携帯して税粮に納め，納粮戸は倉庫に税粮を納めて後に倉庫は納粮証明を書写し，倉庫は総管府に税粮を受け取ったことを報告する，というものである[12]。上述の研究は，黒水城文献より発見された貿易の記録や税収の証明書や契約等の大量の文書から，当時の経済状況を研究するための有力な後ろ盾を提供するものとなった。

　法律や制度の方面では，龍樺，馮倩等の成果「書信中的元代地方吏治管窺—以黒水城出土元代M1.1074号書信文書為例」[13]があり，書簡文を解読し，元代エジナ路の下部吏員が相互に賄賂を要求したり，自らのために法律を枉げて不正を行ったりした行為を研究した。宋坤は『中国蔵黒水城漢文文献』第四冊に収録された三点の文書の分析を通して[14]，元代の識認状の性質と識認状が利用される範囲が拡大されたことを探求した。羅将は，敦煌と黒水城の契約文書を中心として[15]，唐宋と西夏の制定法と習慣法の比較研究を行った。

　社会文化史の方面では，趙小明等が「推神亀走失法第二」を通して中国古代の紛失物（失踪者を占う習俗を研究した[16]。蘇紅は占卜文献に基づいて当地の文化の特徴を探求した[17]。秦光永等は俄蔵黒水城文献『謹算』掲載の星禽術を釈読して，星禽術による運勢の占いとそれに関連する内容を分析し[18]，"符天類"の星暦等の研究を通して『謹算』所載の星盤の排盤過程を復元し，当時の術士が利用した星暦の推星排盤の方式を明らかにした[19]。何偉鳳は，既に刊行済みの黒水城より出土した元代暦日をまとめて考察と弁正と検証を行い，元代の暦日を補填した。そして，元代に漢文で書かれた授時暦の内容と構造，版式と装幀を復元した[20]。張建は，黒水城より出土した「西夏乾祐十一年具注暦日」の年代を再考した[21]。靳志佳は俄蔵黒水城文書5722に見られる十一曜の位置を分析し，十一曜が黄道十二宮にあるという情報が，三種の文化の融合，つまりギリシアにおける生辰星占術の黄道十二宮の命名，インドにおける宿占術，そして中国の伝統的な天文知識が反映されたものであることを発見した。それはまた，外国の文化が中国の大きな溶解炉の中で変化し発展したことの反映でもある[22]。裴海霞は，黒水城より出土した文物から西夏社会の基層組織や姓氏文化，婚姻嫁娶，及び飲食習俗の情況を考究した[23]。丁君涛は，古代シルクロード上の黒水城より出土した元代の婚姻契約を研究し，遅くとも元代には大量の婚姻契約が民間層において締結されて流行していたこと，そして元代は儀礼婚姻の書が契約婚姻の書へと変化する初期段階にあたること，それが唐代の婚姻形態を継承して普及した結果であると述べた[24]。これらの成果は黒水城文献中的戸籍，婚姻，家庭，民間風俗等の記載を利用して，当時の社会構造と生活文化を深く研究したものであり，当時の人口構成，家庭組織の形式，日常生活，節日習俗等の状況をするのに有益な成果となっている。

1.2. 文献の整理と出版，残葉の考証と弁正

　黒水城文献は，二十世紀中国の歴史文献における重大発見の一つであった。それは，西夏時代の西夏文献を主とするが，他にも漢語，モンゴル語，ペルシア語等の文献もある。ここ十数年，中国は黒水城文献の整理と出版を継続的に推し進め，中国，ロシア，イギリスが所蔵する文献の残簡に対して考証と考釈を行っただけでなく，数多くの著作を整理出版した。2013 年に出版された『中国蔵黒水城漢文文献』は，現在中国に所蔵される 4,213 点に及ぶ黒水城漢文文献の一次資料を，はじめて全面的，体系的且つ科学的に収録した。その整理，校勘，研究には，30 名以上の学者が参与した。宋，西夏，金，元代の歴史，中古仏教史，中古社会史，宋代と元代の科学技術史，シルクロード貿易史，古代医薬史，文献版本学や回族の形成を研究するにあたり，得難い一次資料を提供した[25]。同年，商務印書館より出版された『黒水城西夏文献研究』は，実地調査と実見調査を基礎として，イギリスとフランスに所蔵される西夏文献を束錫紅が主となって編纂したものである。その中で，西夏文献をタングート前期，西夏時代と後西夏時代を含むものと新たに定義し直し，ロシア，イギリス，フランスなどが特別コレクションすることになった来歴と相互関係を述べ，世俗文献と仏教文献の一部の主要な実例を分析した[26]。『英蔵及俄蔵黒水城漢文文献整理（上下）』（2015 年）は，イギリス蔵と誤って敦煌文献とされたロシア蔵本の黒水城漢文文献の文書学的な整理を行った。それは主に解題，定名，釈録，校注，参考文献等を含み，『英蔵黒水城文献』第 1-5 冊の漢文文献 87 点，沙知『斯坦因第三次中亜考古所獲漢文文献（非仏経部分）』収録の 298 点，マスペロ『斯坦因在中亜細亜第三次探検所獲中国古文書考釈』所収の文書 36 点，郭鋒『斯坦因第三次中亜探検所獲甘粛新疆出土漢文文書——未経馬斯伯楽刊布的部分』所収文書 6 点，そして『俄蔵敦煌文献』第 1-17 冊所収の黒水城漢文文献 203 点である[27]。2015 年以降に完成した成果である『黒水城出土西夏文医薬文献整理与研究』（梁松涛著），『出土西夏文医方雑抄類文献整理与研究』『出土西夏文医書文献整理与研究』『非医学文献（世俗文献類）中的渉医文献整理与研究』『非医学文献（仏教類）中的渉医文献整理与研究』等は，関連領域の空白を補填するものであった[28]。2015 年，中国国家図書館の文物専門家が，寧夏から購入した西夏の古書を研究し，『砕金』『三才雑字』『新集錦合辞』という 3 冊の書名を確定させた。そのうち，『新集錦合辞』は初めて発見された西夏の諺語の合集であり，300 余りの西夏時代の民間の諺を収録している[29]。2016 年，杜建録の『中国蔵黒水城漢文文献整理研究』[30]と孫継民等の『中国蔵黒水城漢文文献整理与研究』[31]が相継いで出版され，中国蔵黒水城漢文文献の整理と研究が新たな段階に入ったこと，そして中国蔵黒水城文献の整理と刊行が相対的に停滞していた状況に，比較的はっきりとした形で改善を示した[32]。2022 年出版の『黒水城出土西夏律蔵研究』は，主に出土した 4 点の西夏漢文仏教文献『大方広仏華厳経』『大宝積経』『悲華経』『金光明最勝王経』の整理と研究を行った[33]。2018 年，中ロ両国が俄蔵黒水城漢文文献の整理と研究を含む新たな西夏学の連携研究を立ち上げた。寧夏大学民族与歴史学院の杜建録とロシア科学アカデミー東洋写本研究所のイリヤ・ポポワの共同主編による『俄蔵黒水城漢文文献釈録』が 2023 年に出版発行された。これは，教育部の中ロ人文合作プロジェクトの成果であり，西夏巻，宋遼金巻，元代巻，総合巻に分類され，所収文献はすべて社会文書であり，極めて高い学術的価値を有している。本書は，国内外ではじめてすべてをカラー写真の印刷で出版した俄蔵黒水城漢文文献であり，いずれも

ロシアの提供した高精細なカラー図版である。誤って俄蔵敦煌文献に収められた黒水城文献を明確にし、新たに発見された文書を補充しており、宋、遼、西夏、金、元代の中国の各民族間における往来と交流と混淆を反映している[34]。2019年から2023年にかけて、西夏学者にひとまとまりの実用的な研究資料を提供するため、北方民族大学西夏研究所、大英図書館、寧夏回族自治区档案館は、『英蔵黒水城文献』の基礎の上に立ち、『英蔵西夏文文献整理与研究』を共同で編纂刊行した。それは、中華書局と寧夏人民出版社から継続的に出版され、すべての所蔵品の高精細な写真と可能な限り詳細な内容の解読を学界に提供している[35]。

近年、学界の黒水城文献に対する関心が高まっており、多くの学者が黒水城より出土した文献の残葉、残経、残片等にも考証と弁正、考証、補填等を行っている。たとえば、趙江紅は『台司妙纂選択元亀』の刻本の残簡を考究し[36]、崔紅芬は俄蔵黒水城漢文文文献の裱紙に残る西夏語の経典の残簡の考究し[37]、俄蔵黒水城漢文文献の残簡の内容に対する考察と補訂を行い[38]、張建は黒水城出土の俄蔵Mh b.No.2546号の西夏具注暦日の残片を考究し[39]、何偉鳳は黒水城出土の授時暦日"紀年"残葉を考究し[40]、秦樺林は黒水城出土の宋版『初学記』残葉の版本を考究し[41]、余格格は黒水城出土の堪輿書2点の残葉を考究し[42]、陳希は俄蔵4489号西夏推禄命文書を考釈し[43]、宋兆輝は俄蔵黒水城出土8071号文書の残葉を考釈し[44]、佟建栄は黒水城文献のTK296、TK296V等の未だ考訂がなかったり、考訂が正確でなかった残葉を新たに考究した[45]。

1.3. 語彙研究と俗字考釈

黒水城より出土した文献は、多様な文字言語に及び、西夏語、漢語、モンゴル語、チベット語、ペルシア語などがある。ここ十数年、中国の学者は言語学、文字学、文献学等の方法を総合的に駆使し、文書の釈録において議論の余地の残る個所を校正して校補し、文献内容を解読するとともに、文献の版本、真偽、流伝等の問題について考証を行った。それにより、文書の本来の姿を復元し、研究資料の信頼性と正確さを高めようとした。たとえば2018年に出版された『俄蔵黒水城漢文文献俗字研究』や2020年に出版された『黒水城出土宋代漢文社会文献詞彙研究』等がある。前者は主に漢語文字学の角度から、偏旁の分析、帰納的な類比、字書の証左、文義の審考、異文の比較校勘等を通して、俄蔵黒水城漢文文献中の俗字について全面的且つ体系的な研究を実施した著書である[46]。後者は黒水城より出土した宋代の漢文社会文献の語彙を研究対象として、通時的且つ共時的な視点から、異なる性質や異なる使用レベルの語彙に統計分析を行い、その語彙系統の全体的な特徴を描き出した成果である[47]。この他に、関連する研究成果が劉賀、武嵐婷、楊海燕、呉清穎等の諸氏の研究にもまとまって見られる。劉賀、鄧章応両氏は黒水城漢文文献の判断に苦しむ俗字について考釈を行い、漢文文献の漢字の構成要素の変化について探求分析し、俄蔵黒水城漢文仏経の難しい文字について考釈し、漢文文献の同形字を弁析した[48]。武嵐婷は、元代漢文社会文書の語彙を考釈して『漢語大詞典』を補い、中国蔵の黒水城元代漢文社会文書の語彙と中国蔵の黒水城漢文文献社会文書の新出語彙を例として解釈の研究を行った[49]。李欣は漢文文書の対象介詞を研究し[50]、劉洋は元代黒水城漢文文書の単音節の形容詞を研究し[51]、楊海燕は対元代漢文社会文書の重要な虚詞を研究し[52]、韓姣等は『呂観文進荘子義』の俗字を研究し[53]、王慧芳は『中国蔵黒水城漢文文献』の俗字と『敦煌俗字典』の俗字を比較研究し[54]、段利娟は元代黒水城漢文文献の時間詞を研究し[55]、白楊は元代黒

水城漢文文献の名量詞を研究し[56]，雷蓉は元代黒水城漢文文献の粮食作物の語彙を研究し[57]，呉清穎は俄蔵黒水城の非仏教漢文写本文献の字彙を研究する[58]など，多くの成果が相継いで世に問われている。

1.4. 医薬文献と医術の考釈

黒水城より出土した医薬文献の研究は，西夏学研究の一分野であり，出土文献の材料の整理と目録編纂をはじめとして，ロシア蔵，イギリス蔵，中国蔵等の文献が刊行されて後，徐々に規模を拡大させ，目下既に多くの研究成果を出してきてくる。2015 年に出版された『黒水城出土西夏文医薬文献整理与研究』[59]は，黒水城より出土した西夏語の医薬文献の体系的な整理と研究を行い，関連領域の空白を補填した。それは，西夏の医薬学を深く理解するにあたって重要な資料を提供するものであった。この基礎の上に，梁松涛の研究グループは，国家社科基金重大項目「出土西夏文渉医文献整理与研究」により，中国，ロシア，イギリス等の多くの博物館や研究機関に分散している西夏の医学関連の出土文献を広く収集整理し，西夏語による医術雑抄類文献の録文，標点，注釈，及びいくつかの研究を完成させ，ひとまとまりの論文を発表し，『出土西夏文医方雑抄類文献整理与研究』『出土西夏文医書文献整理与研究』『非医学文献（世俗文献類）中的渉医文献整理与研究』『非医学文献（仏教類）中的渉医文献整理与研究』等の 4 点の専著を完成させた[60]。鄢梁裕等は，薬の計量名に基いて，黒水城より出土した医薬方の由来を再論し[61]，黒水城文献に記載のある"大腹子"等について薬の考釈を行った[62]。そして，文献中に見られる薬について，考証や弁正と研究を行った。楊凡は，俄蔵黒水城文献に見られる西夏語の寒実証の処方について研究を行った[63]。陳隋は黒水城より出土した漢文の医薬文献を整理研究し，あわせて黒水城より出土した医薬に関わる文献の考究を行った[64]。梁松涛は西夏語の治熱病の医術，治雑病の医術を考察した[65]。

1.5. 宗教芸術と図像の解読

黒水城遺址から出土した宗教文献，版本や刻本，星神図像や絵画の数は極めて豊富であり，その様式は多様である。それらは西夏の芸術史や古代シルクロードにおける文化交流史を研究するにあたって不可欠な一次資料である。中国内外の学会が，この百年来，黒水城より出土した文献の宗教芸術と図像の解読が間断なく続けられ，次第にやや広い範囲での様式分類から精緻な個別研究へと転換していった。特に，この十数年においては，学界は黒水城より出土した西夏語の詩歌の翻訳や解釈，芸術上の価値と史料の考証，図像の解読，版画の残片の整理，仏教造像の探析等において，喜ぶべき成果を挙げてきた。たとえば，杜立暉の「日本天理図書館蔵一件黒水城元代文書考」[4]，閆中華の「黒水城出土西夏絹画《阿弥陀仏来迎図》中的華蓋意涵探究」[66]，楊浣等の「黒水城出土版画『釈迦牟尼仏説三帰依経処』与『釈迦摩尼仏説三賢劫経之処』的比較研究」[67]，廖暘の「11-15 世紀仏教芸術中的神系重構（三続）—星曜仏母与周辺神祇」[68]，田孟秋と楊浣の「黒水城出土西夏『阿弥陀仏接引図』中龍鳳紋仏衣考」[69]，邵軍と張国棟の「黒水城出土『禽鳥花卉図』考論——兼談西夏絵画芸術的創造性」[70]，崔紅芬等の「俄蔵黒水城漢文文献裱紙所渉西夏文残経考」「俄蔵黒水城漢文『報父母恩重経』巻首画解析」「黒水城遺存『父母恩重経』巻首画研究」[71]，文志勇の「英蔵黒水城出土文献西夏文『壇経』釈考」「"文殊騎獅像" 版画仏経考-以京都清涼寺与黒水城 TK289 文献所見

文殊真言為例」[72]，郭海鵬と周胤君の「俄蔵黒水城双頭仏造像探析」[73]，楊梅の「俄蔵黒水城出土浄土変絵画芸術研究及対絵画創作的指導」[74]等は，一定の影響力を有した成果である。

宗教文献研究と考釈の方面では，ペーター・ツィーメと楊富学等の「一杯涼水—黒水城出土突厥語景教文献」[75]，クチャノフ（Кычанов, Е. И.）と崔紅芬、文志勇による「俄蔵黒水城西夏文仏経叙録」[76]，趙陽の「西夏仏教霊験記探微—以黒水城出土〈高王観世音経〉為例」『俄蔵黒水城漢文仏教文学文献研究』「黒水城出土〈新集蔵経音義随函録〉探微」[77]，王三慶の「黒水城出土文献慈覚禅師著作及其相関問題研究」[78]，楼暁尉の「黒水城漢文仏教文献研究：以定名，目録為中心」[79]，宋坤の「四十年来黒水城漢文仏教文献研究的回顧与展望」『黒水城漢文蔵外仏教文献若干問題研究』[80]，陳広恩の「黒水城出土元代道教文書初探」[81]，趙小明の「従黒水城文献看元代的陰陽学教育」[82]，梁松涛の「黒水城出土 6539 号西夏文〈明堂灸経〉考釈」[83]，呉超と霍紅霞の『俄蔵黒水城漢文仏教文献釈録』[84]，聶鴻音の「黒水城出土"転女身経音"初釈」[85]，楊浣と段玉泉の「黒水城出土版画『釈迦牟尼仏説三帰依経処』与『釈迦摩尼仏説三賢劫経之処』的比較研究」[86]，王龍の「黒水城出土西夏文『十二縁生祥瑞経（巻下）』考釈」「黒水城出土西夏文『仏説大方広善巧方便経』考補」[87]，崔玉謙と崔玉静の「黒水城出土『仏説竺蘭陀心文経』題記相関問題考釈—以人物生平与疑偽経出版伝播為中心」[88]，李暁鳳の「黒水城出土『南華真経』与伝世宋本的比較研究」[89]等の成果が挙げられる。これらの成果は西夏語，漢語，モンゴル語，突厥語等の多様な言語の文献に基づき，仏教や景教，陽明学による教育等に関する問題に解読と考釈を行い，それらを学者等に利便性のある形で提供した。

1.6. シルクロードの多文化交流，環境史料の発掘と学際的な総合研究

黒水城は，シルクロードの重要な結節点に位置しており，多民族の文化の交わる重要な場所であった。黒水城より出土した文物や文献も，一定程度，多民族の文化の交流や混淆，また伝播の過程を反映しており，学際的研究のために重要な一次資料を提供している。近年，中国の学者は環境史，環境考古学，歴史地理学等の角度から，歴史地理学や環境学の研究方法を黒水城研究に取り入れ，遺址周辺の自然環境や生態の変化等から考察を加え，歴史文献の記載を併せることにより，環境変化が黒水城の盛衰に与えた影響を探求している。史志林は西夏と元の時代における黒河流域の水土資源の開発利用やそれを導いた要因を研究し[90]，佐藤貴保と馮培紅等は西夏末期の黒水城の状況を分析し[91]，孔徳翊はエジナ路の自然災害と居住民の活動空間を分析し[92]，王蕾は漢唐の河隴地域の関津と東西交通を研究し[93]，エフゲーニー・クチャノフ，史志林，頡耀文等は西夏の水利灌漑を研究し[94]，汪桂生は黒河流域の西暦紀元後におけるオアシス開墾の時間的空間的変化を研究し[95]，唐霞等は黒河流域の西暦紀元後の時代における日照りや冠水の特徴を解析し[96]，徐婕は西夏時代の自然災害を研究し[97]，王欣は黒水城の土地の売買契約を研究し[98]，趙海莉は西北出土文献に見られる民衆の生態環境の意識を研究し[99]，賈玉雪は西夏とモンゴル時代の黒河下流の歴史地理を研究し[100]史志林は，西夏と元の時代に黒河流域のオアシス開発あたって自然が推進した要因を研究した[101]。地理学や環境史や歴史地理学の角度から黒水城を学際的に研究することが推進され，旱魃地域の環境の変遷を研究やその複雑さを理解するにあたって，新たな考え方を提供した。

また，建築遺跡や出土文物や考古学的な発見を歴史学や文献学の研究等の裏付けとし，当時の都市の構成や建築様式，生産工芸，文化交流などの状況を復元し，西夏，漢，モンゴル等の民族間の

文化交流と混淆を探求した。それらは古代シルクロードにおける文化交流を研究するにあたり，重要な事例を提供している。たとえば，張雪愛の『夏元時期黒水城対外交流研究』[102]，陳広恩の「黒水城文書所見元朝対西北的経営—以亦集乃路為考察中心」[103]，孫継民の「黒水城金代漢文〈西北諸地馬歩軍編冊〉両個地名的考証」[104]，劉貴璽の『科兹洛夫〈蒙古，安多和死城哈喇浩特〉所載生物種類及其地方性知識的整理研究』[105]，司洋の『阿拉善地区城市空間形態演変研究』[106]があり，また魏曙光は黒水城遺址より出土したペルシア語文書を研究し[107]，杜建録の『出土文献所見夏元時期黒水城対外交流研究』[108]，智苛苛の「高中歴史課堂対多元一体民族観与文化観的塑造—以西夏黒水城文献与中華優秀伝統文化為例」[109]，許生根の「黒水城医薬文献所見西北辺疆地区民族交往交流交融」[110]と文献学や地理学と歴史学に基づいた『英蔵黒水城出土社会文書研究』[111]，楊富学の「黒水城文献的多民族性徵」[112]や張蓓蓓の「黒水城写本《勧学文》考釈—兼談亦集乃路的教育問題」の研究等がある[113]。

　ここで取り上げるべきは，ここ十数年の中国の学界は，黒水城に関連する問題を研究するのみならず，他国の研究を中国の学界に翻訳紹介し，国際交流と共同研究を積極的に推進する学者もいることだ。その代表的な成果が，烏云格日勒が翻訳した『黒水城両千年歴史研究』([日]井上充幸，加藤雄三，森谷一樹著)である。本書は日本の総合地球環境学研究所が主催するオアシス・プロジェクトの成果の1つであり，異なる専門領域の専門家10名の論文を集成したものである。それは，歴史学，考古学，地理学の論文を含み，黒河流域という特定の地域をめぐって異なる角度から異なる研究手法を運用し，2,000年余りの間に当地に起こった重大な歴史に対する考証と討論を行い，人類と自然の関係に解答を出すことを目指したものである[114]。

1.7. 文化遺産保護と開発利用

　黒水城遺址は，中国第五批全国重点文物保護単位である。中国政府と関連部門が一貫して関心を抱き，黒水城遺址の保護に力を入れ，大量の資金と人材を投入し，その保護と修復を行ってきた。2008年8月に始められた緊急措置としての黒水城遺址の補修と保護の第一期工程は，既に2017年の終わり頃に順調に終了した。第二期工程も既に全面的に起動しており，まとまった形での保護措置を執り行った。例えば，城墻を強化し，建築遺址を修復し，遺址周辺の環境を整備し，しばらくの間遺址を開放せずに修繕するなど，遺址の風化や浸食などの破壊を緩慢なものすることに効果があり，黒水城遺址の保存期間を延長させるに至った。

　エジナ旗は中国国家文物局の指導の下，2022年に居延遺址保護総体規画(2022—2040)を組織し，あわせて内モンゴル自治区級の評議審査を順調に通過した[115]。更に，文物の保護と管理において，文化財の保護と保安業務において局間合同で行う会議制度の役割を十分に発揮し，公安や私情監督管理等の部門と常に文化財への犯罪と闘い且つ防止するための特別な作戦をとり，科学技術によって防御する能力の構築を強化した。そして，マイクロ波遠隔伝送監視システムや駝峰文物(長城)保護隊，無人機の野外文物保護管理におけるシステムを強固な形で実施し，全面的に文物の保護を行って死角がないことを実現した。また，ある学者は世界遺産の角度から黒水城遺址の様々なレベルにおける内的要素を明らかにした[116]。

1.8. デジタル化技術の応用とリモートセンシングによる考古学研究

　デジタル人文と人工知能の時代の到来にともない，デジタル化技術を利用して黒水城文献を整理し研究することが新たな趨勢となってきた。文献のデジタル化による蓄積，検索と分析，遺址の 3D モデルの作成，測量と製図，デジタルアーカイブの構築は，遺址の保存と管理に利便性を提供し，文献の鑑定や版本研究にも新たな方法を提供した。そのほかにも，多学科の理論と方法に基づいた学際的な研究は，黒水城やその文献研究を更に開拓し，中国の学界の黒水城研究の新たな趨勢となった。たとえば，考古学，歴史学と文献学の融合，考古学と環境学，地理学，生態学の結合，3S 技術と考古学，文献学の結合，そして社会学，人類学，経済学等の多岐にわたる学科の結合である。それらは異なる角度から黒水城の歴史文化やその環境の変遷過程に客観的な解読を行った。この種の学際的な研究の方法は，学科の境界を打ち破る一助となり，より全面的且つ深く黒水城の歴史文化の内的要素と特徴を提示した。それに加えて，文物検査測定と分析技術に先進的な技術手法が採り入れられたことにより，黒水城より出土した文物に対して材質の分析や年代の測定等，文物の鑑定と保護に科学的な拠り所を提供した。

　リモートセンシングによる考古学は，目下国内においての発展は比較的順調であり，多くの遺址がリモートセンシングの考古学による探査測定と測量と製図を実施しようとしている。たとえば，中国社会科学院考古研究所，北京大学等が挙げられる。中国では，リモートセンシングによる考古学は主に次の 2 つの方面に見られる。1 つ目は，発掘区域とその周辺地区の空間データに対する地理情報システム（GIS）の機能を利用し，遺址をすべて GIS に取り込み，規画を統一させ，考古資料の整理と分析に利便性を提供した。2 つ目は，リモートセンシングによる測量と製図，ドローンや衛星画像の利用，赤外線画像や 3D モデルの作成等の方法を結合させ，遺址に精確な測量と製図を行い，ある時には更に地下探査を用いて地価の遺跡を発見した。内モンゴル大学の遥感考古団隊は，2019 年に黒水城遺址の東側で，無人機などの先進的な探査測定設備を利用し，遺址の区域にリモートセンシングによる探査測定を行い，UAV プラットフォームの直交光航空測量システムや 3D 斜方写真測量システム，熱赤外線カメラ，ハイパースペクトカメラおよび地中レーダー等の様々な低高度リモートセンシングによる検出方法利用し，居延遺址群の中心地域の古い遺址に広範囲にわたって航空測量と製図作成を展開実施し，それによって居延遺址の時空分布とその発展を体系的に再構築し，国内外の居延の考古，歴史地理，生態等の研究に重要なデータと基本的な空間参照のフレームを提供した[117]。ここ数年，リモートセンシング考古団隊は，改良された FasterR-CNN を利用し，Google Earth の高解像度画像からモンゴル高原の典型区域の方形古遺址を測定し，考古学研究の方法として無人機 LiDAR を神山の考古調査に応用し，LIDAR 考古学応用の「世界地図」をさらに拡張し，植物に覆われた地域の考古学研究と文化遺産保護に新しい方法と機会を提供した。また，国内の森林地区の遥感考古の研究のために，重要な実例となる参考を提供した[118]。胡寧科は，リモートセンシングの技術に基づいて黒河下流における西暦紀元後の人類が活動した遺跡に調査と研究を実施した基礎の上に立って，考古資料や野外調査報告，GIS 技術を結合させ，西暦紀元後における人類の活動した古の遺址のデータバンクを作り上げ，西暦紀元後の農業用灌漑システムを再建し，開墾の範囲を探求した[119]。李奇は光学リモートセンシングとレーダーリモートセンシングの技術を合わせて，レーダーの電磁波の伝播メカニズムと後方散乱係数の分析に基づき，レーダーの

侵入深度を測定し，レーダー侵入現象を定量的に浮き上がらせた。ArcGIS 空間分析の道具を利用し，SRTM DEM データと光ルミネッセンス年代測定（Optical Stimulated Luminescence Dating, OSL）のデータによって，居延沢の古湖盆区の定量化を完成させた[120]。孫暁輝は，光学リモートセンシングとレーダーリモートセンシングの技術を通して，当該地区の地域の表面分光反射率と表面や地下の散乱特性の変化規則を把握し，その地域の環境変化の過程を推測した[121]。烏力斯は，マルチソースリモートセンシングのデータや GIS 等の道具を利用して，古居延オアシスの西暦紀元後における水利システムの空間分布を再構築し，その発展過程を研究した[122]。劉千は黒水城のタンカの図像を研究対象とし，タンカの図像を主尊人物ごとに仏像，菩薩，供養人，祖師に四分類し，画像検出アルゴリズムの研究と画像検出システムの設計とを完成させた[123]。李涛は，中国内外の関連する化学分析がほとんど実施されないという背景のもと，マイクロレーザーラマン分光法とヘルツベルグ染色を利用し，黒水城遺址より出土した西夏時代の青と赤の染付紙の鑑定調査を行い，はじめて青と赤の染料はそれぞれインディゴとプルプリン（少量のアリザリンを含む）であり，インディゴを含む植物とアリザリン植物（アカネなど）に由来することを明らかにした[124]。趙婧は，超音波洗浄，電子顕微鏡による観察，羊毛の赤外線シグネチャーの比較，顕微鏡による観察，炭素 14 による年代測定分析と推測等の方法に基づき，黒水城遺址から出土した 2 点の織物断片に対して，繊維の鑑定，経年分析，年代測定，織物の構造等から詳しい分析と研究を行った。そして，絞編類の綾織の紋様を再現し，西夏から元の時代にかけて既に技術の成熟していた経綿や緯綿といった経典連珠紋や団窠紋類の紋様を模倣し，実験を繰り返し，最終的に伝統的な紋様の模倣を再現した[125]。張萍は情報化時代であることを踏まえ，シルクロードの歴史地理情報システムの構築を企画し，既存の学科の境界を打破することを提言した[126]。

2. 成果文献の可視化したグラフの分析

　更に深く黒水城研究の進展を理解するために，本稿では Cite Space を利用して，収集した文献に対して可視化したグラフの分析を行った。Cite Space は，文献を可視化してデータ分析を行うプログラムであり，様々な文献領域のキーワードや著者のグループや機関を分析して，文献相互の関係を探り当て，ビジュアルグラフィックを用いて視覚的に関連情報を示し，研究の注目ポイントと今後の進む方向，研究領域の科学的知識の発展状況を窺うのに用いられる。

　文献収集にあたっては，キーワードを"黒水城"，"黒城遺址"，"黒水城文献"，"西夏文献"とし，CNKI 等の複数のプラットフォームも利用した。そして，中国国内の学者による黒水城研究の成果を整理した。データは中国知網（CNKI）掲載の文献から選び，その範囲は 2012 年から 2024 年までとした。学術会議以外の会議や関係のない文献等は人為的に除外することにより，最終的に獲得されたデータは 187 篇の文章となった。作者，標題，摘要，キーワード，出版元の文献情報をダウンロードし，出版された文献数，機関や学科の分布，作者の分析，研究の注目点等の方面から，研究の進展状況を観察整理した。

2.1. 発表された文献の数量分析

　Cite Space の可視化分析によると，ここ十数年における黒水城に関して発表された文献の数は全

体的に増加している。2012年から2024年の間に発表された文献量は増加の傾向を見せており，2014年から2018年までと2019年から2021年までは，当該領域の発表文章の量が加速的に増加した時期にあたる。中でも2021年の文章の数は最も多く，その後は乱高下して下がってきている（図2）。

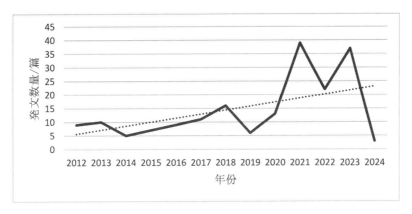

図2. 2012年から2024年の間に黒水城関連の研究領域において発表された文章の数量変化図

2.2. 機関の分布

　Cite Spaceの可視化分析によると，黒水城研究の機関の上位三校は，寧夏大学，河北師範大学，河北大学である。そのうち，寧夏大学が19.79%を占め，発表文章は37篇である。河北師範大学の発表文章は12篇であり，全体の文章量に占める割合は6.42%である。河北大学は5.88%であり，発表文章は11篇である（図3）。

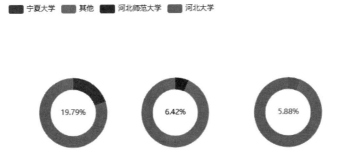

図3. 2012年から2024年の間に黒水城関連の研究成果を出した機関の分布図

2.3. 学科分布

　Cite Spaceの可視化分析によると，黒水城を研究する学科は，主に考古学，中国古代史，中国語言文学，図書情報とデジタル図書館，及び宗教学である。その中，考古学科の発表した文章は72篇であり，38.5%という最も多い割合を占める。その次が中国古代史の68篇であり，全体の36.36%を占める。中国語言文学は全体の文章の24.06%を占め，発表文章は45篇であり，第3番目に名を連ね

ている（図4）。

図4. 2012年から2024年の間に黒水城関連の研究成果を出した学科の分布図

3.4. 著者分析

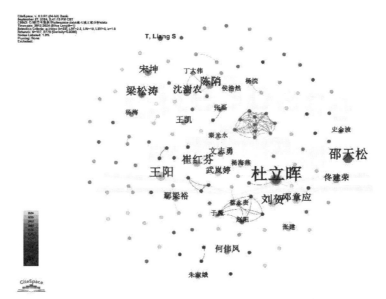

図5. 2012年から2024年の間に黒水城関連の研究成果を出した著者の共起分布図

　文献著者に対する分析を通して，当該領域の傑出した推進者や著者同士の協力関係がより理解される。図5から分かるように，グラフには合計137個のノードと79個の結合があり，ネットワーク密度は0.0085である。また，線は著者同士の協力関係を表している。図5より，文章を発表した著者の主要なグループは，山東師範大学の杜立暉と河北大学の梁松涛であり，主に中国古代史を研究し，黒水城文献の分析を行っている。江蘇第二師範学院の邵天松，商丘師範学院の王陽，寧夏大学の劉賀は，研究領域は中国語言文字であり，主に黒水城文献の語彙研究に焦点を当てている。南京中医薬大学江蘇省中医薬博物館の陳陌，南京中医薬大学の沈澍農，江蘇省中医院の丁大偉は，黒水城の医薬文献について研究を行っている。上海師範大学の崔紅芬と河北師範大学の宋坤は，主に黒水城の宗教関係の文献を分析している。それぞれのグループ間の関係は強いわけではないが，

グループ内部の繋がりは強く，江蘇省中医院の丁大偉，陳澍農，陳陶等のグループが最も顕著である。

3.5. 研究の焦点

主に Cite Space の作り出したキーワードの共現グラフを利用して，キーワードに対してホットスポット分析を実施した。時間幅は 2012 年から 2024 年の間に設定し，1 年ごとにデータを切り分けた。共現結果は図 6 に示されている。キーワードの共現グラフの中では，いずれのノードも 1 つのキーワードを表しており，ノードが大きくなればなるほどキーワードの名も大きくなる。それは，そのキーワードの出現頻度がますます高くなっていることを示している。ノード間の繋がりの線は，キーワード間に関連の有無を表しており，繋がりの線があればキーワード間の関連性を示しており，キーワードのノード間の線は共現関係を表している。図 6 から分かるように，黒水城研究において高い頻度で出てくるキーワードは，黒水城，西夏，元代，西夏文，俗字等である。そのうち，黒水城は 72 回出現しており，最も高い頻度のキーワードである。その次が西夏であり，26 回出現する。元代は 17 回であり，西夏文は 7 回である。俗字，語言文字考釈，宗教学分析，医薬学分析，またシルクロードといった学際研究は，ここ十年において主な焦点となってきた領域である。

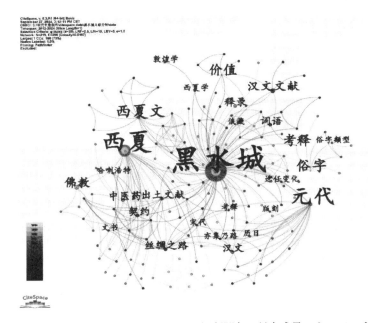

図 6. 2012 年から 2024 年の間に黒水城関連の研究成果のキーワード共起関係図

おわりに

以上をまとめるに，ここ十年における中国国内の黒水城への研究は，文献整理，歴史研究，学際的な総合研究，研究方法の更新等の方面において顕著な進展を見せた。黒水城の歴史文化価値を深く理解し，関連学科の発展を推進するために，重要な貢献をなした。それはまた，今後の研究に堅

実な基盤を築くものでもあった。

　しかし，同時に見受けられるのは，黒水城研究にはなお足りない個所や更に深く研究すべき領域があることだ。主要な個所は以下の通りである。

　第一に，出土文献の整理と研究の出版物は，大量の校勘や考釈等を行ったとはいえ，それらは原巻写本の発表が主であり，十分な時間と労力を費やして残片の文字を１つ１つ解読してはいない。これは，編者の正確に文献内容を判定することへの直接的な阻害となっている。そのため，今後この方面の研究を深める必要がある。ロシア蔵，イギリス蔵，中国蔵の三大黒水城文献のうち，学界の関心が比較的多く注がれたのは，俄蔵文献であった。しかし，イギリス蔵文献と中国蔵文献はゆるがせにされている。特に，大量の元代漢文密教文献は今なお人々の関心の対象外に置かれている。

　第二に，学際研究の方面では，異なる学科がそれぞれの差異や特徴，学者自身の背景知識の限界があるため，黒水城の学際的な総合研究の深みと広さのいずれにも不足するところがある。例えば，環境史や歴史地理学や地域環境の変遷研究からの成果は僅少である。

　第三に，研究技術の手段や方法において，デジタル化技術と現代の空間技術の利用は，黒水城文献の整理と研究において新たな趨勢となったが，目下なお初歩の段階にある。たとえば，ライダー（LiDAR）技術は中央アメリカ（マヤ遺跡）と南アジア（アンコール・ワット）の熱帯森林地区の考古学研究において重要な役割を発揮し，多くの重要な成果を挙げている。欧米等の地域でも比較的広く考古学的な応用がなされている。しかし，中国国内の考古学研究では，LiDAR の応用や報道は少ない。さらに，その研究成果への応用転化も強く俟たれている。

　ここに述べておくべきこととして，本論は，CNKI を中心としてここ十数年における中国の学界の黒水城関連研究の成果を収集してとりまとめ，分析したものであり，その他の関連する成果に疎漏があることは免れない。Cite Space の可視化グラフに基づく分析も，収集し得た文献に限られため，恐らくは実際の研究状況とは多少の差異があるだろう。今後の研究において更なる改善を期する所以である。

註

1　杜麗暉『元代地方行政運作研究』（上海古籍出版社，2021 年）。
2　「郭沫若中国歴史学奨評奨結果公告北京」（『人民日報』2023 年 10 月 20 日）。
3　杜立暉「従黒水城文献看元代俸禄制度的運作」（『敦煌学輯刊』2013 年第 4 期，pp.86-97）。
4　杜立暉「日本天理図書館蔵一件黒水城元代文書考」（『敦煌研究』2022 年 3 号、pp.94-103）。
5　杜立暉「黒水城西夏南辺権場使文書所見"替頭"考」（『文献』2017 年 3 号，pp.20-31）
6　杜立暉「黒水城元代収付文書考」（『寧夏社会科学』2024 年 3 号，pp.193-200）。同「黒水城文書与元代銭粮考較制度」（『首都師範大学学報（社会科学版）』2012 年 4 期，pp.1-8）。同「黒水城元代漢文軍政文書研究」（『歴史教学（下半月刊）』20163），p.73）。同「黒水城文献所見元代地方倉庫官選任制度的変化」（『西夏学』第 11 輯，2015 年，pp.270-276）。同「黒水城西夏漢文南辺権場使文書補考」（『寧夏社会科学』2014 年 1 号，pp.100-107）。同「黒水城西夏漢文南辺権場使文書補考」（『寧夏社会科学』2014 年第 1 期，pp.100-107）。同「黒水城所出元代録事司文書考」（『文献』2013 年第 6 期，pp.52-58）。同「黒水城元代漢文軍政文書的数量構成及其価値」（『寧夏社会科学』2012 年 2 号，pp.118-121）。同「黒水城文献所見元代亦集乃路的機構建制与運作機制」（『敦煌研究』2017 年 2 号，pp.125-134）。同「黒水城文献所見元代付身考——兼論宋元付身制度的承襲与変化」（『内蒙古社会科学（漢文版）』2016 年 37 巻 2 号，pp.63-70）。杜立暉，付春梅「元代河西隴北道粛政廉訪司分司的設置与運

作――以黒水城文献為中心」（『寧夏社会科学』2017 年 3 号，pp.197-202）。

7　李橋「俄蔵黒水城西夏《光定十三年千戸劉寨殺了人口状》新証」（『古籍整理研究学刊』2021 年 1 号，pp.11-19）。

8　王陽「黒水城元代戸籍与賦税文書校読拾遺」（『文博』2023 年 5 号，pp.80-85）。

9　王陽，馬雨「中国蔵黒水城元代漢文法律文書校読拾遺」（『平頂山学院学報』2023 年 38 巻 4 号，pp.45-48）。

10　陳朝輝「黒水城文書所見元代公文伝逓――以至元三十一年提調銭粮文巻為中心」（『西夏研究』2021 年 4 号，pp.96-99）。

11　格根珠拉「西夏時期黒水城地方行政建置及職官考述」（『内蒙古社会科学』2023 年 44 巻 4 号，pp.102-109）。

12　杜立暉「黒水城文献所見元代倉庫的納粮流程」（『宋史研究論叢』2018 年 2 号，pp.395-406）。

13　尤樺，馮倩「書信中的元代地方吏治管窺――以黒水城出土元代 M1.1074 号書信文書為例」（『寧夏大学学報（人文社会科学版）』2023 年 45 巻 3 号，pp.141-145）。

14　宋坤「黒水城所出識認状問題浅探」（『西夏研究』2014 年 3 号，pp.16-22）。

15　羅将「制定法与習慣法:唐宋与西夏的比較研究――以敦煌，黒水城契約文書為中心」（『天水師範学院学報』2023 年 43 巻 4 号，pp.44-51）。

16　趙小明「黒水城出土《推神亀走失法第二》研究――兼論中国古代的占失物（走失）習俗」（『凱里学院学報』2022 年 40 巻 4 号，pp.50-57）。

17　蘇紅『黒水城出土占卜文献与当文化新探』（河北大学，2021 年）。

18　秦光永「俄蔵黒水城文献《謹算》所載星禽術釈読」（『中華文史論叢』2022 年第 2 期）。

19　秦光永「歩星以暦：黒水城出土文献中的“符天類”星暦」（『文史』2021 年 2 号，pp.185-201）。

20　何偉鳳『黒水城出土元代暦日研究』（寧夏大学，2019 年）。

21　張建「黒水城出土《西夏乾祐十一年具注暦日》年代再考」（『西夏学』2023 年 1 号，pp.193-204）。

22　靳志佳「俄蔵黒水城文書 5722 中的十一曜位置探析」（『中国科技史雑志』2021 年 42 巻 2 号，pp.215-224）。

23　裴海霞「従黒水城出土文物談西夏時期黒水城人文社会」（『絲綢之路』2013 年 12 号，pp.16-19）。

24　丁君涛「古絲綢之路上黒水城出土元代婚契研究」（『西北民族研究』2019 年 4 号，pp.188-198）。

25　楊浣，魏雨萌「中国蔵黒水城漢文文献 M1·1460 考」（『敦煌研究』2023 年 6 号，pp.74-82）。

26　束錫紅『黒水城西夏文献研究』（商務印書館出版社，2013 年）。

27　「英蔵及俄蔵黒水城漢文文献整理」（『歴史教学（下半月刊）』2015 年 12 号，p.73）。

28　梁松涛『黒水城出土西夏文医薬文献整理与研究』（社会科学文献出版社，2015 年）。国家社科基金重大項目「出土西夏文渉医文献整理与研究」結題鑑定会順利挙行－河北大学宋史研究中心（hbu.cn）.[EB/OL].（2022-07-11）.https://sszx.hbu.cn/zxyw/1249.jhtml.htm.

29　2015 年，考古人員発現西夏文古書，書中的諺語可以譲我們頓悟人生－知乎　（zhihu.com）.[EB/OL].（2022-11-07）.https://www.sohu.com/a/603395874_411416.htm.

30　杜建録『中国蔵黒水城漢文文献整理研究』（人民出版社，2016 年）。

31　孫継民，宋坤，陳瑞青，杜立暉等編『中国蔵黒水城漢文文献整理与研究』（中国社会科学出版社，2016 年）。

32　張玉海「黒水城漢文文献整理与研究的典範――評孫継民等著『中国蔵黒水城漢文文献的整理与研究』」（『河北学刊』2018 年 38 巻 3 号，p.226）。

33　王龍『黒水城出土西夏律蔵研究』（甘粛文化出版社，2022 年）。

34　杜建録，伊琳娜・波波娃『俄蔵黒水城漢文文献叙録』（甘粛文化出版社，2023 年）。

35　荘電一「英蔵西夏珍貴文献資料整理面世」（『光明日報』，2003 年 6 月 14 日）。

36　趙江紅「黒水城出土《台司妙纂選択元亀》刻本残頁考」（『国学学刊』2023 年 1 号，pp.54-58，p.138）。

37　崔紅芬「俄蔵黒水城漢文文献裱紙所渉西夏文残経考」（『西夏研究』2023 年 2 号，pp.28-36）。

38　崔紅芬「俄蔵黒水城漢文文献残頁内容考補」（『敦煌吐魯番研究』2023 年 22 巻，pp.321-344）。

39　張建「黒水城出土佧蔵 Инв.No.2546 号西夏具注暦日残片考」（『西夏研究』2022 年第 3 期，pp.26-31）。

40　何偉鳳「対黒水城出土授時暦日“紀年”残頁考」（『西夏研究』2021 年第 2 期）。

41　秦樺林「黒水城出土宋刻《初学記》残頁版本考――兼論宋元時期江南至塞外的“書籍之路”」（『浙江大学学報（人文社会科学版）』2016 年 46 巻 2 号，pp.28-38）。

42　余格格「黒水城出土両件堪輿書残頁考――兼論宋元時期地理術」（『西夏学』2023 年 2 号，pp.234-241）。

43 陳希「俄蔵4489号西夏推禄命文書考釈」(『西夏学』2023年1号，pp.144-156)。

44 宋兆輝「俄蔵黒水城出土8071号文書残頁考釈」(『西夏学』2021年1号，pp.210-219)。

45 佟建栄「黒水城出土版刻研究中的幾個問題探討」(『西夏学』2021年第1期，pp.150-156)。

46 蔡永貴『俄蔵黒水城漢文文献俗字研究』(寧夏人民出版社，2018年)。

47 邵天松『黒水城出土宋代漢文社会文献詞彙研究』(南京師範大学，2016年)。

48 劉賀，鄧章応「黒水城漢文文献疑難俗字考釈八則」(『古漢語研究』2024年第1期，pp.48-55)。同「黒水城漢文文献漢字構件演変探析」(『西夏学』2022年第1期，pp.149-157)。同「俄蔵黒水城漢文仏経疑難字考釈三則」(『中国語文』2022年第2期，pp.234-236)。同「黒水城漢文文献同形字弁析十二則」(『西夏学』2021年第1期，pp.237-245)。

49 武嵐婷「黒水城元代漢文社会文書詞語考釈与『漢語大詞典』商補」(『漢字文化』2023年第21期，pp.99-102)。同『中国蔵黒水城元代漢文社会文書詞彙研究』(北方民族大学，2023年)。武嵐婷，楊海燕「中国蔵黒水城漢文文献社会文書新詞例釈」(『収蔵』2023年第3期，pp.89-92)。

50 李欣『元代黒水城出土漢文文書対象介詞研究』(山西大学，2023年)。

51 劉洋『元代黒水城漢文文書単音節性質形容詞研究』(山西大学，2023年)。

52 楊海燕『中国蔵黒水城元代漢文社会文書重要虚詞研究』(北方民族大学，2023年)。

53 韓姣，蔡永貴「俄蔵黒水城文献《呂観文進荘子義》俗字研究」(『寧夏師範学院学報』2022年43巻9期，pp.41-49)。

54 王慧芳『「中国蔵黒水城漢文文献」俗字与「敦煌俗字典」俗字比較研究』(寧夏大学，2021年)。

55 段利娟『元代黒水城漢文文献時間詞研究』(山西大学，2021年)。

56 白楊『元代黒水城漢文文献名量詞研究』(山西大学，2021年)。

57 雷蓉『元代黒水城漢文文献粮食作物詞研究』(山西大学，2021年)。

58 呉清穎『俄蔵黒水城非仏教漢文写本文献字詞研究』(南京師範大学，2021年)。

59 梁松涛『黒水城出土西夏文医薬文献整理与研究』(社会科学文献出版社，2015年)。

60 国家社科基金重大項目「出土西夏文涉医文献整理与研究」結題鑑定会順利挙行－河北大学宋史研究中心 (hbu.cn) (2022-7-11) https://www.hbu.edu.cn/info/1096/16624.htm.

61 鄢梁裕，崔為「基於薬物計量名再論黒水城出土医薬方来源」(『西夏学』2022年第1期，pp.158-167)。

62 鄢梁裕，恵宏「黒水城文献所載"大腹子"等薬物考釈」(『西夏研究』2021年第1期，pp.3-7)。

63 楊凡『俄蔵黒水城文献所見西夏文寒実証方剤研究』(河北師範大学，2022年)。

64 陳陌『黒水城出土漢文医薬文献整理与相関研究』(南京中医薬大学，2020年)。

65 梁松涛「黒水城出土4則西夏文治熱病医方考述」『河北中医』(2018年第40巻第6期，pp.938-941)。同「黒水城出土二則西夏文治雑病医方考」『浙江中医薬大学学報』(2018年第42巻第2期，pp.131-134)。

66 閆中華「黒水城出土西夏絹画《阿弥陀仏来迎図》中的華蓋意涵探究」(『西夏研究』2020年第3期，pp.64-71)。

67 楊浣，段玉泉「黒水城出土版画『釈迦牟尼仏説三帰依経処』与『釈迦摩尼仏説三賢劫経之処』的比較研究」(『西夏研究』2019年第2期，pp.8-12)。

68 廖暘「11-15世紀仏教芸術中的神系重構(三続)——星曜仏母与周辺神祇」(『故宮博物院院刊』2021年第1期，pp.52-67，p.110)。

69 田孟秋，楊浣，任懐晟「黒水城出土西夏《阿弥陀仏接引図》中龍鳳紋仏衣考」(『西夏研究』2020年第2期，pp.65-72)。

70 邵軍，張国棟「黒水城出土《禽鳥花卉図》考論——兼談西夏絵画芸術的創造性」(『芸術探索』2023年第37巻第1期，pp.17-26)。

71 崔紅芬「俄蔵黒水城漢文文献裱紙所涉西夏文残経考」(『西夏研究』2023年2期，pp.28-36)。崔紅芬，文志勇「俄蔵黒水城漢文『報父母恩重経』巻首画解析」(『青海民族研究』2021年第32巻第2期，pp.204-212)。

72 文志勇「英蔵黒水城出土文献西夏文《壇経》釈考」(『西夏研究』2021年第2期，pp.3-8)。王小蕾「"文殊騎獅像"版画仏経考——以京都清凉寺与黒水城TK289文献所見文殊真言為例」(『五台山研究』2018年第1期，pp.47-52)。

73 郭海鵬，周胤君「俄蔵黒水城双頭仏造像探析」(『天津美術学院学報』2021年第4期，pp.59-62)。

74 楊梅「俄蔵黒水城出土浄土変絵画芸術研究及対絵画創作的指導」(寧夏大学，2021年)。

75 茨黙，楊富学，彭暁静「一杯涼水——黒水城出土突厥語景教文献」(『西夏研究』2016年第2期，pp.34-

76 葉・伊・克恰諾夫，崔紅芬「《俄蔵黒水城西夏文仏経文献叙録・緒論》」（『西夏研究』2011 年第 4 期，pp.20-29）。

77 趙陽「西夏仏教霊験記探微──以黒水城出土『高王観世音経』為例」（『敦煌学輯刊』2016 年第 3 期，pp.69-79）。同『俄蔵黒水城漢文仏教文学文献研究』（蘭州大学，2019 年）。同「黒水城出土『新集蔵経音義随函録』探微」（『吐魯番学研究』2016 年第 1 期，pp.33-40）。

78 王三慶「黒水城出土文献慈覚禅師著作及其相関問題研究」（『中古中国研究』2023 年第 4 期，pp.23-49）。

79 楼暁尉『黒水城漢文仏教文献研究：以定名，目録為中心』（hbu.cn）．（2018-06-11）.https://www.jcedu.org/201806/1029.html

80 宋坤「四十年来黒水城漢文仏教文献研究的回顧与展望」（『西夏研究』2019 年第 1 期，pp.73-79）。同『黒水城漢文蔵外仏教文献若干問題研究』（甘粛人民出版社，2020 年）。

81 陳広恩「黒水城出土元代道教文書初探」（『寧夏社会科学』2015 年第 3 期，pp.125-129）。

82 趙小明「従黒水城文献看元代的陰陽学教育」（『衡陽師範学院学報』2016 年第 37 巻第 1 期，pp.108-112）。

83 梁松涛「黒水城出土 6539 号西夏文『明堂灸経』考釈」（『敦煌学輯刊』2019 年第 3 期，pp.48-58）。

84 呉超，霍紅霞『俄蔵黒水城漢文仏教文献釈録』（学苑出版社，2020 年）。

85 聶鴻音「黒水城出土"転女身経音"初釈」（『北方民族大学学報（哲学社会科学版）』2016 年第 1 期，pp.74-77）。

86 楊浣，段玉泉「黒水城出土版画『釈迦牟尼仏説三帰依経処』与『釈迦摩尼仏説三賢劫経之処』的比較研究」（『西夏研究』2019 年第 2 期，pp.8-12）。

87 王龍「黒水城出土西夏文『十二縁生祥瑞経（巻下）』考釈」（『西夏研究』2016 年第 2 期，pp.14-27）。同「黒水城出土西夏文『仏説大方広善巧方便経』考補」（『図書館理論与実践』2016 年第 7 期，pp.110-112）。

88 崔玉謙，崔玉静「黒水城出土《仏説竺蘭陀心文経》題記相関問題考釈──以人物生平与疑偽経出版伝播為中心」（『宋史研究論叢』2016 年第 1 期，pp.465-489）。

89 李暁鳳「黒水城出土《南華真経》与伝世宋本的比較研究」（『西夏研究』2017 年第 3 期，pp.23-27）。

90 史志林『西夏元時期黒河流域水土資源開発利用及駆動因素研究』（蘭州大学，2013 年）。

91 佐藤貴保，馮培紅，王蕾「西夏末期黒水城的状況──従両件西夏文文書談起」（『敦煌学輯刊』2013 年第 1 期，pp.163-180）。

92 孔徳翊「黒城文書所見亦集乃路自然災害」（『西夏研究』2013 年第 2 期，pp.13-18）。

93 王蕾『漢唐河隴関津与東西交通』（蘭州大学，2014 年）。

94 葉夫根尼・克恰諾夫，史志林，頡耀文，汪桂生「西夏国的水利灌漑」（『敦煌学輯刊』2014 年第 2 期，pp.168-176）。

95 汪桂生『黒河流域歴史時期墾殖緑洲時空変化与駆動機制研究』（蘭州大学，2014 年）。

96 唐霞，張志強「基於文献記録的黒河流域歴史時期旱澇特徴分析」（『冰川凍土』2017 年第 39 巻第 3 期，pp.490-497）。

97 徐婕，胡祥琴「西夏時期的自然災害及撰述」（『西夏研究』2017 年第 2 期，pp.44-50）。

98 王欣『黒水城土地買売契約研究』（甘粛政法大学，2022 年）。

99 趙海莉『西北出土文献中蘊含的民衆生態環境意識研究』（西北師範大学，2016 年）。

100 賈玉雪『西夏蒙元時期黒河下遊歴史地理研究』（西北大学，2018 年）。

101 史志林，楊誼時，汪桂生，董斌「西夏元時期黒河流域緑洲開発的自然駆動因素研究」（『西夏学』（第十一輯），寧夏大学西夏学研究院，2015 年第 9 期）。

102 張雪愛『出土文献所見元時期黒水城対外交流研究』（寧夏大学，2017 年）。

103 陳広恩「黒水城文書所見元朝対西北的経営──以亦集乃路為考察中心」（『西夏学』2018 年第 1 期，pp.167-177）。

104 孫継民「黒水城金代漢文《西北諸地馬歩軍編冊》両個地名的考証」（『敦煌吐魯番研究』2015 年第 14 巻第 1 期，pp.349-353）。

105 劉貴璽『科兹洛夫「蒙古，安多和死城哈喇浩特」所載生物種類及其地方性知識的整理研究』（内蒙古師範大学，2021 年）。

106 司洋『阿拉善地区城市空間形態演変研究』（内蒙古工業大学，2019 年）。

107 魏曙光「黒水城遺址出土 F20:W63a 文書研究」(『赤峰学院学報（漢文哲学社会科学版）』2022 年第 43 巻第 3 期，pp.94-95)。

108 張雪愛、前掲『出土文献所見夏元時期黒水城対外交流研究』。

109 智苛苛「高中歴史課堂対多元一体民族観与文化観的塑造——以西夏黒水城文献与中華優秀伝統文化為例」(『2023 年第二届生活教育学術論壇論文集』，中国陶行知研究会，2023 年 4 月)。

110 許生根「黒水城医薬文献所見西北辺疆地区民族交往交流交融」(『西夏研究』2021 年第 4 期，pp.106-109)。

111 許生根『英蔵黒水城出土社会文書研究』(新華出版社，2018 年)。

112 楊富学，樊麗沙「黒水城文献的多民族性徴」(『敦煌研究』2012 年第 2 期，pp.1-8)。

113 張蓓蓓「黒水城写本《勧学文》考釈——兼談亦集乃路的教育問題」(『敦煌学輯刊』2020 年第 2 期，pp.140-149)。

114 烏云格日勒『黒水城両千年歴史研究』(中国人民大学出版社，2013 年)。

115 居延文化研究中心組織専家組考察居延遺址－深度閲読－ (silkroads.org.cn)．(2021-12-01)．http://www.silkroads.org.cn/portal.php?mod=view&aid=54107.

116 朱桂鳳「従世界遺産角度解読黒水城遺址的多層次内涵」(『西夏学』2018 年第 2 期，pp.136-143)。

117 孟和套格套「時間停留在永恒的黒城遺址_内蒙古」(2019-09-04)．https://www.sohu.com/a/338551087_772510.htm.

118 Z Li.New opportunities for archaeological research in the Greater Ghingan Range, China: Application of UAV LiDAR in the archaeological survey of the Shenshan Mountain[J].Journal of Archaeological Science: Reports,2023,51: 104182. W Li, Z Li, Y Wei, C Gong, M Zhang,LChen. Square ancient sites detection in typical- regions of the Mongolian plateau using improved faster R-CNN from Google Earth high-resolution images[J].International Journal of Remote Sensing, 2023,44 (17) :5207-5227. 内蒙古師範大学「蒙古歴史学系李哲副研究員在国際著名考古期刊発表最新研究成果-内蒙古大学新聞網」[EB/OL]．(imu.edu.cn)．(2023-10-8)．https://www.163.com/dy/ article/IGHEH7G80514DENH.html.

119 胡寧科『黒河下遊歴史時期人類活動遺迹的遥感調査研究』(蘭州大学，2014 年)。

120 李奇『基於遥感技術的居延沢地区次地表特徴探測及環境演化研究』(長安大学，2015 年)。

121 孫暁輝『居延沢古湖盆区地表/次地表特徴遥感探測与初歩分析』(長安大学，2017 年)。

122 劉千『西夏黒水城唐卡図像検索系統研究与実現』(寧夏大学，2019 年)。

123 李涛「黒水城遺址出土西夏時期染色紙張的分析」(『西夏研究』2017 年 3 期，pp.3-14)。

124 趙婧『内蒙黒水城遺址出土紡績品的測試分析与古代紋様的重現』(北京服装学院，2017 年)。

125 張萍「絲綢之路歴史地理信息系統建設的構想及其価値与意義」(『陝西師範大学学報（哲学社会科学版）』2016 年 45 巻 1 期，pp.5-11)。

126 「百年西夏考古的回顧与思考」中国社会科学網 (2022-06-02)．https://baijiahao.baidu.com/s?id=1734488372418164346&wfr=spider&for=pc.htm.

ハルハ河戦争の停戦はソ連，日本のいずれの側が先に提案したか

田中 克彦（Katsuhiko Tanaka）

1. ノモンハン戦争は 1939 年 5 月 11 日に始まり，9 月 15 日（モスクワ時間 16 日午後 3 時）に，日・ソ双方間に停戦協定が結ばれ，終結した。しかしすでに「7 月中旬ごろから，日本政府内には停戦を求める動きがあり，8 月 22 日に至り，モスクワもまた日ソ国境正常化を希望していることが判明した。」（防衛庁防衛研修所戦史室『関東軍 (1)：対ソ戦備・ノモンハン事件』（戦史叢書）朝雲新聞社，1969 年，729 頁）

　日本政府が停戦を考えたのは，戦場における兵士の死傷がいちじるしかったからであるが，現地の関東軍は依然戦闘を続行するかまえであった。8 月 20 日には，ほとんど壊滅に瀕した第 23 師団に代わって，第 6 軍を編成して新たに攻撃を準備した。

2. 一方モスクワもまた停戦を希望していることが明らかになった。8 月 22 日ヒトラー・ドイツの外相リッベントロプがモスクワに飛んで，スターリンとモロトフ首相と会談し，独ソ不可侵条約の締結を求め，翌 8 月 23 日には，独ソ不可侵条約が世界に公表されたのである。

　日本はその 3 年前の 1936 年 11 月 25 日にドイツとの間に日独防共協定を結んでいたので，盟友ドイツが日本とハルハ河で交戦中の敵であるソ連と不可侵条約を結んだというので，日本政府は大混乱に陥った。この状態の中で時の平沼内閣は 8 月 28 日に総辞職をした。ソ連とドイツの同盟がいかにショックであったかは，平沼が「欧州の情勢は複雑怪奇！」とのことばを残して政界を去ったことは，深く記憶され，学校の教科書にも引用された。

　この協定，独ソ不可侵条約に基づいて 9 月 1 日，ドイツはポーランドを侵略して西半分を支配下におさめ，9 月 16 日，ソ連はハルハ河の日本との停戦協定の成立を待ち，その翌 17 日，急いでポーランドの西半分を占領下に置いたのである。

3. こうしたヨーロッパにおける動きを，戦場の日本兵はかなりよく知っていて，戦争は終わり，自分たちは帰国できると予測して明るい空気が流れていたことは兵士たちの日記から明らかである。

　ここで当時の戦場の日本兵の状態について述べておきたい。日本兵のもとには，日本の家族から，新聞・雑誌などの慰問品が送られ，かれらは自由に，これらの刊行物からニュースを手に入れていた。また，兵士たちは戦場の記録を自分ために残そうと熱心に日記をつけていた。また多くの兵士たちは，日本人の伝統的な習性である俳句，短歌などの詩作品を創作する好みをもっていた。機会があれば戦争体験を記録した作品の評価を得て，作家になろうと志す者もいた。こうした日本兵の文学愛好癖は，太平洋戦争中もずっと続き，捕虜になったり，戦没兵の残した記録から得た情報はアメリカ軍の作戦を大いに利したのである。これらの戦場記録を読み解く作業に従事したドナルド・キーン氏は，戦後，アメリカで最もよく知られた日本文学研究者となった。キーンはその後日本の国籍を取得し，東京の墓地に骨を埋めた。

4. さて，東京は8月23日に独ソ不可侵条約が結ばれたとの情報に基づき，8月30日に，関東軍に対して「作戦を中止」するよう求め，さらに9月2日「攻撃中止」を電報により命じた。関東軍は東京の命令に反論し，すぐには命令に従わなかったが，東京は9月6日，「ソ連との外交交渉に入る」と理由を示し，停戦命令を徹底した。じじつ，9月9日には日本の外務省はモスクワの東郷大使に停戦をソ連側に申し入れるよう命じている。

以上の日・ソ双方の動きを見ると，

第一に，日本側には戦闘を続行したいという軍の動きと同時に，停戦を求める政府全般の動きが強くあった。

第二に，ソ連側には，ドイツ側から突如，ポーランドを分割するための不可侵条約の提案を受けて，ハルハ河の戦闘停止を急がなければならない理由があった。ソ連はハルハ河に展開した戦力を，急ぎヨーロッパに移し，もう一つの新たな戦闘に集中する必要があった。

このように，ハルハ河における戦争を停止することは双方の希望であり，それが一致したので停戦が実現した。

このように公式には「双方が一致した」と記されるが，一方はハルハ河の戦闘を停止することのみが念頭にあったが，他方は，もう一つのより重要な新しい戦争のために，ハルハ河の戦闘を中止したのである。

モンゴルと東北アジア研究 Vol. 10（2025）

満洲国通信社のハルハ河戦争についての報道
——日本の情報戦の最前線——

二木 博史（Hiroshi Futaki）

はじめに

　小論では，満洲国通信社のハルハ河戦争の報道について，おもに『ノモンハン事件の真相（1）』（1939.08.05）および『満蒙国境戦線　ノモンハン事件の真相　第2輯』（1939.11.10）の2冊の本をてがかりに，いくつかの問題をとりあげる。2冊はいずれも当時の満洲国の首都新京（現在の長春）で満洲国通信社出版部により刊行されたもので，日本国内では一部の図書館に所蔵されているものの，2冊ともそろえている図書館はなく，比較的利用しにくい文献に属し（第2輯は国会図書館により，デジタル版が公開されている），ハルハ河戦争の研究のなかで本格的にとりあげられたことはない。

　両書とも基本的に時系列にそって記述がなされており，第1輯にあたる『ノモンハン事件の真相（1）』は満洲国総務庁弘報処が編纂したもので，1939年5月4日から7月27日までの戦闘の経過を記録している。第1輯には附録として，「大阪朝日新聞紙ヨリ転載」というかたちで，ビンバー騎兵大尉「外蒙古脱出手記」も収録されている。第2輯は満洲国通信社が発信した記事をまとめたもので，7月23日から停戦協定成立後の10月21日までのうごきが叙述されている。

　略して「国通」とよばれた，満洲国通信社は，それまで通信業務をおこなっていた「電通」「聯合」にかわる組織として1932年12月1日に国策会社として成立した。当初は，100名足らずの社員で出発したが，1941年の段階では社員は1200名にまでふえていた。そのステータスは何度か変更があったが，最終的には「満洲国通信社法」（1941年8月25日）により，特殊法人となった。

　1933年6月に朝日新聞社，毎日新聞社等が満洲国から無線施設を撤去したため，無線によるニュースの送受信の業務を満洲国通信社が独占した。

　1958年に刊行された『通信社史』は，満洲国通信社によるハルハ河戦争の報道についてつぎのようにのべている。

　「「国通」創立以来，数々の報道事件のうちノモンハン事件ほど「国通」がその陣容，装備の総力をあげて戦ったことはなかった」

　「第二次事件」の時期には，「関東軍報道班の一部は海拉爾に前進し，各社の特派員も相当数に達した。「国通」は無線を中心に速報の完璧を期した。海拉爾での前線指揮には関口寿一取材部長が当り，本社デスクは中村敏政経部次長が守った。「国通」の従軍班は地上部隊に4班，航空部隊に1班を編成，坂下，宮本，渋谷，堀井，菅沼，長山，伊藤の7記者，宮沢，大橋，河野，大島，千原の5無線技士，木村，原，坂，中原，原田の5写真班員等が熱砂と砲煙弾雨の中で活躍し輝く業績をあげた」

　「9月15日モスクワにおける東郷・モロトフ会談に続いて現地交渉がはじまるや中村敏，宮本基，宮沢貞男の3名が現地両軍交渉の取材に縦横の活躍をし，前線と海拉爾との無線連絡も素晴しい好調ぶりで，軍の命令で「国通」が軍に代って海拉爾で各社にニュースを提供したほどであった」[1]

193

うえであげられている記者のうち，坂下健一は 1939 年 6 月初旬にハイラルに派遣され，小松原師団司令部，特務機関，憲兵隊，省公署等をまわって情報をあつめた。かれは当時の代表的月刊誌『文芸春秋』の別冊『文芸春秋　時局増刊』に「ノモンハン血戦従軍記」（17 巻 14 号，1939.07.10），「ボイル湖上空空中戦従軍記」（17 巻 16 号，1939.08.10）の 2 本の従軍記のほか，ビンバー大尉の死に関する「ビンバー大尉の死　ノモンハン事件悲話」（17 巻 22 号，1939.11.10）という文章もかいている。

　坂下健一記者の例からわかるように，『ノモンハン事件の真相』の特に第 2 輯は，満洲国通信社の記者による取材，従軍の成果も反映されているとかんがえられ，一定の資料的価値を有すると判断される。

1. 1939 年 5 月 11 日の戦闘の報道

　上記の『通信史』は，5 月 11 日の戦闘の報道について，つぎのように記述している。すなわち「「国通」がこの事件のニュースを最初に入手したのは昭和 14 年（1939 年）5 月 12 日午後 5 時半ごろだった。関東軍参謀から"5 月 11，12 日両日約 200 の外蒙兵がノモンハン西南方 15 キロのところへ越境侵犯して警備の満軍監視兵に撃退せられた"との情報を得て「同盟」を通じて世界に流したのがノモンハン事件の第一報であった。升井編集局長は事件の拡大必至とみて宮沢貞男連絡部次長，坂下健一記者，木村正樹写真部員を一組としポータブル無線電信機を携帯せしめて現地に派遣したが，このときは局部戦の程度にとどまった」[2]

　他方，坂下健一が 1990 年に発表した回想ではつぎのようになっている。「昭和 14 年（1939）年の 5 月 21 日だったと思う。（中略）夕方だったと思うが，司令部参謀部 2 課の大越参謀から電話があり，"来てくれ"という。大越少佐とは一，二度，酒を酌み交わした中で親しくしていた。関東軍司令部の応接室で，私は大越参謀から 1 枚の紙切れを手渡された。読んでみると，"20 日午後，外モンゴル軍の一部が満蒙国境のハルハ河を越えて侵入してきたが，満洲国国境警備隊が撃退した"とあった。許可をもらって帰り，記事にして出稿した」。この回想は日付があきらかにまちがっており，最低限の確認もせずに発表されたものなので，その信頼性はあまりたかくないともいえるが，参謀のなまえは正確だとおもわれる。

　うえの引用からあきらかなように，関東軍の参謀部 2 課の大越兼二参謀が意図的に情報をながし，満洲国通信社から提携関係のある同盟通信社へのルートをつかって，世界に発信させようとしたと判断される。

　坂下記者が 1939 年当時かいた文章では，つぎのようになっており，これは大越参謀からもたらされた情報をそのまま反映したものとおもわれる。すなわち「5 月 13 日，筆者は所謂ノモンハン事件として世界を衝動させた，満蒙国境紛争事件の第一報を権威ある筋より入手した。即ち――5 月 11 日未明満蒙国境ノモンハン西南方満領地に越境せる，約 100 名の外蒙兵は該方面警備の満洲国軍に対し不法にも発砲し来たれるを以て，満軍は直ちにこれに応戦，7 時間に亙る激戦の後，外蒙兵をハルハ河以南に撃退，国境線を回復した，本戦闘に於て外蒙兵の遺棄死体 5，鹵獲品多数，満軍側損害なし」

　1939 年 5 月 14 日（日）の『東京朝日新聞』朝刊第 2 面には，"外蒙兵 100 名越境　満洲国軍交戦撃退す"という見出しで以下の記事が掲載されている。【新京特電 13 日発】外蒙国境ノモンハンの西南方満洲国領内に 11 日午前 2 時半頃外蒙兵およそ 100 名越境せるを警備中の満軍監視兵が発見したが不法にも外蒙兵は突如射撃し来れるを以て直にこれに応戦約 7 時間に亙る激戦の後越境外蒙兵をハルハ河以

南に撃退。国境線を回復した。満軍は引続き監視中である。なおこの戦闘で敵の遺棄せる死体5，鹵獲せる馬匹兵器弾薬多数に上るが満軍側損害なし」

「新京特電」という表現から，うえの記事は朝日新聞記者がかいたと判断される。記事の内容自体は，坂下健一のかいているものと朝日新聞のものはほぼ同一なので，関東軍が満洲国通信社と朝日新聞をふくむ主要なメディアに5月13日に情報をながしたことが想定される。

ハルハ河戦争の発端とされる5月11日の戦闘が，どのような経緯でひきおこされたのか？ モンゴル・ソ連がわに計画的な挑発の意図があったのか？ 日本がわ（満洲国がわ）に侵略の意図があったのか？ そもそも報道の内容はどの程度，正確なのか？これらの問題は，きわめて重要で，これまでもさまざまなかたちでとりあげられてきた。

秦郁彦は，5月11日の戦闘について，「小松原日記」や「第23師団参謀部の情報記録」もふくめ，さまざまな情報を比較している。それによれば，モンゴルがわの規模はおおいのは700名になっており，すくないのは100名とされている[3]。

モンゴルのハルハ河戦争の代表的研究者 R.ボルドによれば，モンゴルがわは第7哨所（zastav）の巡察隊20名が満洲国がわの約40名からの攻撃をうけ，ハルハ河まで撤退したあと，予備隊（shilmel suman）60名強が出動した[4]。

ここでは，ロシア国立軍事文書館（РГВА）所蔵の一資料に注目してみたい。1939年5月15日23時（日本時間5月16日05時）になされた労農赤軍参謀本部（モスクワ）のF. I. シェフチェンコ（Ф. И. Шевченко）大佐[5]，参謀次長 I. V. スモロディノフ（И. В. Смородинов）軍団指揮官（Komkor, 中将相当）と第57特別軍団（オラーンバータル）の副参謀長トレチヤコーフ（Третьяков）大佐，M. S. ニキシェフ（М. С. Никишев）政治委員のあいだの通話の記録である[6]。

この通話では，過去二日間に日本軍とモンゴル軍の間の軍事衝突について外国の報道機関（иностранная пресса）が報道していることをのべ，事実関係の確認をもとめている。この通話からわかることは，ソ連参謀本部が5月11日にハルハ河東岸で発生したモンゴル内務省国境警備隊と満洲国軍北警備軍のあいだの戦闘についてなんの報告もうけていなかったという事実である。

同通話によれば，第57軍団が5月11日と12日の戦闘についてモンゴルがわから正式な報告をうけたのは，5月15日の14時であった。すなわち，5月11日，12日の戦闘にはソ連軍はまったく関与していなかったことが，このような経過からはっきりする。モンゴルの国境警備隊と満洲国軍のあいだの小規模な衝突が大規模な戦闘にエスカレートした要因をあきらかにするうえで，この5月15日の通話の内容の検討はきわめて重要である。

モンゴルがわからソ連がわへの報告がおくれたのは，タムサグボラグの電話回線が1本しか使えず，電信をつかう許可があたえられていないなど，通信手段が劣悪なせいだと，トレチヤコーフは弁解している。

5月11日と12日の戦闘についての，フェクレンコとニキシェフ連名の正式な報告がモスクワにとどけられたのは，5月16日であった（РГВА, 37977-1-37-17~21）。「同盟」など外信により報道がなされたあと，戦闘の報告がなされたわけで，このことはソ連軍参謀本部の第57特別軍団に対する不信感をうみ，軍団司令官フェクレンコの更迭，ジューコフの任命につながったとかんがえられる[7]。フェクレンコは，参謀本部の批判にさらされ，日本がわからの扇動に対してより積極的な対応をせざるをえなくなったし，ベラルーシ軍管区副司令官から抜擢されたジューコフは，具体的な結果をだすことがもとめられ

たので，ソ連軍部隊の強化のための方策を進言し，承認された。このような推移からみると，満洲国通信社が同盟通信社を通して発信したニュースは，すくなからぬ影響をあたえたと判断しうる。

関東軍作戦参謀辻政信が起案した「満ソ国境紛争処理要綱」（4月25日）の影響で第23師団長小松原がより積極的な作戦をとっていた時期に，ソ連がわも戦闘をエスカレートさせる要因を有していたことが，その後の戦闘拡大につながった。

5月17日には全軍副司令官兼モンゴル軍参謀総長 Ts. ロブサンドノイが，翌18日には第57特別軍団参謀部作戦課長 I. V. イヴェンコフがタムサグボラグに到着した。さらに23日に第57特別軍団の指導部がタムサグボラグにつき，28日には国防人民委員（国防相）K. E. ヴォロシーロフから前線視察に派遣されたジューコフがハルハ河地域にはいった[8]。翌5月29日には，スペイン市民戦争でソ連義勇軍の顧問をつとめた経歴を有するソ連空軍副司令官・軍団長（中将）Ya. V. スムシュケーヴィチ（Я. B. Смушкевич）がハルハ河の戦場に到着しソ連空軍部隊指揮の任務についた。6月12日，フェクレンコが更迭され，ジューコフが第57特別軍団の司令官に任命された。こうしてソ連・モンゴルがわの準備はあらたな段階にはいった。

2. バヤンブルド・ノールやタムサグボラグなどへの越境爆撃

坂下健一は「元満洲国通信［社］チチハル支社長」の肩書で執筆した「ノモンハンで爆撃機に同乗取材」という文章で「そのうち外モンゴルの爆撃への参加が許され，ハイラルから軽爆撃機に搭乗して出発した。機種は最新の4人乗り九七式軽爆撃機で，私は4機編隊の2番機に搭乗した。機長は若い中尉，操縦者は確か片岡伍長という少年航空兵であった。全機で12機の編隊が国境を越え，国境から約200キロ内陸にあった外モンゴルの基地タムスク上空に差し掛かると，機の周辺にパッパッと黒い煙が散らばった。敵の高射砲弾である。（中略）突然日の丸をつけた飛行機が音もなくスーッと下降し，地上に激突して一瞬火を噴き黒煙が舞い上がった」と回想している[9]。

最初1990年に『新聞通信調査会報』に発表されたこの回想が正確であるとすれば，1939年6月27日のタムサグボラグ爆撃の編隊にくわわったことについての貴重な体験談ということになる。しかし同氏は1939年8月10日発行の『文芸春秋　時局増刊』に掲載した「ボイル湖上空従軍戦記」では，6月27日に「タムスク空襲」と「ボイル湖上空の大空中戦」からもどってきた編隊を基地でむかえたことをかいてから，7月3日の午後，三上部隊所属の高橋正次中尉が機長をつとめる爆撃機に同乗し敵の機甲部隊に対する爆撃を目撃したことを記録している[10]。したがって，この7月3日の従軍をタムサグボラグ攻撃と混同している可能性も否定できない。

『ノモンハン事件の真相（1）』には，満洲国政府の岸信介総務庁次長の談話が掲載されている。すなわち「本27日払暁約200機の敵戦闘機は我領土内に不法越境し来たので，待機中の日本陸軍飛行隊は之を激撃して其の98機を撃墜し，敵に覆滅的打撃を与えたるを以て，此の機会に於て敵の実施せる爆撃に報復すると共に，根底的に敵空軍を粉砕し其の禍根を一掃せんとし，敵の空軍根拠地たるタムスクを爆撃し，地上に待機せる大型機約30と付属諸施設とを爆破し，空中戦史上未曽有の成果を収め，敵を完全に制圧した」[11]

うえの「敵の実施せる爆撃」とは6月17日から19日にかけてのアムガラン，アルシャーン，ジャンジン・スム（将軍廟），ハルハ廟，ツァガーン・オボーに対するソ連軍の爆撃をさしている。

Ya. V. スムシュケーヴィチのヴォロシーロフあての極秘の報告（タムサグボラグ発，モスクワでの電信解読時間は6月27日20時20分）では，「敵軍は本日6月27日の早朝4時から，第22連隊の駐屯するタムサグの飛行場［ロシア語では aэроузел］，第70連隊の駐屯するバヤンブルド・ノールの飛行場，バヤントゥメンの飛行場を攻撃した。敵軍の規模は，タムサグへは戦闘機70機，爆撃機28機，第70連隊の［バヤンブルド・ノール］飛行場へは戦闘機80機，バヤントゥメンへは爆撃機31機（そのうち14機は四発エンジン機），戦闘機20機」とのべられており[12]，攻撃目標が3か所の飛行場だということを明記している。

　ところが，日本で刊行された大部分の研究書はこの日の朝の攻撃について，バヤンブルド湖の基地に対する攻撃に言及せず，タムサグボラグに対する攻撃というかたちでまとめて記述している[13]。バヤンブルド湖ちかくの飛行場は，タムサグボラグの東方50キロメートル以上はなれた地点にあったので[14]，タムサグボラグの一部としてあつかうことはできない。N.ネディアルコフ（Nedialkov）の『ノモンハン航空戦全史』は，ソ連の資料を利用しているので，当然ながら，バヤンブルド・ノールの第70連隊への攻撃について記述している。ネディアルコフによれば，日本の攻撃部隊は，重爆撃機21機と軽爆撃機9機で構成され，戦闘機74機により掩護されていたが，「何機かの戦闘機と爆撃機は，進出の途中で編隊から離れ，第22戦闘機連隊が配備されていた隣接の航空基地［タムサグボラグ］を攻撃して，ソ連戦闘機の要撃を阻止しようとした」[15]。このかきかたは，主たる攻撃目標がバヤンブルド・ノールの第70連隊であったことをしめしている。ネディアルコフが「第70戦闘機連隊は，飛行可能な戦闘機の大部分を失ってしまった」と総括しているように，日本がわにとってはバヤンブルド湖の基地に対する攻撃は大成功であった。他方，タムサグボラグ攻撃の場合は，日本の爆撃機と護衛戦闘機が到着するまえに，ソ連軍の第22戦闘機連隊は離陸することができたので，被害は相対的に軽微であった[16]。

　このようにバヤンブルド・ノールの飛行場への攻撃についてネディアルコフが詳細に記述しているにもかかわらず，同書の解説「日ソ両軍資料の比較で見るノモンハン航空戦」をかいている源田孝は，「6月27日，第2飛行集団は，戦爆連合約100機を集中して，午前タムスク基地，午後サンベーズ基地，薄暮には再びタムスク基地を攻撃した（第1次航空撃滅戦）。第2飛行集団は，3度の集中攻撃でソ連戦闘機を17機撃墜し，地上で8機を破壊した。また，飛行場や関連施設に多大な被害をあたえた」[17]とのべ，ソ連がわの被害については正確な記述をしているものの，なぜかバヤンブルド・ノール飛行場への攻撃については，あたかも存在しなかったかのように，完全に無視している。これでは，N.ネディアルコフの本の解説としては，不適切であろう。

　1939年5月すえ以降さかんに喧伝された“98機撃墜”の虚構は，その後の研究であばかれたが，日本がわの爆撃・攻撃の対象になった飛行場・軍部隊についての正確な記述は，いまにいたるまで不充分だといわざるをえない。

　6月27日の日本軍による爆撃は，モンゴル領内のソ連空軍基地に打撃をあたえることを目的としたが，ソ連軍による満洲国内のいくつかの地点への攻撃に対する報復の意味もあったと一般的には理解されている。しかし，ソ連軍の攻撃した地点は満洲国の国境地域に位置していたのに対し，バヤンブルド・ノールやタムサグボラグやバヤントゥメンは，国境から相当はなれた地点に位置しているため，おなじ爆撃といってもその性格がことなり，東京の参謀本部が禁止していた内陸部への明白な越境攻撃であった。とくにモンゴルの代表的地方都市バヤントゥメン（現在のチョイバルサン，旧名サンベーズ）に対する爆撃では軍病院が攻撃され6名が死亡し[18]，単なる国境紛争とはよべない状況がうみだされた。

3. ビャンバーと『外蒙古脱出記』

うえでものべたが,『ノモンハン事件の真相 (1)』には,『大阪朝日新聞』からの転載というかたちで,ビンバー騎兵大尉「外蒙古脱出手記」が掲載されている。また『ノモンハン事件の真相　第2輯』の9月7日の項目には,「悲壮なるビンバア大尉の遺稿」と「遺稿ノオトの内容」というふたつの見出しで,ビャンバーの戦死の状況とかれがのこしたノートの内容が紹介されている[19]。この日に満洲国通信社がこれらを配信したと理解される。ビャンバーの"名誉の戦死"の状況は以下のようである。

「9月5日から彼はさらに或る任務を帯びて少数の兵を伴い〇〇高地に向い7日早朝には有力な敵部隊に遭遇。乱戦となったが,この敵はかつて彼が中尉時代教官をしていたタムスク第15,17両連隊の兵であることを知り,午前7時頃投降を勧告しようと,制止するのもきかず単身弾丸雨飛の戦場に飛出し何か大声で叫びながら約50米ほど走ったとき敵右翼からの集中砲火を浴びて左顎,肩,腹部に致命傷を受け同8時10分僅か26歳の若き命を外蒙再建のために捧げたのであった」

「彼の死後遺品の中から発見された遺稿ノオト」なるものは,6項目からなり,その第1は,モンゴルのゲンデン首相,デミド国防相,ダリジャブ全軍副司令官,マルジ参謀総長,ダンバ第2軍団長らが,外モンゴルをソ連より脱せしめ,モンゴル帝国を再建しようと努力するなかで惨殺されたことを思いだし苦しんでいるという内容である。このうち最後のダンバ軍団長は,ビャンバーに満洲国への亡命を指示した人物として,『外蒙古脱出記』に登場している。

うえでもふれたが,満洲国通信社の坂下健一は1939年11月に刊行された『文芸春秋　時局増刊』に「ビンバー大尉の死　ノモンハン事件悲話」という文章を発表し,その死を悼んでいる[20]。坂下は4月に新京の日満軍人会館での内外記者団との会見ではじめてビャンバーを知ったことから筆を起こし,新京からハイラルまでの車中,モンゴル語通訳の古木俊夫治安部属官とビャンバーと3人でひとつの座席をしめて語りあった内容を紹介している。追悼文の後半には,うえで紹介したビャンバーの遺稿と戦死の状況がほぼ同内容で記載されている。

ビンバーの手記は1939年8月に朝日新聞社(大阪)から『外蒙古脱出記』のタイトルで刊行されたので,よくしられている。わたしは,1991年に発表した「日本軍の対モンゴル政策―ノモンハン戦の真相」という論文で,モンゴルの民主化後に集中的になされた粛清研究の成果にてらして,この手記の内容が事実ではありえないことを指摘するとともに,理論的には3種類の可能性があるとのべた。すなわち,第1に,モンゴルに実際に日本の協力者がいることを宣伝し,チョイバルサンによる粛清を正当化するために,モンゴル側がビンバーを"逃亡"のかたちで日本側におくりこんだ可能性,第2に,ビンバーが自分の立場を有利にするために話をつくりあげた可能性,第3に,日本側がモンゴル進攻作戦を有利におこなうために故意に手記をでっちあげた可能性である。わたし自身はこのうち,第1,第2の可能性は結局排除され,第3の可能性しかのこらないという結論をのべた[21]。

わたしの研究をうけて,モンゴルの代表的軍事史家D.ゴンボスレンは1995年に刊行された論文のなかで,ビンバーすなわちビャンバーについての調査結果を公表している。1938年3月15日に作成された身上書(モンゴル軍文書館,41-8-123-8)には,ウブルハンガイ県(本人はドルノド県出身と主張)のジャルガラント郡出身のヒシグティーン・ビャンバー(Khishigtiin Byambaa)は(第6師団)第15連隊のクラブの責任者で,士官ではない(tsolgüi)こと,ドルノド県のノルピルという者の妻を奪おうとしてかれらの家庭を崩壊させようとしたこと,1936年にクラブの金50トゥグルグを使い込んで処分をう

けた経歴があることなどが記載されているという[22]。

　ビャンバーは大尉などではなく，階級はずっと下の兵士であった。もし本人が主張するようにレニングラードの赤軍騎兵士官学校に留学したとすれば，卒業後，少尉で任官するはずだが，身上書にはこれについての記載はない。これらの調査結果をもとに，ゴンボスレンは大粛清を正当化するために，ビャンバーが意図的に派遣された可能性がつよいと結論づけている。

　そのご，ビャンバーがモンゴルの軍事スパイであることをつよく示唆する決定的な資料がでてきた。1940年に新京でタイプ版で刊行された著者不明の『蒙古青年党（前名ヂャンギャスト団）ニ観［ママ］スル考察』によれば，最初はビャンバーを信用し，利用していた関東軍は，のちにはかれの行動にうたがいをいだくようになった。ビャンバーはノモンハン事件発生後，「戦場宣伝ニ従事中外蒙軍事密偵ノ嫌疑ヲ受ケ，在哈某機関ニ送致サレ厳重取調中」逃亡し，「新京某池ニ入水，身元不明ノ水死人トシテ浮キ上ガッタ」とこの資料はのべる。「在哈某機関」とは，ハルビン特務機関をさしていると判断される。

　同資料はさらに，「諾門汗従軍中名誉ノ戦死ヲ遂ゲタル者トシテ，ソノ手記ヲ新聞ニ発表シ盛大ナル慰霊祭ヲ挙行」したとつづけている[23]。

　わたしはこの資料が真実をつたえており，前線でモンゴル軍に射殺されたというのは，関東軍の謀略によるフィクションだとかんがえている。ビャンバーは脱走兵ではなく，モンゴルの内務省からおくりこまれた軍事スパイであった，とかんがえるのが現在のモンゴルの研究者たちのほぼ共通した見解である。ビャンバーはソ連・モンゴルと日本の両者の謀略に利用された稀有な人物ということができよう。モンゴル語で発表した「モンゴルの大粛清と日本――"脱走兵"ビャンバーの運命の再検討」という論文でもこのことをのべたことがある[24]。

　しかし，実際はビャンバーがどこでどのように死んだのかはかならずしも重要ではない。重要なのはかれの"脱走記"の内容，すなわちモンゴル軍の中枢に親日本勢力があり，親ソ連のチョイバルサン指導部を日本の支援で打倒しようとしていた，という説明がただしいのかどうか，ということだ。もしこの内容がただしいとすれば，1937年から1940年にかけての，2万人以上が処刑されたモンゴルの大粛清は正当化され，粛清の犠牲になったものの名誉回復を重視するモンゴル現代史のわくぐみが完全にくずれ，全面的なかきなおしをせまられることになる。

　ところが，これほど重要な問題であるにもかかわらず，鎌倉英也『ノモンハン　隠された「戦争」』（2001年）や田中克彦『ノモンハン戦争』（2009年）は，いとも簡単にビャンバーの手記が真実をかいていると主張する。このような主張がふたりのダンバ（第2軍団長ゴンボジャビーン・ダンバと国防次官兼全軍副司令官ゴトビーン・ダンバ）を混同するという，きわめて単純な誤解にもとづくものであることは，すでに「現代史が物語化されるとき―田中克彦『ノモンハン戦争　モンゴルと満洲国』の場合―」（2009年）[25]のなかで指摘したことがある。

　うえのふたつの本は，満洲国通信社も関わった，ビャンバーを利用した関東軍の謀略がいまにいたるまで完全には消し去られず，亡霊のように影響をあたえつづけていることをしめしている。

おわりに

　『ノモンハン事件の真相　第2輯』は，基本的に満洲国通信社が配信したニュースをあつめたものである。これらのニュースには〇月〇日，あるいは〇基地，〇機などというような，伏字がすくなからずみられる。同通信社の坂下健一記者のかいた雑誌記事には「現地検閲済」とことわっているものがある。

このように，当局のつよい統制下にあった報道機関の発信したニュースは，当然のことながらさまざまな制約のもとで作成されたし，場合によっては，当局の意図が直接間接的に反映されている場合がすくなくなかったとおもわれる。特に，満洲国通信社のように満洲国政府と密接な関係を有した"国策遂行機関"の場合は，ことさらにそうであったとかんがえられる。したがって，満洲国通信社の発信したニュース，同通信社の記者がかいた記事を資料としてもちいる際には，細心の注意をはらうべきなのは当然だ。他方，当時の関東軍のプロパガンダ工作を研究するうえでは一級の資料になりうる。ハルハ河戦争（ノモンハン事件）当時の日本・満洲国やソ連・モンゴルの情報戦の研究は，今後さらにさまざまな角度からすすめていく必要がある。

註

[1] 『通信社史』（1958, pp. 388-389）。

[2] 同書（p. 388）。

[3] 秦郁彦『明と暗のノモンハン戦史』（PHP 研究所，2014, pp. 80-86）。

[4] Р. Болд, *Зарлаагүй дайн: Халхын голын байлдааны цэрэг-дипломатын түүх*, Улаанбаатар, 2015, pp. 199-202.

[5] Фёдор Иванович Шевченко (1900-1982). 最終階級は中将。1939 年当時，赤軍参謀本部作戦局第 2 課長。1945 年の対日戦では第 2 極東方面軍参謀長をつとめた。

[6] А.Р. Ефименко et al., *Вооруженный конфликт в районе реки Халхин-Гол, май-сентябрь 1939 г.*, Москва, 2014, No. 2, pp. 36-40. 通話は前半はシェフチェンコとトレチヤコーフのあいだ，後半はスモロディノフとニキシェフのあいだでなされた。モスクワから電話がきたとき，ニキシェフはチョイバルサンと会っていた。このことから，電話をうけた場所がオラーンバータルであることをしることができる。

[7] この問題は鎌倉英也『ノモンハン 隠された「戦争」』（pp. 76-80）やヤコフ・ジンベルグ（Yakov Zinberg）の論文"«Кто этот Фекленко?» : В поисках исторической правды о событиях на Халхин-голе — Обстоятельства прибытия комдива Георгия Жукова в зону конфликта" (2006) でもとりあげられている。しかし，これらの研究には外国の通信社による報道のあたえたインパクトについての言及はない。

[8] *Монгол Улсын Түүх (XX-XXI зуун), III*, Улаанбаатар, 2023, pp. 61-62 (Р.Болд 分担執筆).

[9] 坂下健一「ノモンハンで爆撃機に同乗取材」（『証言通信社史』2021, p. 212）。

[10] 坂下健一「ボイル湖上空戦従軍記」（『文芸春秋 時局増刊』1939.8.10, pp. 107-110）。

[11] 『ノモンハン事件の真相（1）』（p. 41）。

[12] *Вооруженный конфликт в районе реки Халхин-Гол, май-сентябрь 1939 г.*, № 65. Донесение Я.В. Смушкевича К.Е. Ворошилову о результатах налета японской авиации на советско-монгольские аэродромы, p. 133.

[13] たとえば，秦郁彦の『明と暗のノモンハン戦史』は体系的でバランスのとれた叙述をしており有益だが，バヤンブルド・ノールの飛行場に対する攻撃については一行ものべていない。

[14] Р. Болд, 2015, p. 265.

[15] D. ネディアルコフ『ノモンハン航空戦全史』（p. 65）.

[16] 同書（pp. 66-67）。

[17] 同書（p. 222）。

[18] Р. Болд, 2015, p. 266.

[19] 『ノモンハン事件の真相 第 2 輯』（pp. 141-144）。

[20] 坂下健一「ビンバー大尉の死 ノモンハン事件悲話」（『文芸春秋 時局増刊』1939 年 11 月, pp. 94-98）。

[21] 二木博史「日本軍の対モンゴル政策—ノモンハン戦の真相」（『歴史読本ワールド』2 巻 3 号，1991, pp. 214-221）。

[22] Д. Гомбосүрэн, "Халхын голын ба МАХЦ-ийн байлдааны тухай дахин өгүүлэх нь," Д. Даваасүрэн (ed.), *Халхын голын дайн : түүхэн үнэний эрэлд*, Улаанбаатар, 1995, p. 25.

[23] 『蒙古青年党（前名ヂャンギャスト団）ニ観［ママ］スル考察』（p. 23）。この資料は梅森貞さんのコレクション「梅森文庫」におさめられている。利用を快諾された梅森氏に謝意を表したい。

[24] Хироши Фүтаки, "Монголын их хэлмэгдүүлэлт ба Япон — 'оргодол' Бямбаагийн хувь заяаг ахин шинжлэх нь," *Монгол-Японы харилцаа: өнгөрсөн ба эдүгээ (XX зуун)*, Улаанбаатар, 2011, pp. 71-77.

25 二木博史「現代史が物語化されるとき——田中克彦『ノモンハン戦争　モンゴルと満洲国』の場合——」（『日本とモンゴル』44 巻 1 号，2009, pp. 91-94）。

参考文献

（モンゴル語）

Болд, Р., *Зарлаагүй дайн: Халхын голын байлдааны цэрэг-дипломатын түүх*, Улаанбаатар: NEPKO, 2015.

Болдбаатар, Ж. et al., *Монгол Улсын Түүх (XX-XXI зуун), III, Дэлхийн Хоёрдугаар Дайны ба дараах үеийн БНМАУ (1939-1953)*, Улаанбаатар: Мөнхийн үсэг, 2023.

Гомбосүрэн, Д., "Халхын голын ба МАХЦ-ийн байлдааны тухай дахин өгүүлэх нь," Д. Даваасүрэн (ed.), *Халхын голын дайн : түүхэн үнэний эрэлд*, Улаанбаатар, 1995.

Фүтаки Хироши, "Монголын их хэлмэгдүүлэлт ба Япон — 'оргодол' Бямбаагийн хувь заяаг ахин шинжлэх нь," *Монгол-Японы харилцаа: өнгөрсөн ба эдүгээ (XX зуун)*, Улаанбаатар, 2011.

（ロシア語）

Ефименко, А. Р. et al., *Вооруженный конфликт в районе реки Халхин-Гол, май-сентябрь 1939 г.: документы и материалы*, Москва: Новалис, 2014.

Zinberg, Yakov, "«Кто этот Фекленко?» : В поисках исторической правды о событиях на Халхин-голе — Обстоятельства прибытия комдива Георгия Жукова в зону конфликта"（ジンベルグ　ヤコフ「フェクレンコとは何者か」——ノモンハン事件の歴史的真実を求めて: ゲオルギー・ジューコフ師団長到着の経緯』『国士舘大学 21 世紀アジア学会紀要』4 号，2006 年）.

（日本語）

鎌倉英也『ノモンハン　隠された「戦争」』（NHK 出版, 2001）.

坂下健一「ノモンハン血戦従軍記」（『文芸春秋　時局増刊』第 17 巻第 14 号，1939.7）.

坂下健一「ボイル湖上空戦従軍記」（『文芸春秋　時局増刊』第 17 巻第 16 号，1939.8）.

坂下健一「ビンバー大尉の死　ノモンハン事件悲話」（『文芸春秋　時局増刊』第 17 巻 22 号，1939.11）.

坂下健一「ノモンハンで爆撃機に同乗取材」（証言通信社史編集委員会編『証言通信社史』2021, 新聞通信調査会）.

田中克彦『ノモンハン戦争　モンゴルと満洲国』（岩波新書, 2009）.

通信社史刊行会編『通信社史』（1958, 通信社史刊行会）.

『東京朝日新聞』1939 年 5 月 14 日朝刊.

D. ネディアルコフ著，監訳・解説: 源田孝『ノモンハン航空戦全史』（芙蓉書房出版, 2010）.

『ノモンハン事件の真相（1）』（新京: 満州国通信社出版部, 1939）.

秦郁彦『明と暗のノモンハン戦史』（PHP 研究所, 2014）.

二木博史「日本軍の対モンゴル政策——ノモンハン戦の真相」（『歴史読本ワールド』2 巻 3 号，1991）.

二木博史「現代史が物語化されるとき——田中克彦『ノモンハン戦争　モンゴルと満洲国』の場合——」（『日本とモンゴル』44 巻 1 号，2009）.

『満蒙国境戦線　ノモンハン事件の真相 第 2 輯』（新京: 満州国通信社出版部, 1939）.

『蒙古青年党（前名チャンギャスト団）ニ観［ママ］スル考察』（新京, 1940）.

満洲国通信社のハルハ河戦争についての報道——日本の情報戦の最前線——

『ノモンハン事件の真相』(第1輯と第2輯, 新京, 1939年)

証言通信社史編集委員会編『証言通信社史』(2021, p. 204)

ハルハ河になお遠く：日本における「ハルハ河・ノモンハン戦争」への呼称に関するデータベース検索からの検討

湊 邦生（Kunio Minato）

はじめに

日本における「ハルハ河・ノモンハン戦争」[1]の議論について回るのが，この歴史的事実をどう呼ぶのかという問題である。この問題は学術用語の厳密な使用といった手続き上のものに留まるものではない。むしろ，田中（1969, 1989.6.13.）による半世紀以上前からの指摘にある通り，他国との戦闘という歴史的事実，さらには交戦相手となったモンゴル（当時のモンゴル人民共和国，以下現在のモンゴル国含め「モンゴル」）に対する論者の理解や認識をも反映するものである。それだけに，この問題は決して些末なものではなく，なおざりにされてはならない。

しかしながら，日本の一般社会において，このような呼称をめぐる問題がどの程度意識されるようになったかは疑問の余地がある。したがって，この戦闘が現在までどのように称されてきたか，その称され方にどのような特徴・傾向が存在するのかについて，あらためて検討する必要があろう。

そこで本研究では，日本において「ハルハ河・ノモンハン戦争」がどのように呼称されてきたかについて，日本の一般メディアおよび学術文献，書籍を素材とした検討を行う。より詳細には，各種データベースを用いて，日本の一般メディアおよび学術文献，書籍における「ハルハ河・ノモンハン戦争」の呼称に関する検索を行い，その結果について，時期的な変化の把握を含む定量的な検討を試みる。

このような検討を行うことで，本研究は次の2つの問いに取り組む。

① 日本において「ハルハ河・ノモンハン戦争」を「事件」とする見方は弱まったのか？
② 日本において「ハルハ河戦争／会戦」という呼称は使われるようになったのか[2]？

周知の通り，この戦闘は日本において長らく「ノモンハン事件」と呼ばれ，「事件」として認識されてきた。そのような認識に対しては先述の田中（1969, 1989.6.13.）が批判を展開しており，同氏はのちの著書で「ノモンハン戦争」という呼称を用いている（田中，2009）。他方，モンゴルとの関わりを持つ者にとっては常識であるが，交戦相手であるモンゴルでは「ハルハ河会戦」（Халхын голын байлдаан）または「ハルハ河戦争」（Халхын голын дайн）と呼ばれている。

本研究で取り組む2つの問いは，このような認識の齟齬がどのように変化しているのかを尋ねるものである。このうち前者は，「ノモンハン事件」という旧来のものとは異なる呼称，すなわち日本における比較的新しい呼称である「ノモンハン戦争」，モンゴルでの呼称の日本語訳である「ハルハ河戦争」「ハルハ河会戦」がどの程度使われるようになったのかを問うものである。また，後者は「ハルハ河戦争」「ハルハ河会戦」に着目することで，モンゴルにおけるこの戦闘の捉え方が，どの程度日本で知られるようになったのかを問うものである。

本稿の構成は以下の通りである。第2章では本研究で用いる手法の解説を行う。具体的には，検索対象となる刊行物，検索で設定したキーワードに続き，検索で用いるデータベースを紹介した上で，本研

ハルハ河になお遠く：日本における「ハルハ河・ノモンハン戦争」への呼称に関するデータベース検索からの検討

究での分析手法を示す。検索および分析結果については第3章で報告する。第4章はその結果についての考察であるが，結果についてより詳細な検討を行うべく，刊行物の一部については再分析を加える。第5章では以上の内容をまとめた上で，本研究における2つの問いに対する回答を示す。

1. 研究方法

1.1. データ収集の対象および方法

先述したように，本研究では日本の一般メディアおよび学術文献，書籍のデータベースを用いた検索を行い，その結果から，日本における「ハルハ河・ノモンハン戦争」への呼称について検討する。ここではデータ収集の概要を説明すべく，検索を行ったキーワード，検索対象物，ならびに検索方法について説明する。

本研究で取り上げた検索語は，「ノモンハン」「ノモンハン事件」「ノモンハン戦争」「ハルハ河」「ハルハ河戦争」「ハルハ河会戦」の6語である[3]。このうち，「ノモンハン事件」「ノモンハン戦争」「ハルハ河戦争」「ハルハ河会戦」については前章で見た通りであり，本研究における2つの問いの解明において不可欠なキーワードとなる。ただし，「ハルハ河・ノモンハン戦争」について示す際に「事件」「戦争」「会戦」等の用語が伴うとは限らないため[4]，それらを外した「ノモンハン」「ハルハ河」も検索対象に加える。

次に，本研究で検索対象とした刊行物は，全国紙3紙（読売新聞，朝日新聞，毎日新聞）の新聞記事，一般雑誌記事，学術論文等の研究成果物，そして書籍である。検索は2024年6月から9月にかけて複数回行っている[5]。以下，検索サービスと検索方法について，順に説明していく。

まず新聞記事検索サービスのうち，読売新聞についてはデータベース「ヨミダス」で検索対象を「見出し・本文」に限定して検索を行った。初期設定での条件は検索対象が「すべて」となっているが，この条件では見出しにも本文にも検索語が記されていない記事がヒットしてしまう。本研究の目的はあくまで呼称の使われ方を検討することであり，前項で見た検索語が含まれない記事が混入することは不適切であるため，上記の限定を設けることでそれらの記事を回避した[6]。

次に，朝日新聞については「朝日クロスサーチ」をデータベースに用いた。ただし，このデータベースでは「記事検索」と電子化された紙面を検索する「縮約版検索」という2種類の検索方法が存在し，検索対象となる記事の刊行時期が異なること，さらに「縮約版」については検索語が含まれない記事が多数混入してしまう。このため，検索結果のデータかに際しては，まず(1)「記事」「縮約版」それぞれで可能な全期間の検索を行う，次に(2)「縮約版」から検索語が含まれない記事を除外する，さらに(3)「記事」「縮約版」の検索結果を照合して重複する結果を削除するという3段階の作業を行った。

上記作業が必要になった背景を解説する。まず，記事検索は1985年以降の記事について，縮約版検索は1999年以前の記事を対象としている。さらに，両者が重複する1985年〜1999年については，双方でヒットする記事もあれば[7]，一方でしか検出されないものも存在する。したがって，朝日新聞の記事検索からヒット件数を算出するには，(1)双方の検索エンジンで可能な全期間について検索を行い，その上で(3)で示した重複分を削除することが必要となる。ただし，(3)の作業に際しては，縮約版検索について検索語が含まれない記事を除外するという(2)の工程が必要となる。というのは，縮約版検索では検索対象が「見出しとキーワード」「見出し」「見出しとキーワードと分類」の3パターンになっており，

「キーワード」は検索語が本文にない記事についても，内容に照らして付与されるためである（朝日クロスサーチ，n.d.）。したがって，「キーワード」を含む検索語を行うと，検索語が本文にない記事までが検索結果に入ってしまう。そのため，本研究では「見出しとキーワード」で検索を行った上で，(2)の作業，すなわち各記事について本文を確認し，検索語が含まれていないものを逐一除外することとした[8]。なお，この過程で，本文中に検索語または同義語を含んでいるにもかかわらず，検索で検出されなかった記事を発見したため，それらのうち記事検索結果と重複していないものも分析データに加えた[9]。

　毎日新聞についてはすべての時期において記事検索が可能である。今回は見出しないし本文のいずれかにおいて検索語が記述されている記事を検出するため，「見出しと本文に含まれる文字列」で検索語を含む記事検索を行った。

　新聞記事以外については，一般雑誌記事の検索で雑誌記事索引データベース「ざっさくプラス」を用いた。このデータベースでは，明治期から現在までに旧植民地を含む日本で発行された日本語雑誌の検索が可能となっている[10]。また，研究成果物および書籍については CiNii（NII 学術情報ナビゲータ［サイニィ］）をデータベースとして利用し，フリーワード検索を行った。このうち，研究成果物については「論文」と「博士論文」の検索結果を合算したもの，書籍については「本」の検索結果をデータとした。なお，「論文」では検索上のカテゴリ名とは異なり，実際には報告要旨や研究ノート等も含まれている。そのため，学術論文のみに限定されない広範な研究成果物の検索が可能となっている[11]。

1.2. 分析方法

　本研究では，新聞記事，一般雑誌記事，研究成果物，書籍それぞれについて，検索件数の時期による変化とともに，検索語を後述する 4 通りに組み合わせた上で，ヒット件数の比率を計算し，その結果が時期によってどう変化するかを検討する。

　まず，時期別の変化を見るために，本研究では 1989 年をカットポイントとして設定する。その上で，検索結果を 1988 年以前，1989 年以降に二分し，両者の間で検索結果および比率の変化を見ていく。1989 年は周知の通り，後の日本・モンゴル関係の急速な発展に道を開いたモンゴル民主化運動開始の年である。加えて，この年はノモンハン・ハルハ河戦争国際学術シンポジウムが初めて行われた年でもある（田中，1991；ノモンハン・ハルハ河戦争国際学術シンポジウム実行委員会，1992）。これらのことから，1989 年は日本におけるハルハ河・ノモンハン戦争の報道・研究等において，重要な節目と捉えられる。したがって，この戦闘に対する日本での呼称や捉え方の変化を検討する際には，同年を境とするのが適切である。

　また，1989 年前後の変化を把握し，本研究における 2 つの問いに取り組むためには，個々の検索語のヒット件数について通時的比較を行うだけではなく，使用頻度の比率の変動も検討することが有益である。ただし，本研究の検索語 6 つによる組み合わせパターンは膨大な数となり，それら全てについて比率を算出するのは不可能である。仮に可能であったとしても，本研究の目的から逸脱する組み合わせまで比率を算出する必要はない。

　以上を踏まえ，本研究では(1)「ハルハ河」と「ノモンハン」，(2)「ノモンハン戦争」と「ノモンハン事件」，(3)「ハルハ河戦争」「ハルハ河会戦」の合計と「ノモンハン事件」，(4)「ノモンハン戦争」「ハルハ河戦争」「ハルハ河会戦」の合計と「ノモンハン事件」の 4 通りの組み合わせについて，比率を算出

する。このうち，本研究の問い①「日本において『ハルハ河・ノモンハン戦争』を『事件』とする見方は弱まったのか？」には(2)と(4)が，②「日本において『ハルハ河戦争／会戦』という呼称は使われるようになったのか？」には(3)が直接関係する。(1)は問い②に関連するものであると同時に，日本で一般的な「ノモンハン」に対して「ハルハ河」がどの程度日本で認識されているかという，いわば基礎的な状況を把握するために算出する。

なお，(1)から(4)いずれにおいても，比率の算出の際には前者を分子，後者を分母として算出する。これから見ていくように，「ノモンハン戦争」「ハルハ河戦争」「ハルハ河会戦」は時期によってヒット件数がゼロになるケースが少なくなく，それらを分母にすると比率が算出できなくなるためである。

2. 結果

2.1. 新聞記事

ここでは読売・朝日・毎日の 3 紙における報道の検索結果について，次ページ以降の図で見ていく。図では検索結果を 1988 年以前と 1989 年以降に分けており，順に図 1 が読売，図 2 が朝日，図 3 が毎日の検索結果である。ただし，3 紙の間では記事の件数が大きく異なっており，3 紙でグラフの目盛りを統一してしまうと，検索結果が読み取りづらくなってしまう。そのため，ここでは 3 紙で目盛りを揃えることはあえてせず，記事数が特に多い図 2（朝日）のみ，図 1（読売）と図 3（毎日）とは異なる目盛りを用いることで，それぞれのグラフの見やすさを優先することとした。

3 紙の検出記事数を比較すると，朝日新聞の検出件数の多さが顕著である。1988 年の「ノモンハン事件」のみ，読売新聞の検出件数が上回っているものの，他はすべて 3 紙で最多となっている。逆に，毎日新聞は「ハルハ河会戦」のを除き，検出件数はいずれの検索語・時期でも最少となっている。

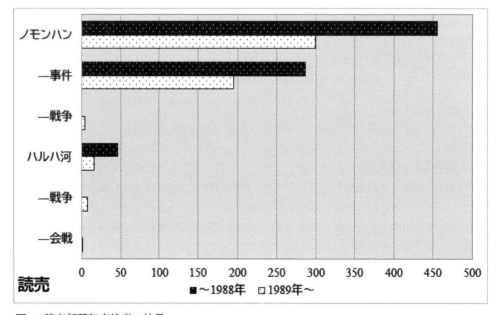

図 1. 読売新聞記事検索の結果

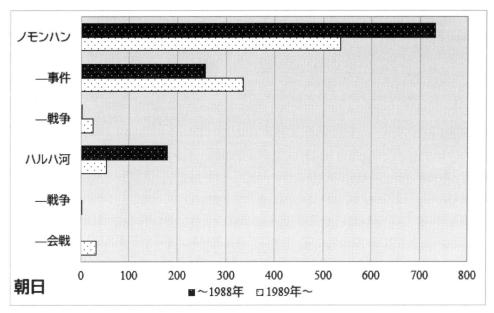

図2. 朝日新聞記事検索の結果

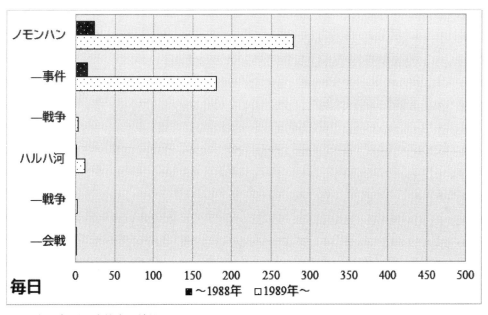

図3. 毎日新聞記事検索の結果

　また，1988年以前と1989年以後の変化について見ると，読売新聞と朝日新聞の2紙と毎日新聞とで対照的な傾向が見出される。すなわち，読売・朝日両紙で「ノモンハン」「ハルハ河」のヒット件数が1988年以前から1989年以降で激減している一方，毎日では逆に増加している。この背景には，戦争がまさに行われていた時期に，読売・朝日とも戦闘に関する記事を掲載していたのに対し，毎日では当時

ハルハ河になお遠く：日本における「ハルハ河・ノモンハン戦争」への呼称に関するデータベース検索からの検討

の記事が少ない点が挙げられる。1939年の記事に限ってみると，読売では「ノモンハン」で317件（全期間の検出記事の42.0%），「ハルハ河」で22件（同52.8%）の記事，朝日では「ノモンハン」で657件（同30.5%），「ハルハ河」で143件（同63.9%）の記事がそれぞれヒットした。ところが，毎日について見ると，同年に掲載された記事は「ノモンハン」「ノモンハン事件」とも7件のみ（「ノモンハン」は2.3%，「ノモンハン事件」は3.6%），「ハルハ河」に至っては0件である。読売・朝日両紙と毎日との記事件数の差は，このような戦闘当時の記事の多寡に起因すると考えられる。ただし，それらの記事で「ハルハ河」が登場するのはもっぱら戦闘が行われた土地を表すのであり，戦闘自体について述べる際には，あくまで「ノモンハン」（一部は「ノムハン」表記）が用いられている。

一方で，3紙に共通する特徴もいくつか見つけることができる。まず，「ノモンハン」や「ノモンハン事件」と比較すると，他の4つの検索語の件数は圧倒的に少ない。それら4つの中では，読売・朝日で「ハルハ河」が比較的多く使われているが，これは先述の通り，1939年に戦闘に関する記事が多く掲載されており，戦闘が行われた場所として「ハルハ河」がたびたび言及されたことによるものである。

加えて，「ノモンハン戦争」「ハルハ河戦争」「ハルハ河会戦」の件数も限られる。読売では1989年以降のみで「ノモンハン戦争」がヒットする一方，「ハルハ河戦争」「ハルハ河会戦」の件数が1989年以降減少している。朝日，毎日では1988年以前にこれら3語が検出されたのは毎日の「ハルハ河会戦」1件（毎日新聞，1984.12.3.）のみであり，あとは全て1989年以降である。

2.2. 一般雑誌記事

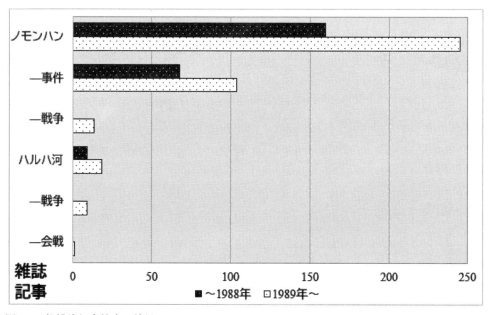

図4. 一般雑誌記事検索の結果

次に，雑誌記事索引集成データベース「ざっさくプラス」による一般雑誌記事の検索結果を図4に示す。1988年以前でヒットするのは「ノモンハン」「ノモンハン事件」「ハルハ河」の3つの検索語であり，

とくに「ノモンハン」「ノモンハン事件」が多くなっている。ただ，3つの検索語いずれも1989年以降のヒット件数の方が多くなっている。　残る「ノモンハン戦争」「ハルハ河戦争」「ハルハ河会戦」については1988年以前の記事で用いられているのは確認できず，1989年になって新たに検出されている。

以上から，いずれの検索語も1989年以降に検出数が増加しているか，新たに検出されるようになっている。そして，ヒット件数の増加は「ノモンハン」「ノモンハン事件」で顕著である。つまり，雑誌記事については，3.1.で見た毎日新聞の記事検索結果に近い傾向が見出される。

2.3. 研究成果物

ここでは研究成果物における呼称について，先述の通りCiNii Research検索結果のうち「論文」のヒット件数を基に検討する。ただし，研究成果物として検出されたうち1件は刊行年が示されていなかったため，分析からは除外している。

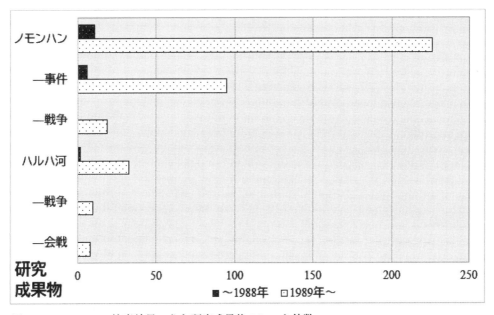

図5. CiNii Research検索結果のうち研究成果物のヒット件数

検索および時期による区分の結果は図5に示した通りである。研究成果物については，時期ごとの違いが新聞記事や一般雑誌記事よりも顕著となっている。すなわち，1988年以前に「ノモンハン戦争」「ハルハ河戦争」「ハルハ河会戦」の検索結果がゼロである点は毎日新聞や一般雑誌と同様であるが，「ノモンハン」「ノモンハン事件」「ハルハ河」のヒット件数も明らかに少ない。そのため，1989年以降のヒット件数の伸びも大きなものとなっており，とくに「ノモンハン」の件数は約20倍にも増加している。つまり，時期による変化の傾向は前項の一般雑誌，さらに毎日新聞と同じであるが，その変動がより激しくなっているのが，研究成果物に関する特徴と言えよう。

2.4. 書籍

書籍については CiNii Research 検索結果のうち「本」のヒット件数を図 6 で示す。ただし，刊行年が不詳となっている書籍 2 件に加え，検索結果上は書籍 1 件としてカウントされているが実際は継続的に発行されていた『ノモンハン会会報』については除外した。

図 6 からは，時期区分間の相違は小さいものの，毎日新聞および一般雑誌，研究成果物と同様の傾向を読み取ることができる。すなわち，1988 年以前と 1989 年を比較すると，全ての検索語において，1989 年以降に検出件数が増加するか，1988 年以前に検出がなかったのが新たに検出されている。そして件数の伸びは「ノモンハン」「ノモンハン事件」で著しい。また，1988 年まででは「ノモンハン」「ノモンハン事件」の検出件数が多く，「ハルハ河」が少ない。ただし，雑誌・研究成果物とは異なり，「ハルハ河会戦」をタイトルに含む書籍が 1 件（プレブ編，1984）検出されている。

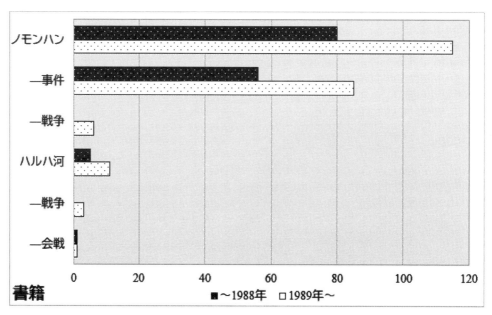

図 6. CiNii Research 検索結果のうち書籍のヒット件数

2.5. 検索語の使用頻度の比率とその変化

さらに，1988 年以前と 1989 年以後における使用頻度の比率の変動を見るべく，検索語の検出件数の比率を算出し，その時期間の増減を見ていく。ここでは先に記した通り，最も単純な(1)「ノモンハン」「ハルハ河」の組み合わせに加えて，「ハルハ河・ノモンハン戦争」を「事件」と捉える見方の変化の有無を検討すべく，(2)「ノモンハン戦争」と「ノモンハン事件」の比率，(3)モンゴル語での呼称を反映した「ハルハ河戦争」と「ハルハ河会戦」と，日本における旧来の呼称たる「ノモンハン事件」の比率，さらに (4)「ノモンハン戦争」「ハルハ河戦争」「ハルハ河会戦」の合計，すなわち(2)と(3)における分子部分を合わせたものと，「ノモンハン事件」との比率をそれぞれ算出した。

算出した結果を次ページの表 1 で示す。表で太字となっているのは，注にある通り 1988 年以前から

1989年以後になって比率が上昇したものである。すなわち，分母部分のものよりも分子部分の検索件数が相対的に大きくなっている，言い換えれば分母となっている検索語よりも分子部分の検索語が使われる傾向が高まっていることを意味する。(1)であれば，1988年以前から1989年以後になって「ノモンハン」と比較して「ハルハ河」が使われる傾向が高まっていることになる。同様に，(2)では「ノモンハン戦争」が「ノモンハン事件」と比較して，(3)では「ハルハ河戦争」と「ハルハ河会戦」の合計が「ノモンハン」と比較して，(4)では「ノモンハン戦争」「ハルハ河戦争」と「ハルハ河会戦」の合計が「ノモンハン事件」と比較して，それぞれ使われる傾向が高まったことを意味する。

表1　検索結果の比率の増減

(1) ハルハ河／ノモンハン	全期間	～1988	1989～	増減
新聞（読売）	.082	.101	.054	-.048
新聞（朝日）	.184	.246	.099	-.147
新聞（毎日）	.040	.043	.040	-.004
一般雑誌記事	**.067**	**.056**	**.073**	**.017**
研究成果物	.149	.182	.148	-.033
書籍	**.081**	**.063**	**.096**	**.033**

(2) ノモンハン戦争／ノモンハン事件	全期間	～1988	1989～	増減
新聞（読売）	**.008**	**.000**	**.021**	**.021**
新聞（朝日）	**.042**	**.004**	**.072**	**.068**
新聞（毎日）	**.040**	**.000**	**.017**	**.017**
一般雑誌記事	**.076**	**.000**	**.125**	**.125**
研究成果物	**.184**	**.000**	**.196**	**.196**
書籍	**.043**	**.000**	**.071**	**.071**

(3) (ハルハ河戦争＋ハルハ河会戦)／ノモンハン事件	全期間	～1988	1989～	増減
新聞（読売）	**.017**	**.000**	**.041**	**.041**
新聞（朝日）	**.056**	**.000**	**.099**	**.099**
新聞（毎日）	.021	.067	.017	-.050
一般雑誌記事	**.058**	**.000**	**.096**	**.096**
研究成果物	**.184**	**.000**	**.196**	**.196**
書籍	**.035**	**.018**	**.047**	**.029**

(4) (ノモンハン戦争＋ハルハ河戦争＋ハルハ河会戦)／ノモンハン事件	全期間	～1988	1989～	増減
新聞（読売）	**.025**	**.000**	**.062**	**.062**
新聞（朝日）	**.098**	**.004**	**.170**	**.166**
新聞（毎日）	.036	.067	.033	-.033
一般雑誌記事	**.134**	**.000**	**.221**	**.221**
研究成果物	**.369**	**.000**	**.392**	**.392**
書籍	**.078**	**.018**	**.118**	**.100**

注：太字は1988年以前から1989年以後になって比率が上昇したもの。

　その上で，(1)から(4)の結果それぞれについて見ていこう。まず，(1)では一般雑誌記事と書籍で「ハルハ河」が使われる傾向が高まったものの，他は逆に下がっている。とくに朝日新聞で増減の絶対値が

ハルハ河になお遠く：日本における「ハルハ河・ノモンハン戦争」への呼称に関するデータベース検索からの検討

高くなっており，下がり方が著しいことが伺える。これについては1988年以前の記事に1939年の戦争当時のものが多く含まれていることの影響が考えられるが，この点については次章で検討する。

　次に，図1から図6で示された通り，「ノモンハン戦争」という呼称は1989年以降新たに用いられるようになったものであり，そのことが(2)の算出結果に反映されている。すなわち，1988年までは分子部分がゼロであるゆえに，比率も全てゼロとなっている。また，「ハルハ河戦争」「ハルハ河会戦」を分子に含む(3)と(4)では，毎日新聞を除いて比率が上昇している。以上から，ハルハ河・ノモンハン戦争を「事件」ではなく「戦争」とする見方や，「ノモンハン戦争」に加え「ハルハ河戦争」「ハルハ河会戦」という用語が広まりつつあることが見出される。

　とはいえ，表2で算出した全ての比率が1を下回っている点には注意が必要である。そればかりか，値が最も高い(4)の1989年以降における一般雑誌記事の比率を見ても，0.4を下回っている。すなわち，(1)では「ノモンハン」が，(2)から(4)では「ノモンハン事件」が用いられる機会が依然として多く，分子部分に当たる検索語ないし検索語群が登場するのは，「ノモンハン」ないし「ノモンハン事件」の半分にも満たないのである。

3. さらなる分析と考察

　前章での分析から得られた結果について，まずは要点を整理しておこう。

　まず，1988年までと1989年以降の検索ヒット件数を比較した結果から，読売・朝日両紙については「ノモンハン」「ノモンハン事件」「ハルハ河」で1989年以降に検索結果が減少したものの，それ以外では増加したか，新たに検出されたことが明らかとなった（図1～図6）。とりわけ，増加が顕著にみられたのは研究成果物であった（図4）。1989年という節目は，ハルハ河・ノモンハン戦争の学術研究において，とりわけ重要な意義を有するものであったと言えよう。ただし，読売・朝日両紙を除けば「ノモンハン」「ノモンハン事件」の件数の増加がとくに大きかった点には注意を要する。

　また，表1の分析から，「ノモンハン戦争」「ハルハ河戦争」「ハルハ河会戦」という用語が使われる機会が増加傾向にあることは示された。しかしながら，それらの登場頻度は「ノモンハン事件」という旧来の用語と比較するとはるかに低い。先述の「ノモンハン事件」の件数の伸びと合わせて考えると，ハルハ河・ノモンハン戦争を「事件」とする見方は，日本では依然として一般的なものとして残っていると判断される。

　ただし，3.1.で見た通り，読売・朝日両紙では1939年の戦闘当時の記事が多数存在している。そのため，それらの記事が分析結果に影響を与えている可能性を考慮しなければならない。そこで，両紙に毎日新聞を比較対象として加え，検索結果から1939年の記事を除外した上で，時期別のヒット件数の変化と比率の変動をあらためて算出してみた。

　まず，次ページの図7（読売），図8（朝日），図9（毎日）が，時期別のヒット件数の再計算結果である。1939年の記事を除外する前後の比較を容易にするため，図7の目盛りは図1，図8は図2，図9は図3と揃えている。したがって，ここでも図8のみ目盛り幅が図7および図9とは異なるものとなっている。

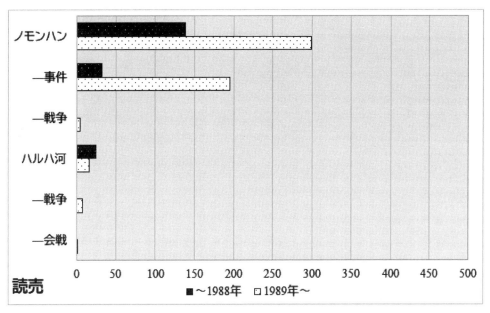

図 7. 読売新聞記事検索の結果（1939 年の記事を除外）

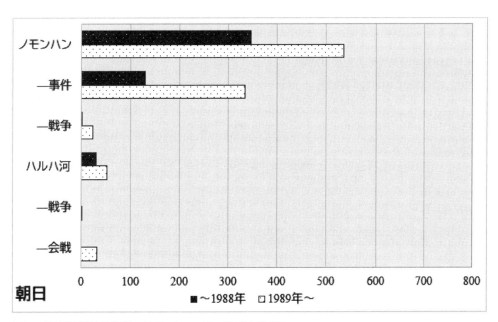

図 8. 朝日新聞記事検索の結果（1939 年の記事を除外）

　図 7 と図 8 から，読売・朝日両紙とも 1988 年以前の「ノモンハン」「ノモンハン事件」「ハルハ河」のヒット件数が激減している。その結果，図 1 では「ノモンハン」「ノモンハン事件」で，1988 年以前の記事数が 1989 年以後のものより多かったのが，図 7 では逆転している。「ハルハ河」については依然として 1988 年以前の記事の方が多いものの，差異は縮小している。同様に，朝日新聞でも「ノモンハン」「ハルハ河」で，年代間の記事の多寡が入れ替わっている。なお，毎日新聞については 1988 年以前の記

事がそもそも少なく，したがって図9の結果は図3とほぼ変わっていない。

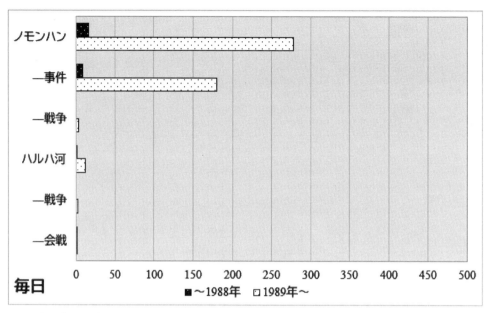

図9. 毎日新聞記事検索の結果（1939年の記事を除外）

表2　新聞記事検索結果の比率の増減（1939年の記事除外）

(1) ハルハ河／ノモンハン	全期間	～1988	1989～	増減
新聞(読売)	.092	.174	.054	-.120
新聞(朝日)	<u>.095</u>	<u>.090</u>	<u>.099</u>	<u>.009</u>
新聞(毎日)	.041	.063	.040	-.023
(2) ノモンハン戦争／ノモンハン事件	全期間	～1988	1989～	増減
新聞(読売)	.018	.000	.021	.021
新聞(朝日)	.054	.008	.072	.064
新聞(毎日)	.016	.000	.017	.017
(3) (ハルハ河戦争＋ハルハ河会戦)／ノモンハン事件	全期間	～1988	1989～	増減
新聞(読売)	.035	.000	.041	.041
新聞(朝日)	.071	.000	.099	.099
新聞(毎日)	.021	.125	.017	-.108
(4) (ノモンハン戦争＋ハルハ河戦争＋ハルハ河会戦)／ノモンハン事件	全期間	～1988	1989～	増減
新聞(読売)	.053	.000	.062	.062
新聞(朝日)	.125	.008	.170	.162
新聞(毎日)	.037	.125	.033	-.092

注：下線付きは表1と比較して増減の値が上昇したもの，斜字は表1と比較して増減の値が減少したもの，無印は増減に変化がないものをそれぞれ表わす。

以上の結果から，戦闘当時たる 1939 年の記事を除外すれば，読売・朝日両紙においても，毎日新聞や一般雑誌，研究成果物や書籍と同様の傾向を見出すことができる。すなわち，読売新聞の「ハルハ河」を例外として，他は 1989 年以後の検出件数が，1988 年以前のものを上回っているのである。

　さらに，表 1 で見た検索結果の比率の変化について，1939 年の記事を除外した上で再計算を行った。その結果を次ページの表 2 で示す。

　表 2 の結果のうち焦点となるのは，再算出された比率の増減が表 1 と比較してどのように変化したかである。ただし，1988 年以前に分子部分に含まれる検索語の検出がゼロだったものについては，そもそも変化が起こり得ない。表 1 および表 2 の中では，(2)の読売・毎日両紙，(3)の読売・朝日両紙，(4)の読売新聞が該当する。したがって，ここで増減の変化を見るべきは，それらを除いたものとなる。

　具体的に見ていくと，(1)のうち朝日新聞では符号がマイナスであったのがわずかながらプラスに転じている。逆に，読売・毎日両紙では 1988 年以前から 1989 年以後の減少幅が表 1 よりも拡大しており，特に読売新聞で顕著である（読売：-.48 から-.120，毎日：-.004 から-.023）。また，(2)の朝日新聞では増加分がわずかに縮小しており（.068 から.064），(3)では毎日新聞では減少幅が倍以上に拡大している（-.050 から-.108）。さらに(4)では朝日新聞では増加分がわずかに減少（.068 から.064），毎日新聞ではマイナスの値が.06 ポイント近く大きくなっている（-.033 から-.092）。

　以上のように，1939 年の記事を除外した結果は，増減の値が低下した項目（(1)の読売・毎日，(2)の朝日，(3)の毎日，(4)の朝日・毎日），上昇した項目（(1)の朝日新聞），そもそも 1988 年以前に検索語を含む記事がなく，ゆえに変化もなかった項目（(2)の読売・毎日，(3)の読売・朝日，(4)の読売），と分かれている。ここで注意すべきは，増減の変化に影響し得るのが，1988 年以前の比率のみである点である。これは表 2 の結果が表 1 から 1939 年の記事のみを削除したものであるため，当然のことである。そして，増減の値が低下するのは，1988 年以前の比率における分子・分母のうち，分子部分が相対的に大きくなった場合，すなわち，1939 年の記事を除外したことで，分母部分の減少幅が分子部分のものを上回った場合である。また，増減の値が上昇する場合とは，1988 年以前の比率における分子・分母のうち，分母部分が相対的に大きくなった場合，つまり 1939 年の記事除外によって分子部分の減少幅が分母部分のものを上回った場合である。

　この点を踏まえて，あらためて増減に変化のあった項目について見てみよう。まず，増減の値の低下は，(1)では「ノモンハン」(2)から(4)では「ノモンハン事件」という検索語の減少が，読売新聞では「ノモンハン」を含む 1939 年の記事が 1988 年以前のものの 69.7%を占めており，「ハルハ河」の 47.8%を 20 ポイント以上上回る。毎日新聞では割合が 30.4%にとどまっているが，「ハルハ河」を含む 1939 年の記事がなく，分子部分が変化しないため，分母の縮小がそのまま影響している。同様に，そして，この 2 つの語は日本でハルハ河・ノモンハン戦争について，戦闘当時から使われてきたものである。

　他方値が増加して増減がプラスに転じた(1)の朝日新聞について見ると，1939 年における「ハルハ河」を含む記事の割合が 1988 年以前全体の 82.8%にもなっており，これは同年における「ノモンハン」を含む記事の割合の 49.4%を大きく上回る。これは当時の朝日新聞が現地記者を通じて戦闘に関する記事を多く掲載してきたことの帰結である。そしてそのような報道が，表 2 における 1988 年以前の比率の低下，そして増減の変化をもたらしたのである。

　以上の変化を考慮すると，表 1 の分析結果については，1939 年の戦闘当時の状況に大きく影響されたものと言わざるを得ない。とみに，(1)の朝日新聞に至っては 1939 年の記事を場外すれば増減が反転す

ハルハ河になお遠く：日本における「ハルハ河・ノモンハン戦争」への呼称に関するデータベース検索からの検討

ることから，表1は表2と合わせて見られるべきであろう。さらに，表2と図7から図9で見てきた1988年以前の結果の変化は，ハルハ河・ノモンハン戦争が取り上げられる程度が，当時と戦闘終結後の50年もの間において，いかに異なっていたという「落差」を，あらためて示したものとも言えよう。

おわりに

本研究では「ハルハ河・ノモンハン戦争」の日本における呼称について，刊行物を対象としたキーワード検索の結果を基に検討してきた。その結果，冒頭に掲示した2つの問いに対しては，以下の通りの回答が得られる。

まず，①「日本において『ハルハ河・ノモンハン戦争』を『事件』とする見方は弱まったのか？」という問いに対しては，「弱まっている」と言い得る。各種データベースにおいて「ノモンハン事件」という検索語のヒット件数自体は，1989年以降増加しているものの，表1および表2の(2)と(4)が示す通り，「ノモンハン戦争」「ハルハ河戦争」「ハルハ河会戦」が使われる傾向が「ノモンハン事件」と比較して高まっているためである。

そして，②「日本において『ハルハ河戦争／会戦』という呼称は使われるようになったのか？」という問いについては，「使われるようになってきている」との回答が可能である。理由としては，「ハルハ河戦争」「ハルハ河会戦」いずれも1989年以降にヒット件数が増加したか，新たに確認できるようになっていること，また表1および表2の(3)において，1989年と比較して比率が低下したのが毎日新聞のみであったことが挙げられる。

とはいえ，各検索結果で見た1989年以降の「ノモンハン事件」のヒット件数増，さらには表1および表2で見た比率から，本研究は「ノモンハン事件」という認識の根強さも示すこととなった。加えて，「戦争」「会戦」という限定句のつかない「ハルハ河」という検索語が1939年の戦闘以降徐々に使われなくなることも明らかとなった。時代の変化とともに，ハルハ河・ノモンハン戦争を「事件」とする見方は徐々に改まりつつものの，依然として根強く残存していることが分かる。

以上から，ハルハ河での交戦に対する認識は「事件」から「戦争」へと改まりつつある一方で，「ハルハ河戦争」「ハルハ河会戦」という呼称が日本において一般に知られるようになったというにはいまだ程遠い，というのが，本研究から得られるまとめとなる。

なお，今回の研究は定量的な分析を行うものであり，記事や研究，あるいは書籍においてハルハ河・ノモンハン戦争がどのように語られているかについて，詳細な検討を行うことは避けた。しかしながら，本研究はそのような検討が重要であることを否定するものではなく，内容分析の手法を用いた分析等による研究が今後求められることを指摘しておきたい。その際，ハルハ河・ノモンハン戦争の語られ方が第2次世界大戦終戦後に一変したことは容易に予想がつくもことから，戦争を境とした変化がどのようなものであったかについての分析は欠かすことができない。

さらに，本研究の議論をさらに深める上では，ハルハ河・ノモンハン戦争という歴史的事実への認識がどのように形成されるかという過程を見ていくことも必要となろう。そのためには歴史教科書の分析を行うこと等が考えられる[12]。これらの点について，今後の課題として挙げておきたい。

註

1 1939 年 5 月から 9 月の間に展開された日本・旧満州とソ連・モンゴル間の国境紛争を本研究においてどのように呼ぶかは，本研究のテーマそのものに関わる問題であり，いわば自己言及的な問題が存在している。ただし，あくまで議論を進める上での便宜的観点から，本研究では第 17 回ウランバートル国際シンポジウムで用いられた「ハルハ河・ノモンハン戦争」の用語を採用する。

2 ここで留意されたいことであるが，この問い②は日本においてもハルハ河・ノモンハン戦争が「ハルハ河戦争」「ハルハ河会戦」と呼ばれるべきであると主張するものでは必ずしもない。むしろ，この戦闘についての日本とモンゴルにおける認識の齟齬が日本においてどの程度知られているのか，というのが，本研究を貫く問題関心である。

3 本稿では煩雑さを避けるため，旧字体・旧仮名遣いのものは全て新字体・現代仮名遣いに改めている。なお，「ノモンハン会戦」という検索語についても検索を行ったが，ヒット件数がゼロであったため，本稿からは省いている。

4 五味川(1975)等，伊藤(1983)など，具体例は枚挙に暇がない。

5 朝日新聞については本文で後述した通り，検索作業が複雑になったことから，2024 年 11 月までにフォローアップを行った。ただし，2024 年 10 月以降に新たに検出された記事はなく，他の媒体との間で検索時期の違いに起因する分析結果の差異は生じていない。

6 検索対象を「すべて」とした場合，「ノモンハン」でのヒット記事件数は 1672 件，「ノモンハン事件」では 1426 件となる。このように，本研究で分析対象としている記事数とノモンハン・ハルハ河戦争に関する記事の総数との間に無視できない差異がある点は留意されたい。ただし，第 17 回ウランバートル国際シンポジウムでは検索対象「すべて」での検索結果についての分析結果について報告しており，そこでは図 2 における「ノモンハン事件」の 3.1.で示したものと同様の傾向が見出されている。

7 実際には 1985 年より前の記事が検出されたこともあった。該当する記事についても，縮約版検索の結果と照合し，重複するものについては削除している。

8 なお，第 17 回ウランバートル国際シンポジウム「ハルハ河・ノモンハン戦争 85 周年：新視点と新思考」において，削除前の検索結果を対象に分析を行った結果を報告している。そこでは本稿で報告する分析結果と同様の傾向を確認している。

9 「ノモンハン事件」については検索語そのものを含む記事が 1 件（朝日新聞，1940.4.28），「ノモンハン戦争」については 1 件（朝日新聞 1941.3.9.，ただし表記は「ノモンハンの戦争」），「ハルハ河」については「哈爾哈河」表記のものが 1 件，それぞれ縮約版および記事検索で検出されなかった記事が見つかった。なお表記が異なっているとはいえ，第 2 次世界大戦中に「ノモンハン戦争」という語を含む記事が存在したことは特筆に値しよう。

10 詳細についてはざっさくプラスウェブサイト(https://zassaku-plus.com/)を参照のこと。

11 議論の混乱を避けるため，ヒットした文献の種別や内容については本研究の検討対象外とする。

12 この点については第 17 回ウランバートル国際シンポジウムで二木東京外国語大学名誉教授からご教示を受けた。特に記して感謝申し上げたい。

参考文献

朝日新聞(1940.4.28.)「週刊コドモ新聞」5.

朝日新聞(1941.3.9.)「ノモンハン事件戦記『ノロ高地』草葉栄著／杉山平助」5.

朝日新聞(1939.6.3.)「哈爾哈河を挟んで彼我，不気味な対峙　外蒙軍・新手を輸送」2.

五味川純平(1975)『ノモンハン』三一書房.

伊藤桂一(1983)『静かなノモンハン』講談社.

毎日新聞(1984.12.3.)「ハルハ河会戦―参戦兵士たちの回想」東京版，8.

ノモンハン・ハルハ河戦争国際学術シンポジウム実行委員会(1992)『ノモンハン・ハルハ河戦争：国際学術シンポジウム全記録：1991 年東京』原書房.

O.プレブ.編，D.アルマース訳，田中克彦監修(1984)『ハルハ河会戦参戦兵士たちの回想』恒文社.

田中克彦(1969)「『ノモンハン』と『ハルハ河』の間：ひとつの忘れられた戦争をめぐって」『世界』288: 206-216.

ハルハ河になお遠く：日本における「ハルハ河・ノモンハン戦争」への呼称に関するデータベース検索からの検討

田中克彦(1989.6.13.)「暮らし無視した軍用地名：『ノモンハン事件』戦記・戦史」『朝日新聞』東京版
　　　夕刊，7.
田中克彦(1991)『モンゴル　民族と自由』岩波書店.
田中克彦(2009)『ノモンハン戦争　モンゴル国と満州国』岩波新書.

ノモンハン地区における十万分一図

大堀 和利（Kazutoshi Ohori）

はじめに

　本稿におけるノモンハン地区とは，車臣汗（チェチェンハン Сэцэн-Хан）[1]・呼倫貝爾（ホロンバイル Хулун-Буйр）[2]・東烏珠穆沁（東ウジムチン Жуун-Узэмчин）[3]・ザバイカル州（後貝加爾 Забайкалье）[4] を指す（図1）。この地区の地形図を最初に測図したのは帝政ロシアで，1896年（明治29年）から1898年にシベリア鉄道分岐点のカルイムスカヤ Карымская から満洲里支線に沿って，露清国境まで4万2千分1図を測図した。満洲側は，日露戦争後，ロシア軍が駐屯している間の1906年（明治39年）に8万4千分1図を測図した[5]。日本軍は日露戦争中と戦後に南満洲を測図し，明治43年（1910年）に東部内蒙古の測図を開始する[6]。

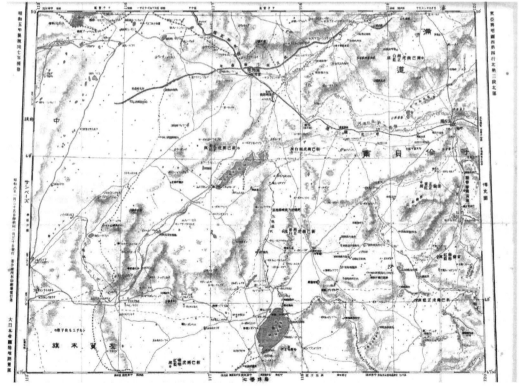

図1. 百万分一東亜輿地図「満洲里」昭和5年（1930年）製版同7年補修
　　 露版8万4千分1図と臨時測図部測図の十万分一図による

第一次世界大戦によるシベリア出兵，満洲国の建国，日中戦争，ノモンハン事件，第二次世界大戦と続くなか，日本軍は満洲や蒙古の測図を続けるが，測図機関は日露戦争時の臨時測図部（第二次）[7]から，支那駐屯軍司令部[8]，シベリア出兵時の臨時測図部（第三次）と特別測図班[9]，東三省陸軍測量局（民国政府），満洲国建国までの支那駐屯軍司令部，満洲国建国後の陸地測量部と多様で，その過程は複雑である。

　この地区の地理的全容は，第二次世界大戦末期の昭和18年（1943年）に，関東軍測量隊と駐蒙軍司令部[10]により漸く明らかになるが，作成された地図は全て秘密図のため測図の実態は不明で，戦後も人々に知られることはなかった。ノモンハン事件から85年が経過したが，事件はそもそも地図上の国境認識の相違が発端である。この地区における地図作成は歴史的事実で，この事実が消え去ることのないよう明らかにする。

シベリア鉄道

　シベリア鉄道は，1891年（明治24年）に，東はウラジオストック Владивосток 西はチェリャビンスク Челябинск から着工され，1899年（明治32年）にイルクーツク Иркутск まで，1900年にスレーテンスク Сретенск まで開通，1901年（明治34年）には満洲里に達した。その時アバガイト Абагайтуй（阿巴蓋図伊）界約[11]の国境線をはさんで，ロシア側にマツイエフスカヤ・シビーリ Ст. Мациевская Сибирь（シベリア)駅（図1），満洲側にマンチュウリア Маньчжурия（満洲里）駅が設置される。マツイエフスカヤはザバイカル州知事（軍政長官）マツイエフスキーМациевский 少将に因む。

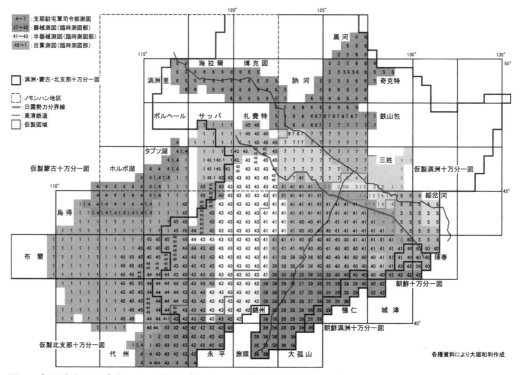

図2. 支那駐屯軍司令部による測図（大正4〜7年）とノモンハン地区

1904年（明治37年）に哈爾浜経由の短絡線（東清鉄道）が完成したが，ハバロフスク（Хабаровск）経由の本線も，日露戦争後の1908年（明治41年）に着工され，1916年（大正5年）に完成する。

露版図ハルハ河へ

イルクーツク以東の東部シベリアにおけるロシア軍の測図は，シベリア鉄道の東進に伴い1893年（明治26年）から実施され，1894・1895年にはチタ Чита からスレーテンスク Сретенск まで，1896〜1898年には本線からの分岐点であるカルイムスカヤ Карымская からマツイエフスカヤ Мациевская（図1）まで測図したが（4万2千分1図），鉄道沿線以外のザバイカル地区は，1907年（明治40年）以後の測図となった[12]。

満洲領内は，日清戦争後にロシアが租借した遼東半島地区を1901年（明治34年）に測図，1905年（明治38年）にはその北部，奉天・長春・哈爾浜まで測図し[13]，日露戦争後は，ロシア軍の満洲撤兵前の1906年（明治39年）に，日露勢力分界線[14]（図2）以北の主要部分を測図した。この地区ではハルハ河の北岸に達している（図5）。

臨時測図部による測図ハルハ河へ

一方日本軍は，臨時測図部が明治41年（1908年）までに日露勢力分界線以南の五万分一図を測図した（図2）。測図は器械測図で，西部地区は測板を使用しない半器械測図となったが，明治42年に基本縮尺が十万分一図と規定されたため，明治41年の測図は十万分一に縮図され，五万分一図としては製版されなかった。図郭には経緯度が記載されている。

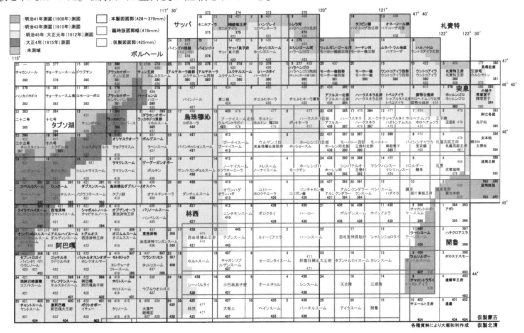

図3. 東部内蒙古における臨時版蒙古十万分一図・仮製蒙古十万分一図・本製（経緯度）図郭の図郭位置と図郭幅比較（数字は図郭幅）

ノモンハン地区における十万分一図

　臨時測図部は明治43年（1910年）に編成を改め，既測域（明治41年測図域）の西側，東部内蒙古の測図を開始するが，明治41年の測図域に隣接する東半分は半機械測図，西半分は秘密測図（目算測図）[15]で，経緯度観測は実施されず[16]，図郭に経緯度が記載されない仮（かり）製図[17]となる（図2・3・4）。

　明治42年に画定された本製十万分一図[18]の図郭は経度30分緯度20分で，北に行くに従って経度幅（図郭の横幅）は狭まり，北京付近の北緯40度における経度30分は426mmだが，ハルハ河付近の北緯47度では379mmとなり，その差は47mmである（図3）。

　臨時測図部による明治43年・44年（1910・1911年）の東部内蒙古の測図は，当初臨時版（応急版）が作成され[19]，明治45年（1912年）2月〜6月に発行された（図3）。経緯度の記載は無く，図郭の横幅は一律478mm±1で，北緯40度における経度30分の426mmより約5センチ大きく，北緯47度の379mmではその差は10センチとなる（図3）。

　臨時版の発行後，仮製図域の図郭が画定され，明治45年5月〜大正元年8月に（正式版）仮製蒙古十万分一図として製版されるが，仮製図の図郭幅は424mm（425mm±3）で，北緯40度における経度30分の図郭幅は426mmと本製図の図郭幅と同じだが，図郭幅は北緯47度でも424mmとほぼ変わらず，本製図との差は45mmになる（図3）。本製図の経緯度による図郭は多面体図法で，図郭幅が一律の臨時版と仮製図は，言わば横メルカトル図法である[20]。

　測図作業は明治45年：大正元年（1912年）にハルハ河北岸に達し，大正2年（1913年）3月（東北地区）と10月（西南地区）に，すべて仮製蒙古十万分一図として製版された（図2・3・4）。

　この地区の東亜百万分一図「斉斉哈爾」は明治32年に作成され（明治31年製図，同32年製版）[21]，地理的には混沌とした内容だったが（図11），明治43年の測図が大正元年第一回部分修正図に反映され，明治45年：大正元年の測図が大正4年製図・製版の図に反映される（図13）。実測域が拡大し，その経過は地理学的黎明の様相を呈している。

ハラヘンゴロとネメルゲン河

　ハラヘンゴロ Халхин-Гол（ハルハ河）は，三角山（マナ山 Мынь-Шань）[22]の合流点で東からの阿爾善 Аршан（アルシャン）河が合流するが[23]（図14），そこから南の上流は，昭和9年改測の「ハロンアルシャン Халун-Аршан」図ではネメルゲン河 Нумрэгийн-Гол（大正元年測図の図ではハラヘンゴロのまま）となって（図15）南のボグドオロオボー Богд-Улын-Обо（三国山：索岳爾済山：ソヨルジ山 Соёлдз-Ула）[24]に至る。

　臨時測図部は大正元年9月の測図でハルハ河（ハラヘンゴロ）に達したが（図3），ハルハ河の北岸は（清国外蒙古）哈拉哈（ハルハ）[25]（図12），ハルハ河の上流（ネメルゲン河）でも，東側は外蒙古哈拉哈，西側は（清国外蒙古）サッパ（Цехчин？）[26]と記載されている（サッパ3号「ハラヘンゴロ北部」，同4号「ハラヘンゴロ」，同8号「コロベンネーラ」：図3・4・12・14・15）[27]。

　ネメルゲン河源流域でも右岸（東側）は哈拉哈，左岸（西側）はサッパで，内外蒙古境界稜線の東南側は内蒙古東烏珠穆沁と記されている（サッパ5号「ハラヘンゴロ南部」：図3・4：）。同図域の昭和9年（1934年）改測貝爾湖5号「ネメルゲン河」図（図名変更）を見ると，河の位置関係は概ね合致している。

　ハルハの黒龍江省との境界は[28]，雍正12年（1734年）と道光29年（1849年）に，オボーによりハル

ハ河の北側に画定され[29]，昭和12年（1937年）の満洲国外交部・治安部・興安北省による合同調査で確認された[30]。ハルハには"楯・境・防衛"の意味があり，その領域はハルハ河以北（ネメルゲン河以東）の帯状の辺境地帯で，下流の貝爾湖（北岸にハルハ廟がある）・呼倫湖にかけては水と草に恵まれた優良な放牧地である。哈拉哈（ハルハ）王府（東路中右旗）はこの豊かな遊牧地を所轄していた。

1906年測図の露版図，サッパ4号「ロシン・ゴール河」図（大正10年製版）は（図6），ハルハ河以北を黒龍江省，ハルハ河以南を外蒙古としている。同図は大正14年（1925年）修正改版で大正元年臨時測図部測図のサッパ4号「ハラヘンゴロ」図と統合されるが（図7），修正改版の図もハラヘンゴロ（ネメルゲン河）以東は哈拉哈，以西はサッパとなっている。

ロシン・ゴール河（ハルバカント河）[31]以南は未測域で（図6），大正元年の臨時測図部測図域では東烏珠穆沁となっているものの，露版図の測図域と臨時測図部測図域は接続せず，推定地形が破線の等高線により描かれている。図郭外には行政区画として黒龍江省・外蒙古と記載されているが，図域内の黒龍江省と外蒙古との境界は不明ということで，ロシア軍は，ハルハ河とその上流のロシン・ゴール河以北を黒龍江省と推定したと思われる。

支那駐屯軍司令部

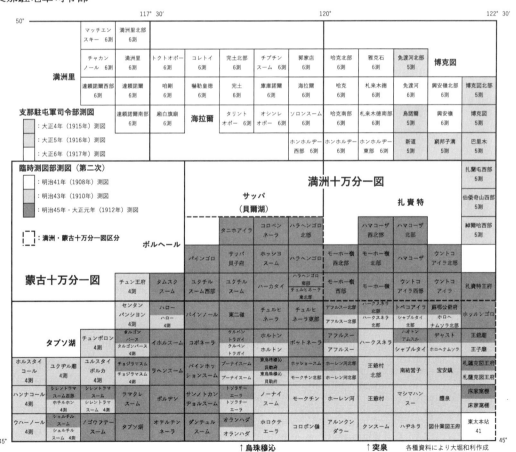

図4．臨時測図部の測図と支那駐屯軍司令部の測図

哈爾浜・斉々哈爾地区は明治43・44年に関東都督府陸軍参謀部[32]が測図していた[33]。大正3年（1914年）に第一次世界大戦が勃発すると，支那駐屯軍司令部（天津）は大正4年（1915年）に既測域の西北部：内外蒙古の境界を測図し（図2・4）[34]，大正5年には北満洲の測図に着手した。東は牡丹江地区，北は黒河方面，西は札蘭屯・博克図地区（斉々哈爾の西）を測図し，大正6年（1917年）の測図域は海拉爾から満洲里に達する（図2・4）。測図域を東部・北部・西部に広げ，翌年のシベリア出兵に備えたものと考えられる。

シベリア出兵

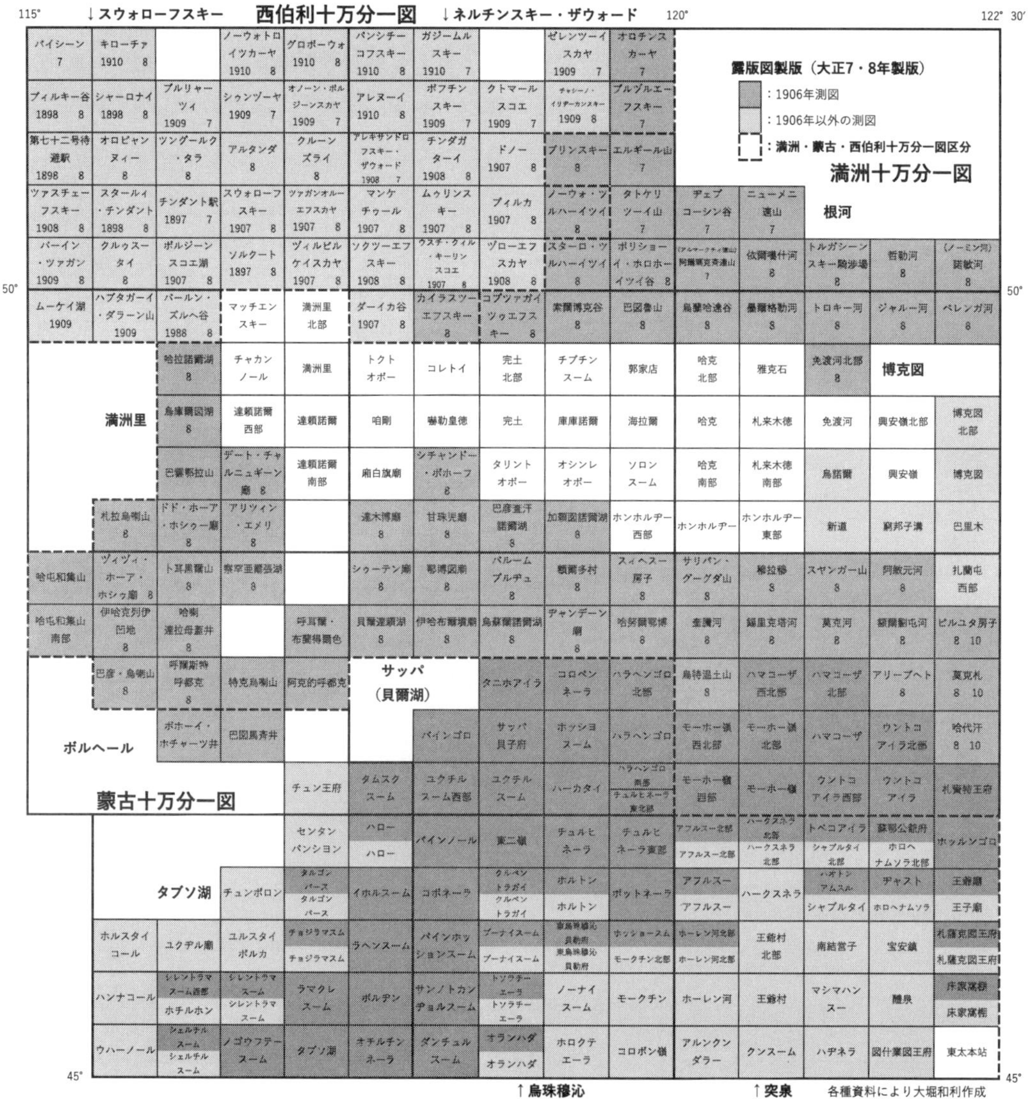

115°　↓スウォローフスキー　**西伯利十万分一図**　↓ネルチンスキー・ザウォード　120°　122°30'

露版図製版（大正7・8年製版）
- ：1906年測図
- ：1906年以外の測図
- ：満洲・蒙古・西伯利十万分一図区分

満洲十万分一図　根河

満洲里　**博克図**

蒙古十万分一図　**タブソ湖**　**ボルヘール**　**サッパ（貝爾湖）**

↑烏珠穆沁　↑突泉　各種資料により大堀和利作成

図5. 大正7・8年製版の露版図

大正7年（1918年）8月の日本によるシベリア出兵宣言後，第12師団はウラジオストックに上陸し，南満洲に駐屯していた第7師団は，隷下の第13旅団を満洲里に，第14旅団を黒河に進出させた。（第一）臨時測図部が編成され（日清戦争・日露戦争に続く第三次），測図計画により沿海州南部の測図が始まったが，第12師団がハバロフスクでロシア軍の地図を大量に押収したことから計画は変更され，9月に第二臨時測図部が編成される[35]。

押収した露版図は8万4千分1図で，図郭位置が同じだったことから十万分一図に縮図製版された。まず既存図のない地域の重要地点が大正7年に製版され，次いで大正8年（1919年）に既存図（支那駐屯軍司令部大正6年測図）の周辺地区が製版されたが（図5），露版図の精度が良好なことからこの地区における支那駐屯軍司令部測図の図は露版図に置き換えられ，大正9・10年（1920・1921年）に製版された（図6）。

南部は臨時測図部測図域との接続地区で，大正元年測図ではハルハ河北岸は外蒙古哈拉哈（ハルハ）となっていたが，露版図はハルハ河を外蒙古と黒龍江省の境としている。接続地区の露版図は大正10年（1921年）に製版された（図6）。

第二臨時測図部の測図

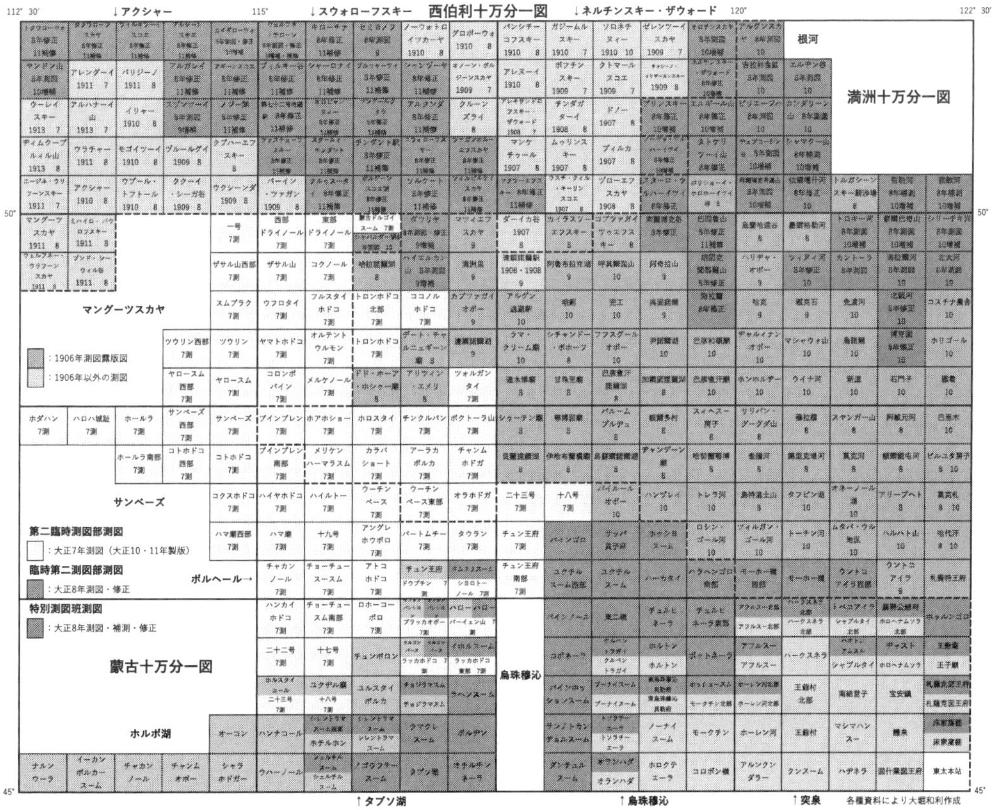

図6. 大正7年測図（西部：第二臨時測図部），大正8年測図（西北部：臨時第二測図部），大正8年
　　測図（東北部：特別測図班），大正9・10年製版の露版図

ノモンハン地区における十万分一図

　大正7年8月のシベリア出兵による第三次臨時測図部編成前に，大正7年（1918年）度作業として臨時外邦土地調査班が編成され，4月に外蒙古とザバイカル州の測図に着手したが，ザバイカル州は第7師団の満洲里進出（8月22日先遣隊到着）の前で，戦況の悪化から撤退を余儀なくされ，測地は外蒙古東部に変更された[36]。外蒙古東部の測図域は，露版図域・大正元年臨時測図部測図および大正4年支那駐屯軍司令部測図の区域にまたがり，相互の空白（未測）域を埋めている（図6）。

　第二臨時測図部の作業開始は大正8年3月とされたが，臨時外邦土地調査班は9月に編成された第二臨時測図部に編入され，大正7年における外蒙古と外蒙古東部の測図は，第二臨時測図部の測図とされた。第二臨時測図部は大正8年4月に臨時第二測図部に改編され，定員外に特別測図班が編成される。

　第二臨時測図部の作業は露版図のない地区の測図・補測と露版図の修正測図（図6左上）で，特別測図班の測図計画は外蒙古西部とイルクーツク以西のシベリアだったが，ネルチンスク Нерчинск 以北以外は中止となり，測地は満洲領内の測図・補測と露版図の修正測図に変更された（図6右上）[37]。測図・補測は大正9・10年に製版・増補改版され，修正は大正11年に補修される。

図郭調整

　ハバロフスクで鹵獲した8万4千分1露版図の十万分一図への縮図製版作業は，大正11年に完了した。露版図は測量機器を使用した公然測図で[38]，各図には天（経緯度）測点があり，図郭は経緯度に拠る。これに対し，大正元年の臨時測図部と大正4年の支那駐屯軍司令部の測図は秘密測図で，経緯度観測は行われず[16]，経緯度表示のない仮製図である。経緯度表示がない一律の図郭幅は，経緯度に基づく露版図より大きい（北緯47度で45mm）。

　露版図の精度が良好なことから，大正13・14年（1924・1925年）に露版図の経緯度図郭に依拠した接合調整が行われる。露版図のあるところは，図郭はそのままの露版図に修正を加え，露版図のないところは臨時測図部大正7年測図の図を充て，露版図の経緯度に合わせて図郭を修正した（修正改版）（図7）。

　ノモンハン事件の主戦場となった地区では，ハルハ河を挟んで北岸はロシア軍1906年略測図の縮図露版図「パイルールオボー」（図6・17），南岸は臨時測図部大正元年測図の「タニホアイラ」図（図5）を充て，統合して図名を変更し，大正14年修正改版「哈拉哈王府」図となった（図6・7・17）。「哈拉哈王府」図では，ハルハ河北岸は黒龍江省，南岸は外蒙古と記載されており，日本側のハルハ河国境説の根拠となる。

　大正7年の臨時測図部の測図は秘密測図ではなく図郭には経緯度が記載されているが，位置にはズレが発生していた。大正4年測図（大正6年製版）の「チュン王府」図[39]はタブソ湖6号北部（ボルヘール10号）だったが（図4），露版図の製版でボルヘール5号となり（図5），大正7年測図（大正10年製版）ではサッパ24号となるが（図6），図郭調整後の大正14年修正改版では再びボルヘール5号となった（図7）。調整を行った修正改版の図には経緯度が記載され，仮製の文字が消え，区分名の仮製蒙古十万分一図は蒙古十万分一図となる。

　東経120度以西，北緯46度40分以南では図郭調整が行われず，一図幅あたり約5センチの差があるため，一覧図に空白を設けて調製した（図6）。大正元年・4年・7年の測図が交錯し，相互の接続・位置の同定ができない地区では，それぞれの図を併用した（図6）。

これら精度不良地区の解消は，昭和17・18年（1942・1943年）の駐蒙軍司令部（蒙古連合自治政府領）および関東軍測量隊（満洲領および外蒙古領）の空中写真測量による改測を待たねばならない（図10）。

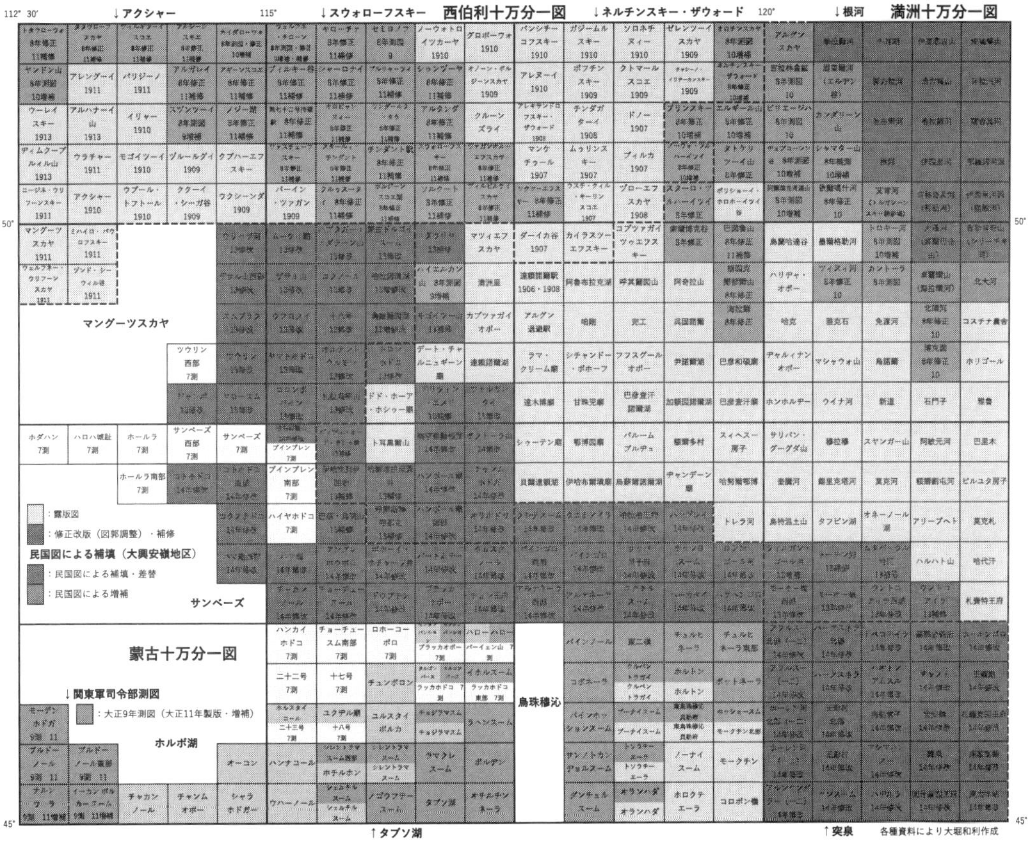

図7. 大正13・14年修正改版（図郭調整）と補修および民国図の補填・増補（大興安嶺地区）

支那駐屯軍司令部による修正略測図

　図郭調整による修正改版作業は大正14年に終了し，大正15年（1926年）からは支那駐屯軍司令部による修正測図が始まる（図8）。東支鉄道沿線の博克図から海拉爾・満洲里にかけて昭和3・4年（1928・1929年）に修正が行われたが，依然として秘密測図で，図歴には修正略測図と記載された。空白（未測域）となっていた大興安嶺地区には，中華民国政府の東三省陸軍測量局による民国5年〜9年（大正5〜9年：1916〜1920年）測図の図が補填され，昭和2・3年（1927・1928年）に製版されるが，精度はよくなかった（図7）。

　支那駐屯軍司令部による修正測図は昭和6・7年（1931・1932年）にも実施され[40]，海拉爾河源流域やのちに鉄道が敷設される[41]王爺廟（烏蘭浩特：ウランホト Улан-Хото）・索倫（ソロン Солунь）地区など，修正域は拡大した（図8）。昭和8年（1933年）の修正は主に満洲里以東のソ満国境地区で実施され

ノモンハン地区における十万分一図

た[42]（図8）。

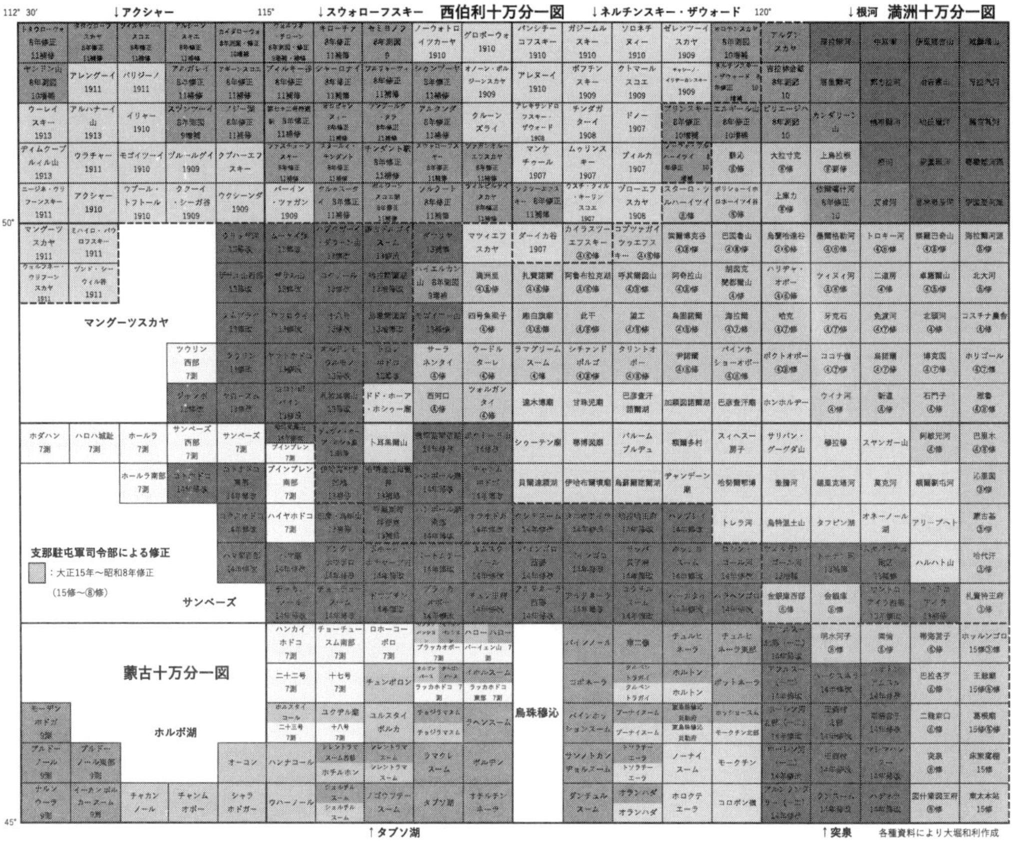

図8. 支那駐屯軍司令部による修正（大正15年〜昭和8年）

関東軍測量隊の編成

　昭和7年（1932年）に満洲国が建国されると，測図は昭和8年（1933年）から公然測図となり，昭和8年に満洲地形図図式が制定され，修正の際に旧図式（大正6年改訂外邦図図式・露版図図式）から満洲地形図図式に改描された。基本測図として，陸地測量部により綏芬河（東部国境）および斉々哈爾・王爺廟地区の五万分一空中写真測図が実施され[43]，縮図により十万分一図が作成される（図9）が，昭和9年（1934年）3月に関東軍測量隊が編成され，以後，測図の中心機関は関東軍測量隊となる。

　昭和9年は国境地区など緊急性の高い地区の修正・改測が優先された。この地区では博克図から海拉爾・満洲里にかけて再度修正され（図9），満洲地形図図式に改描されたが，ノモンハン事件の主戦場となった「烏蘇爾諾爾 Узур-Hyp 湖」図は，線路測図（主要交通路沿線の修正）による修正で，露版図式のまま原版補修にとどまった（図9・16）。南部地区では改測が実施され，露版図に基づく「ハンヅレイ」・「ロシン・ゴール河」図は，それぞれ満洲地形図図式により図名も変更され，「ハンダガイ」・「ハロンアルシャン」図（昭和10年：1935年製版）となった（図8・9）。

228

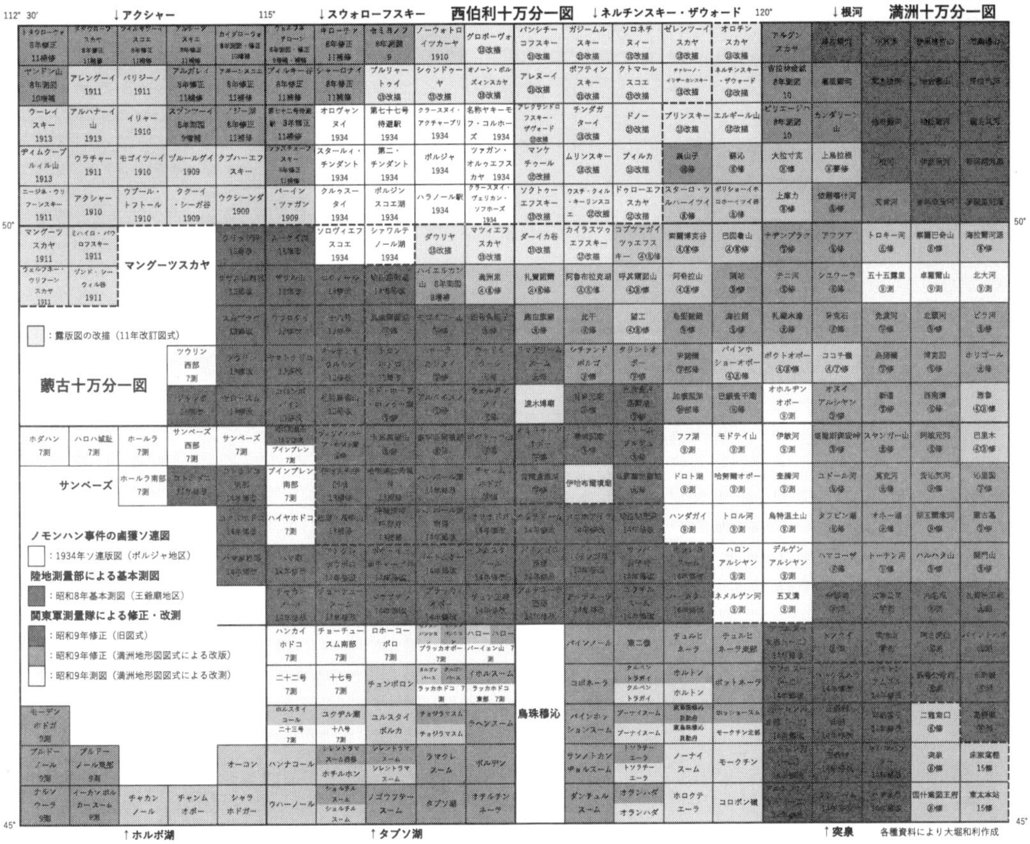

図 9. 関東軍測量隊による修正・改測，露版図の改描，ノモンハン事件でのソ連図の鹵獲

　主戦場地区の改測は翌昭和 10 年に実施され，「烏蘇爾諾爾湖」図（図 9・16）は「将軍廟」（昭和 11 年製版）と改名（図 10・18）（この測量の際，測量官が外蒙兵に拉致される），日本軍はこの「将軍廟」図により戦うことになる[44]。

　南に隣接する大正 14 年の図郭調整による修正改版「哈拉哈王府」図は（図 9・17），昭和 10 年の改測により「ノールィンバルタ」[44]図となるが（図 10・19），改測はハルハ河北岸の満洲領（露版測図域）だけで，南岸の外蒙古領は臨時測図部による大正元年測図のままである。

露版図の改描とノモンハン事件　駐蒙軍司令部の測図

　満洲地形図図式は昭和 11 年（1936 年）に改訂され[45]，以後の改測は昭和 11 年改訂図式による。ソ連領の露版縮図十万分一図も，昭和 11 年に満洲地形図図式への改描が始まっていたが，昭和 12 年（1937年）に改訂満洲十万分一図図式に基づく改描用露版図図式が制定され，この地区におけるソ連領露版図も改描される（図 9・10）。

　改測および露版図の改描が進むなか，昭和 14 年（1939 年）にノモンハン事件が起き，日本軍はソ連軍将校の遺体からボルジャ Борзя 地区の 1934 測図の十万分一図を入手する（図 9）。この図はそのまま

ノモンハン地区における十万分一図

昭和 14 年に製版されたのち（図 20），改描用露版図図式に改描された（昭和 16 年改版）。昭和 15 年（1940 年）の改測は，北部は吉拉林地区に達した（昭和 17 年製版）（図 10）。

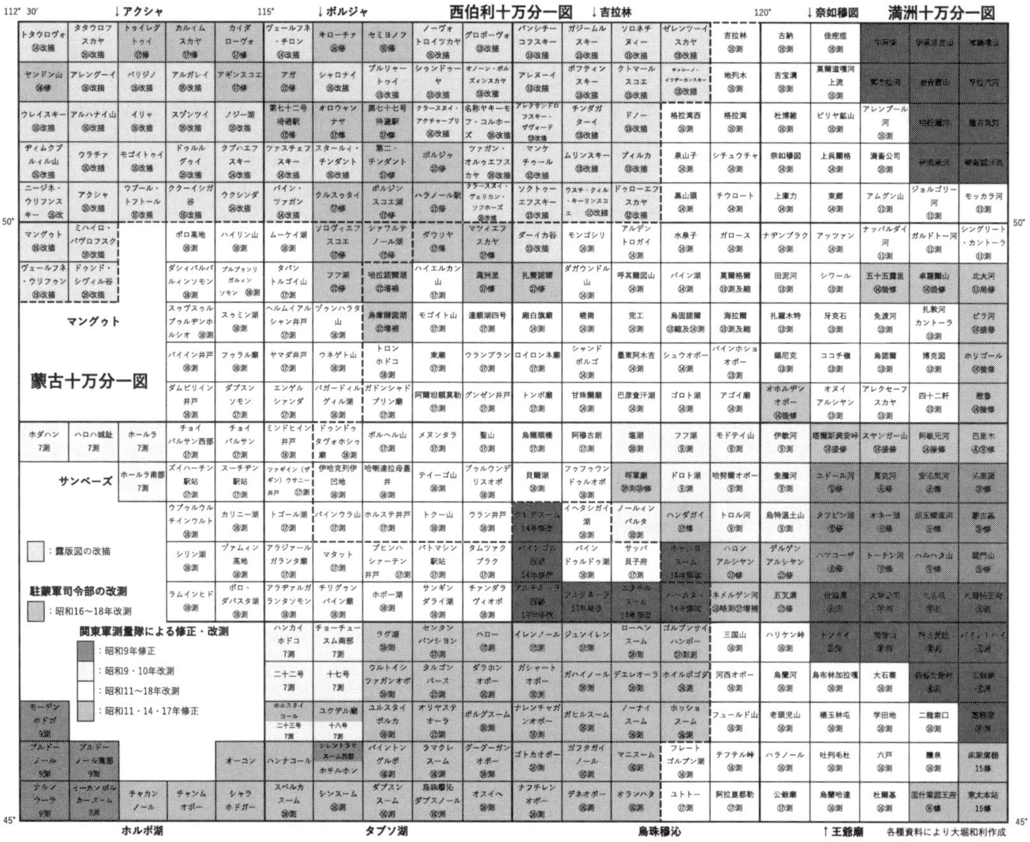

図 10. 関東軍測量隊による改測と駐蒙軍司令部による改測

昭和 16 年（1941 年），関東軍測量隊は三国山（ソヨルジ山 Соёлдз-Ула）以南を改測する（図 10）。一方駐蒙軍司令部は，昭和 14 年から蒙古連合自治政府の領域の改測を進めており[46]，昭和 16 年の改測域は関東軍測量隊による満洲領の改測域と接続する（図 10）。これにより，北緯 46 度 40 分における図郭の不整合は解消する。

昭和 17 年（1942 年），関東軍測量隊は吉拉林以北の改測とソ連領の鉄道沿線の修正測図実施し（図 21），昭和 18 年（1943 年）にかけては，西部国境地区の改測と外蒙古領を測図する。駐蒙軍司令部による蒙古連合自治政府領の改測は昭和 18 年に完了した（図 10）。

おわりに

以上が，ノモンハン地区における地図整備状況である。各測図機関により作成された図は，経緯度位置の観測の困難，モンゴル語・ロシア語のカタカナ表記の難しさ，地名変更などにより図名が変遷する

が，一覧図を作成してそれぞれの時期の図名を確認した。各所蔵機関の所蔵確認に役立てば幸いである。調査結果の発表の機会を与えてくれたシンポジウム実行委員会の方々と公益財団法人渥美国際交流財団関ログローバル研究会（SGRA），モンゴル国立大学に謝意を表したい。

　本稿中，当時の日本軍が使用した満洲，蒙古，支那などの呼称は，図域の区分名など固有名詞でもあり，混乱を避けるためそのまま使用した。年号は，陸地測量部は測図歴を和暦で表記しており，本稿中の図表や文献資料との照合の利便性から和暦とし，西暦を併記した。

註

1　本稿においては主に現モンゴル国ドルノド Дорнод 県（車臣汗部の領域はさらに西に広がる）。
2　現内モンゴル自治区フルンボイル（呼倫貝爾）市。
3　現内モンゴル自治区錫林郭勒（シリンゴル）盟東烏珠穆沁旗。
4　現チタ州 Читинская область。
5　帝政時代のロシアは十進法ではなく，1 ヴェルスタ верста（1 露里）が 500 サージェン сажень，1 サージェンが 84 チュイム дюйм（インチ）で，1 チュイム 1 ヴェルスタ図（1 インチ 1 露里図）は 4 万 2 千分 1 図，1 チュイム 2 ヴェルスタ図（1 インチ 2 露里図）は 8 万 4 千分 1 図となる。
6　大堀和利「内モンゴルの測図とモンゴル連合自治政府の測図」（『モンゴルと東北アジア研究』Vol.9　風響社，2024 年 3 月，p.165）参照。
7　臨時測図部は，日清戦争時の第一次（明治 28〜33 年：1895〜1900 年），日露戦争時の第二次（明治 37〜大正元年：1904〜1912 年），シベリア出兵時の第三次（大正 7〜8 年：1918〜1919 年）が編成された。
8　天津駐屯。明治 45 年（1912 年）4 月まで清国駐屯軍，昭和 12 年（1937 年）8 月から北支那方面軍。
9　大堀和利「シベリア出兵におけるシベリアとモンゴルの測図」（『モンゴルと東北アジア研究』Vol.8　風響社，2023 年 3 月，pp.51-52）参照。
10　昭和 13 年（1938 年）1 月，日本軍は張家口（カルガン Калган　Халган）に駐蒙兵団司令部を設置し，同年 7 月に駐蒙兵団は駐蒙軍に改編された。
11　1727 年のブーラ Бура 布拉条約，キャフタ Кяхта 恰克図条約による。図 1 にアバガイト界約の国境線が記載されている。
12　測図年は十万分一図記載の測図歴および防衛研究所戦史研究センター所蔵 8 万 4 千分 1 図等による。
13　「八万四千分一露版図測量区分一覧図　大日本帝国陸地測量部」による（筆者所蔵）。
14　明治 40 年：1907 年 7 月の日露秘密協約により画定。外務省『明治百年叢書I・日本外交年表並主要文書上』原書房 1976 年（p.369），大堀和利「満洲測量事情とノモンハン地区の境界線」（『国際的視野のなかのハルハ河・ノモンハン戦争』三元社，2016 年，pp.236，244）参照。
15　偵察測図・目算記憶測図とも言い，手帳式で測板を使用せず，距離は歩測（歩度計），高度は気圧計により，行商人や薬売りとして測地に進入した。
16　緯度は太陽高度法，経度は時計運搬法（グリニッジに合わせた時計を携帯）により簡易的に測定した。
17　経緯度に拠らない暫定的図郭なので，仮製蒙古十万分一図，仮製満洲十万分一図，仮製北清十万分一図など，仮製の文字が冠された。
18　陸地測量部内では仮製に対し本製と言うが，“本製”の文字が印字されることはない。
19　大堀和利「内モンゴルの測図とモンゴル連合自治政府の測図」図 2 の 43・44 年測図の部分で（『モンゴルと東北アジア研究』Vol.9　風響社，2024 年 3 月，p.164），防衛研究所戦史研究センター所蔵。
20　ユニバーサル横メルカトル図法で，現在の日本の五万分一図，二万五千分一図も使用している図法。
21　大堀和利「内モンゴルの測図とモンゴル連合自治政府の測図」図 5 の一覧図および註 25 参照（『モンゴルと東北アジア研究』Vol.9　風響社，2024 年 3 月，pp.168，175）。
22　三角山（マナ山）の戦闘はノモンハン事件の最後の地上戦で，事件後の国境画定に大きく影響した。大堀和利（筆名島田英常）「地図は語る 28 ノモンハンその 23」（『地図中心』459 号（財）日本地図センター，2010 年 12 月，pp. 42-45）参照。
23　旧ソ連の図では阿爾善河はハルハ河本流で，南から支流のネメルゲン河が合流，さらに伊爾施イルセ Ирши で阿爾山からのハルバカント河 Хара-Багант-Гол（ロシンゴール河）が合流する。大堀和利（筆名島田英

常）「地図は語る 34 ノモンハンその 29」図 1，2（『地図中心』465 号（財）日本地図センター，2011 年 6 月，pp. 42-45）。

24 満洲国・外蒙古・蒙古連合自治政府（現モンゴル国・内モンゴル自治区錫林郭勒盟・興安盟）の境界。

25 図 1 下部に哈爾哈王府，大堀和利（筆名島田英常）「地図は語る 19 ノモンハンその 14」図 2『新満洲国全図』（昭和 17 年 1 月発行　日本統制地図［株］）に喀爾喀中右旗と記載されている（『地図中心』449 号（財）日本地図センター，2010 年 2 月，p. 37）。

26 大堀和利（筆名島田英常）「地図は語る 8 ノモンハンその 3」図 1『東蒙古の実相』付図（大正 2 年 3 月発行［株］兵林館）にツァハ貝子府（『地図中心』438 号（財）日本地図センター，2009 年 3 月，pp.42-43），「地図は語る 12 ノモンハンその 7」図 1『満蒙調整最新明細大地図』（昭和 7 年 1 月発行　南満州鉄道［株］北海タイムス社）にサツハ貝勒府（鎮国公）（左翼前旗）（『地図中心』442 号（財）日本地図センター，2009 年 7 月，pp.42-43），「地図は語る 19 ノモンハンその 14」図 2『新満洲国全図』（昭和 17 年 1 月発行　日本統制地図［株］）にサッパ左翼前旗と記載されている（『地図中心』449 号（財）日本地図センター，2010 年 2 月，p.37）。

27 五十万分一図名「サッパ」（のちに「貝爾湖」に変更）を総図名とし，25 分割して番号を付与。

28 車臣汗部から移住した新巴爾虎と車臣汗部との境界。

29 大堀和利（筆名島田英常）「地図は語る 30 ノモンハンその 25」図 2，「地図は語る 31 ノモンハンその 26」図 1，図 2，「地図は語る 32 ノモンハンその 27」図 1，図 2，図 3（『地図中心』461 号（財）日本地図センター，2011 年 2 月，p.45，『地図中心』462 号，2011 年 3 月，pp.42-43，『地図中心』463 号，2011 年 4 月，pp.41-45）参照。

30 関東軍司令部は『十万分一西部国境線関係要図』第 1〜20 号（昭和 12 年調査同 13 年製版　関東軍司令部調整）を作成した。国立国会図書館所蔵。大堀和利「満洲測量事情とノモンハン地区の境界線」（『国際的視野のなかのハルハ河・ノモンハン戦争』三元社，2016 年，pp.238-239）参照。

31 昭和 9 年改測「ハロンアルシャン」図ではハルバカント河。

32 大正 8 年（1919 年）4 月に関東軍司令部となる。

33 日露勢力分界線以北の秘密測図。

34 大正元年測図の時には境界まで到達できなかった。大堀和利「シベリア出兵におけるシベリアとモンゴルの測図」（『モンゴルと東北アジア研究』Vol.8　風響社，2023 年 3 月，p.48）参照。

35 大堀和利「シベリア出兵におけるシベリアとモンゴルの測図」（『モンゴルと東北アジア研究』Vol.8 風響社，2023 年 3 月，pp.49-51）参照。

36 同上（p.49）参照。

37 同上（pp.51-52）参照。

38 秘密測図に対する呼称。明治 33 年（1900 年）の北清事変（義和団事件）後，11 月に第二次露清密約が結ばれ，ロシアは満洲での軍隊駐留権を得る。

39 "チュン"は，哈爾哈（東路）中右旗の"中"の中国語音か。「チュン王府」図（大正 4 年測図同 14 年修正改版）では，チュン王府の地名の付近に唐木寺廟 タムススーム（Тамсаг-Сум？），タムスボルガ（Тамсаг-Булаг？）の地名がある。

40 昭和 2 年および 5 年は，哈爾浜・斉々哈爾・黒河方面を修正している。

41 昭和 12 年（1937 年）10 月に白城子（現白城）・阿爾山間の白阿線が開通。昭和 16 年 5 月に杜魯爾 Торэра まで延伸して白杜線となる。

42 海拉爾付近からアルグン（額爾古納　Аргунь）河地区および満洲里にかけて。

43 作成された新しい五万分一図は，斉々哈爾から王爺廟・洮南にかけて市販された。

44 ノールィンバルタ Норын-Барта は山の背のデコボコした通過困難地帯を意味する。

45 完成度が高く，内邦用の昭和 17 年式地形図図式に反映される。

46 大堀和利「内モンゴルの測図とモンゴル連合自治政府の測図」（『モンゴルと東北アジア研究』Vol.9　風響社，2024 年 3 月，p.168）参照。

参考文献

善隣協会調査部編『蒙古大観』（改造社，1938 年）.

地理調査所『国外地図目録』（1958 年）.

参謀本部『大正七年乃至十一年　西伯利出兵史』上中下（新時代社[復刻]，1972 年）.

参謀本部・北支那方面軍司令部『外邦測量沿革史草稿』第 1～4 冊（不二出版[復刻]），2009 年）．
大堀和利（筆名島田英常）「ノモンハン その 1~30」（『地図中心』第 436～466 号，2009～2011 年）．
大堀和利「満洲測量事情とノモンハン地区の境界線」（ボルジギン・フスレ編『国際的視野のなかのハルハ河・ノモンハン戦争』三元社，2016 年）．
大堀和利「満洲・蒙古・西伯利十万分一図と作戦用五十万分一図の整備」（『軍事史学』第 59 巻第 2 号，軍事史学会編，錦正社，2023 年）．
大堀和利「シベリア出兵におけるシベリアとモンゴルの測図」（『モンゴルと東北アジア研究』Vol.8，風響社，2023 年）．
大堀和利「内モンゴルの測図とモンゴル連合自治政府の測図」（『モンゴルと東北アジア研究』Vol.9，風響社，2024 年）．

付録

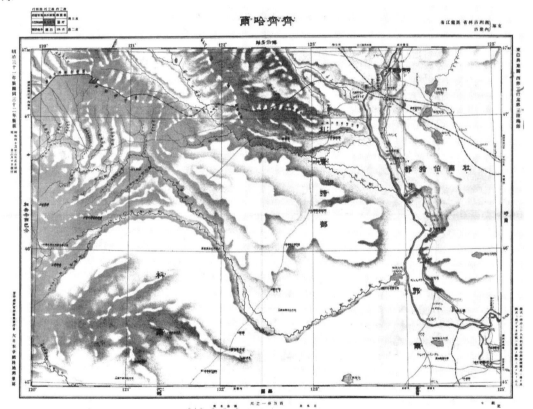

図 11. 百万分一東亜輿地図「斉斉哈爾」明治 32 年（1899 年）製版

ノモンハン地区における十万分一図

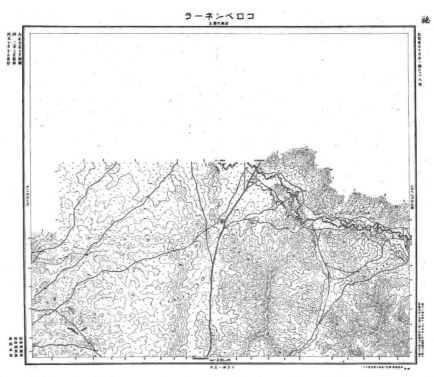

図 12. 蒙古十万分一図「コロベンネーラ」大正元年（1912 年）9 月測図　図 14 の左に接続

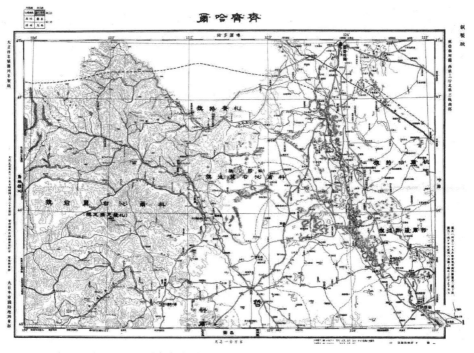

図 13. 百万分一東亜輿地図「斉斉哈爾」大正 4 年（1915 年）製版
明治 43 年（1910 年）及明治 45 年：大正元年（1912 年）測図による改版

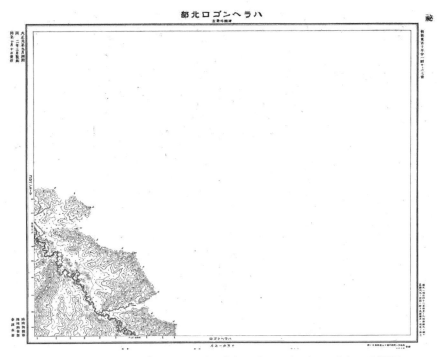

図 14. 蒙古十万分一図「ハラヘンゴロ北部」大正元年（1912 年）9 月測図
　　図左下の東からの支流（阿爾善：アルシャン河）との間が三角山（マナ山）

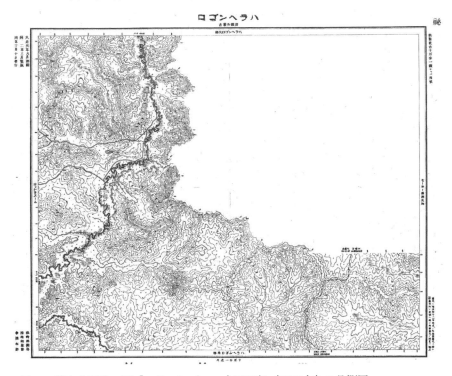

図 15. 蒙古十万分一図「ハラヘンゴロ」大正元年（1912 年）9 月測図

ノモンハン地区における十万分一図

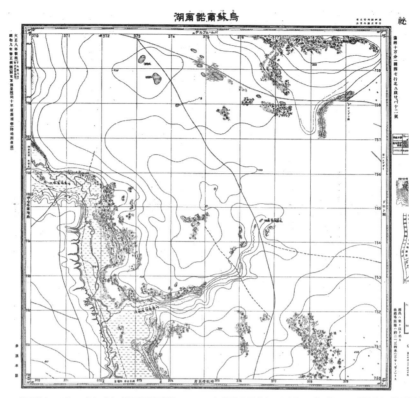

図 16. 満洲十万分一図「烏蘇爾諾爾湖」1906 年測図露版　昭和 9 年修正　関東軍測量隊

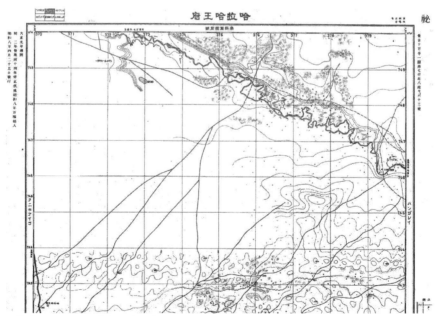

図 17. 蒙古十万分一図「哈拉哈王府」1906 年測図露版　大正元年（1912 年）測図　臨時測図部
　　　左下に哈拉哈（ハルハ）王府，左上にパイルールオボー（スンブルオボー：ハマルダバー）

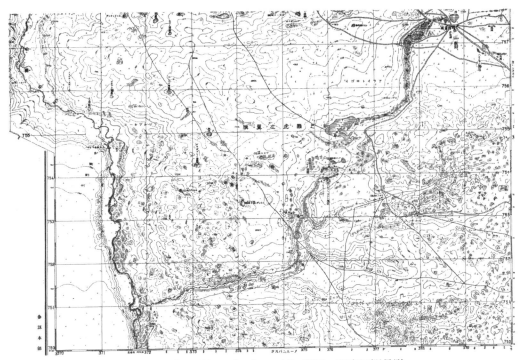

図 18. 満洲十万分一図「将軍廟」昭和 10 年（1935 年）測図　関東軍測量隊
右上に将軍廟，左下に 742（ノロ）高地

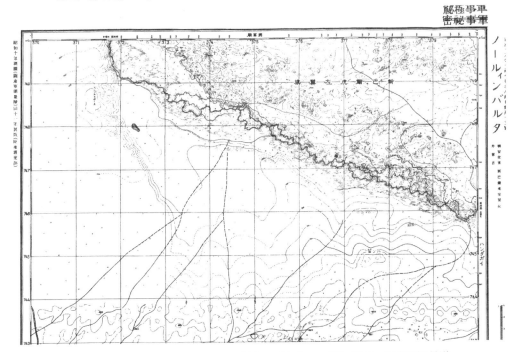

図 19. 満洲十万分一図「ノールィンバルタ」昭和 10 年（1935 年）測図　関東軍測量隊
上半分のみ改測

ノモンハン地区における十万分一図

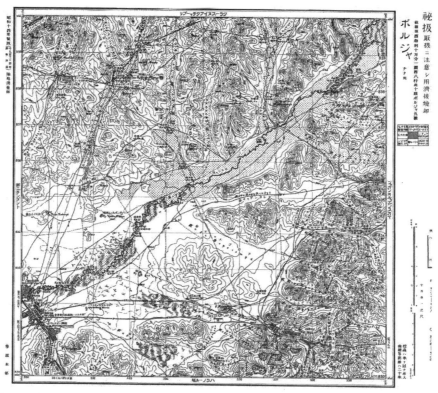

図20. 西伯利十万分一図「ボルジャ」1934年測図ソ連版

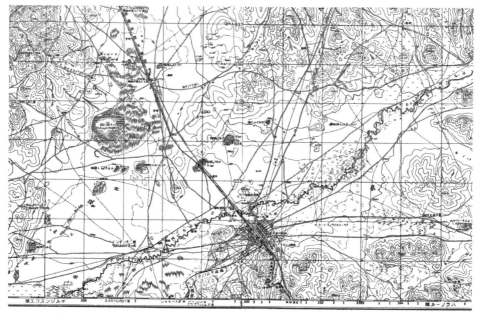

図21. 西伯利十万分一図「ボルジャ」・「第二チンダント」1934年ソ連版
　　昭和17年（1942年）修正　関東軍測量隊

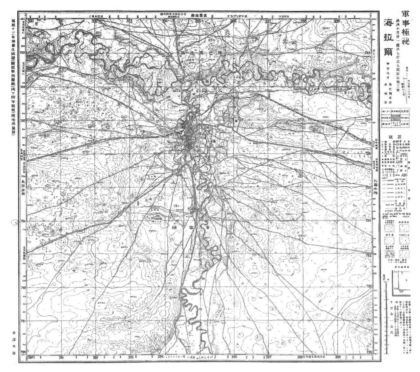

図 22. 満洲十万分一図「海拉爾」昭和 13 年（1938 年）測図及縮図　関東軍測量隊

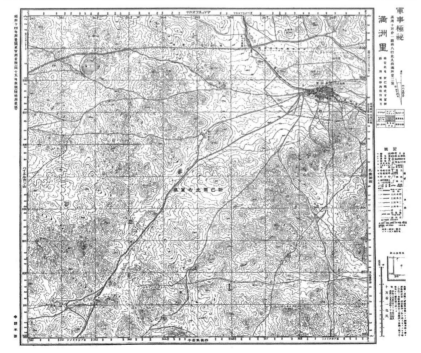

図 23. 満洲十万分一図「満洲里」昭和 14 年（1939 年）測図　関東軍測量隊
　　　図上部に斉斉哈爾協定国境線と成吉思汗塁址

ノモンハン地区における十万分一図

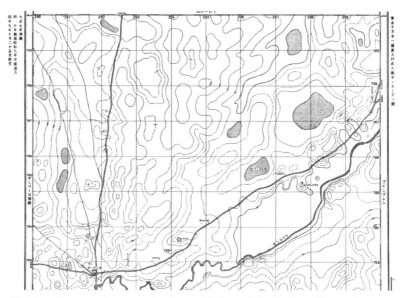

図 24. 蒙古十万分一図「サンベーズ」大正 7 年（1918 年）測図　左下にサンベーズ
サンベーズはケルレン Хэрлэн　Керулен 克魯倫, サンベーズ Санбейсе 桑貝子,
バヤントゥメン Баянтумен 巴彦図門, チョイバルサン Чойбалсан 喬巴山と名称が変遷

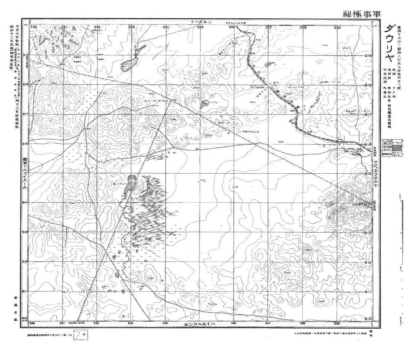

図 25. 西伯利十万分一図「ダウリヤ」1906 年測図露版（ソ連および満洲領）　大正 8 年測図及修正
臨時測図部　昭和 13 年（1938 年）改版（防衛研究所戦史研究センター史料室所蔵）　右上のダウリ
ヤ Даурия 停車場で大正 8 年（1919 年）1 月に汎モンゴル大会が開かれた。タルバガン・ダフは 1994
年確定の位置と異なる

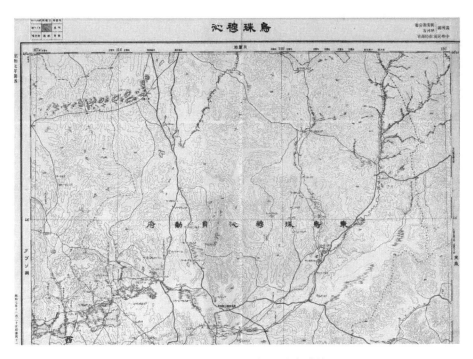

図 26. 満洲五十万分一図「烏珠穆沁」昭和 7 年（1932 年）製版
　　明治 43 年（1910 年）および 45 年：大正元年（1912 年）臨時測図部測図十万分一図を編集

図 27. 満洲五十万分一図「烏珠穆沁」昭和 18 年（1943 年）修正改版
　　昭和 16 年関東軍測量隊および駐蒙軍司令部測図十万分一図を編集

地図目録

図 1. 『満洲里』 東亜輿地図 西第四行北第三段北部 昭和 5 年（1930 年）製版 同 7 年補修，昭和 8 年 1 月 30 日発行 大日本帝国陸地測量部.

図 11. 『斉斉哈爾』 東亜輿地図 西第三行北第三段南部 明治 31 年製図 同 32 年製版，明治 43 年 2 月 10 日発行 大日本帝国陸地測量部.

図 12. 『コロベンネーラ』清国外蒙古 仮製蒙古十万分一図 サッパ 8 号 大正元年 9 月測図 臨時測図部，同 2 年 3 月製版 陸地測量部，同年 10 月 10 日発行 参謀本部.

図 13. 『斉斉哈爾』 東亜輿地図 西第三行北第三段南部 大正 4 年製図 同年製版，大正 5 年 5 月 30 日発行 大日本帝国陸地測量部.

図 14. 『ハラヘンゴロ北部』清国外蒙古 仮製蒙古十万分一図 サッパ 3 号 大正元年 9 月測図 臨時測図部，同 2 年 3 月製版 陸地測量部，同年 10 月 10 日発行 参謀本部.

図 15. 『ハラヘンゴロ』清国外蒙古 仮製蒙古十万分一図 サッパ 4 号 大正元年 9 月測図 臨時測図部，同 2 年 3 月製版 陸地測量部，同年 10 月 10 日発行 参謀本部.

図 16. 『烏蘇爾諾爾湖』 満洲十万分一図 西 7 行北 8 段 サッパ 12 号 大正 8 年製版（1906 年略測量露版図） 昭和 9 年修正測図（関東軍測量隊） 同 10 年原版補修（陸地測量部），参謀本部.

図 17. 『哈拉哈王府』 蒙古十万分一図 西 7 行北 8 段 サッパ 13 大正元年測図 臨時測図部，同 2 年製版 同 14 年修正改版 昭和 8 年方眼描入 陸地測量部，昭和 8 年 4 月 25 日発行 参謀本部.

図 18. 『将軍廟』 満洲十万分一図 西 7 行北 8 段 貝爾湖 12 号 昭和 10 年測図（関東軍測量隊），同 11 年製版（陸地測量部），参謀本部.

図 19. 『ノールィンバルタ』 満洲十万分一図 西 7 行北 8 段 貝爾湖 13 号. 昭和 10 年測図（関東軍測量隊），同 11 年製版（陸地測量部），参謀本部.

図 20. 『ボルジャ』 蘇連版西伯利十万分一図 西 8 行北 10 段 ボルジャ 9 号 昭和 14 年製版（1934 年測図ソ連版図） 陸地測量部，参謀本部.

図 21. 『ボルジャ』 西伯利十万分一図 壱参ター六九 昭和 14 年製版（1934 年測図ソ連版図） 昭和 15 年改版（陸地測量部） 昭和 17 年修正測量同年製版（関東軍測量隊），参謀本部. 『第二チンダント』 西伯利十万分一図 壱参ター七九 昭和 14 年製版（1934 年測図ソ連版図） 昭和 16 年改版（陸地測量部） 昭和 17 年修正測量同年製版（関東軍測量隊），参謀本部.

図 22. 『海拉爾』 満洲十万分一図 西 7 行北 9 段 海拉爾 3 号 昭和 13 年測量及縮図（関東軍測量隊），同 14 年製版（陸地測量部），参謀本部.

図 23. 『満洲里』 満洲十万分一図 西 8 行北 9 段 満洲里 2 号 昭和 14 年測量（関東軍測量隊），同 15 年製版（陸地測量部），参謀本部.

図 24. 『サンベーズ』 蒙古十万分一図 西 9 行北 8 段 サンベーズ 1 号 大正 7 年測図 第二臨時測図部，同 10 年製版 昭和 9 年方眼描入 陸地測量部，昭和 9 年 10 月 25 日発行 参謀本部.

図 25. 『ダウリヤ』 満洲十万分一図 西 8 行北 9 段 満洲里 6 号 大正 9 年製版（1906 年機械測量露版図及大正 8 年測図並修正測図 陸地測量部） 同 13 年原版補修 昭和 13 年改版 陸地測量部，参謀本部.

図 26. 『烏珠穆沁』満洲五十万分一図 西第 7 行北 7 段 昭和 7 年製版 昭和 7 年 11 月 25 日発行 大日本帝国陸地測量部.

図 27. 『烏珠穆沁』満洲五十万分一図 壱参カ 501 大正 3 年製版 昭 18 修正改版（昭和 16 年測量）大日本帝国陸地測量部.

Халхын голын байлдаан ба Монгол, Зөвлөлтийн гадаад тагнуулын үйл ажиллагаа

Р. Болд (R. Bold)

Энэхүү өгүүлэлд Халхын голын байлдааны үед Монгол болон Зөвлөлтийн гадаад тагнуулаас явуулсан зарим ажиллагаа болон эдгээрээс үүдсэн сургамжийг харуулахыг зорьсон болно.

I

Монгол орны гадаад нөхцөл байдал нь 1920-иод оны туршид амаргүй байсан бөгөөд гаднаас учрах аюул, заналхийллийг үндсэндээ ДИУ-ын зүгээс ирнэ хэмээн нам, төрийн удирдлагын түвшинд үзэж байв. Манжуурын цэргийн эрхтэн Жан Золин Монголд цэргийн хүчээр цөмрөх заналхийлэл 1921-1922 онд байсан бол Зөвлөлт-ДИУ-ын хооронд 1924 оны хэлэлцээр байгуулагдсаны дараа энэхүү аюул улам ч ноцтой болжээ. Нэн ялангуяа Гоминдан нам, Жан Золин түүний хүү залуу маршал гэгдэгч Жан Сүйлян нар БНМАУ-ыг ДИУ-ын бүрэлдэхүүнд "буцаан авах ёстой" хэмээх байр сууриараа нэгдэх хандлагатай болж байв. Үүнтэй холбогдуулан МАХН-ын 1929 оны 5 дугаар сарын бүгд хурлаас "Хятадын хөрөнгөтөн цэргийн эрхтний дор байгаа Нанжин засгийн газраас өөрийн муж саяан гэж шууд үзсэн ба бас Хятадын гэмин намын бүгд хурал дээр мөн намын удирдагчаас нь Монголыг эзлэн авах тухай илтгэсэн илтгэл ба ялангуяа Хятад овогтон бүхий л хүчээр умард зүгт давшигтун гэсэн лозунг гаргасан, цэргийн эрхтэн Жан Сүйлян нарын зэрэг этгээдээс тус улсын эрх чөлөөт байдалд шууд цэргийн хүчээр халдах гэсэн бодлого" буйг шууд анхааруулж байв.[1]

Гадаад эдгээр түгшүүртэй нөхцөл байдал нь БНМАУ-ын удирдлагыг цэргийн аюул заналхийллээс сэрэмжлэх арга хэмжээг цаг тухайд нь авахад хэрэгтэй мэдээ сэлтээр хангах шаардлагыг бий болгожээ. Иймд Дотоодыг хамгаалах газрын (ДХГ) бүрэлдэхүүнд гадаад тагнуулын хэлтсийг 1926 оны 6 дугаар сард байгуулж улмаар БНМАУ-ын Засгийн газрын 1926 оны 10 дугаар сарын 1-ны өдрийн тогтоолоор Монгол Ард Улсын ДХГ-ын гадаад тагнуулын хэлтсийн 6 бүлэг 35 зүйл бүхий дүрмийг баталсан байна. Хилийн чанадад үүрэг гүйцэтгэх ажлыг удирдан зохион байгуулах салбаруудыг баруун чиглэлд хоёр, зүүн өмнөд чиглэлд хоёр, харин дорнод чиглэлд нэгийг буюу Дорнодын Баянтүмэнд тус тус байгуулжээ. Үүний дүнд гадаад тагнуулын ажиллагааг идэвхжүүлэн хилийн чанадад түүний дотор Манжуурт суурин цэгүүдтэй болсон байна. Тухайлбал Баянтүмэний хэлтэс 1932 онд Манжуур, Хайлаар хот, Гурван гол, Шинэхэн, ДХТЗ, Цицикар зэрэг Манжуурын чиглэлд, Баргын хошууд, Ганжуур сүмийн чиглэлд, Халуунрашаан, Солон, Жирэм чуулганы чиглэл зэрэгт хэдэн арван суурин тагнуултай болсон байжээ.[2] Ийнхүү ДИУ-тай хил залгаа аймгийн ДХГ-ын хэлтсүүд гадаад тагнуулыг хариуцан бараг арав гаруй жилийн хугацаанд явуулж ирснээр зохих туршлагыг хуримтлуулсан нь энэ үеийн онцлог байв. Энэхүү хугацаанд Монголын гадаад тагнуул нь цаашид идэвхтэй ажиллагаа явуулах зарим нөхцлийг нэн ялангуяа өмнөд чиглэлд бүрдүүлж стратегийн чанартай зарим нэгэн арга хэмжээ зохион байгуулсаны нэг нь Дилов хутагтыг бэлтгэн хил давуулсан ажиллагаа байжээ.

II

Зөвлөлтийн тусгай алба болох Төрийн улс төрийн нэгдсэн газар (Обьединённое государственное политическое управление ОГПУ) нь Алс дорнодод тус улсад гаднаас учруулах ноцтой аюул, заналхийллийн нэг нь   Монголын лам нар гэж үзэх болжээ. ОГПУ-гээс 1925 онд боловсруулсан "Монгол дахь ламын нарын тухайд" гэсэн илтгэлд "Богд гэгээн нас барсан нь Монголд лам нарын улс төрийн түүхийн төгсгөл болох ёстой" гэсэн чиг бодлого баримтлахыг санал болгож...Монголын лам нар нь Халимаг, Буриадын лам нарт сөрөг нөлөөлж байна. Монголын лам нар нь улс төрийн хувьд хувьсгалын эсэргүү, харгис элемент болох тул...лам нарын нэр хүндийг унагах" бодлого явуулахыг санал болгожээ. ОГПУ-гээс БХК(б)Н-ын ТХ-нд хандан Монголын лам нарын талаар ямар бодлого баримтлах, хэрхэх талаар бүр ч дэлгэрэнгүй саналыг 1928 оны эхээр   танилцуулжээ. Түүнд ЗХУ, БНМАУ-д тулгамдсан дотоод, гадаад заналхийлэл нь нэгдүгээрт, Өвөр Монголд бүгсэн буриадын дүрвэгчид, хоёрдугаарт, БНМАУ-д дүрвэсэн буриадын цагаатнууд, Монголын лам нар гэж үзээд энэхүү аюултай тэмцэх олон тооны арга замыг дэвшүүлсэн байна.[3] Монголд ажиллаж байсан ОГПУ-гийн төлөөлөгчдөөс 1920-30-аад онд Москвад илгээж байсан тагнуулын мэдээллийн дийлэнх нь лам нарын тухай байв.[4]

МАХН-ын VIII   их хурал 1928 оны намар хуралдаж лам нарын эсрэг тэмцлийг эрчимжүүлэх шийдвэр гаргасан байна. Үүний хамт "Банчин Богд бол хувьсгалын эсэргүү ангийн этгээд болохыг олон ардуудад тайлбарлан таниулах явдлыг тус намаас явуулах ажил хэргийн оньсон бодлого болговол зохино" гэж тогтжээ. МАХН-ын анхдугаар бага хурал ч 1930 онд хуралдахдаа "лам нарыг нийтэд нь хувьсгалын эсэргүү этгээд гэж үзэж, ядуу лам нарыг татаж авах явдлыг үл хэрэгсэгч "зүүний" этгээдтэй шууд тэмцсүгэй" гэсэн шийдвэр гаргасан байна.[5] Монголын чиг бодлого нь лам нарын эсрэг тэмцэхдээ ялгавартай гэхдээ хүндэтгэлтэй хандаж, хүч хэрэглэхгүй байхад үндэслэж байв. Харин Зөвлөлт нь лам нарыг   өөрийнх нь аюулгүй байдалд заналхийлсэн аюул гэж үзэж байв. Эдгээр байр суурь зөрчидсөн нь ДХГ-ын үйл ажиллагаанд нөлөөлөх болжээ.

ДХГ-т бүтэц зохион байгуулалтын өөрчлөлтийг 1930 онд хийхдээ Зөвлөлтийн сургагч нарын шаардлагад нийцүүлэн сүм хийд, жас, ламын нарын бүртгэлийг гаргах зэрэг шашны чиглэлээр явуулах сөрөг тагнуулын үүрэг, эрх, үйл ажиллагааг өргөтгөхөд чиглүүлсэн байна. Харин гадаад тагнуулын хэлтсийг татан буулгаж сөрөх тагнуулын хэлтсийн бүрэлдэхүүнд нэг тасаг болгожээ. Ингэснээр Монголын гадаад тагнуулын ажиллагаанд ач холбогдол өгөлгүй ДХГ-ын хүч хэрэгслийг зөвхөн Зөвлөлтийн ашиг сонирхолд нийцүүлэн лам нарын эсрэг ашиглах зорилготой байжээ. Улс орны гадаад байдал үлэмж түгшүүртэй, Чан Кайши тэргүүтэй гоминданы Засгийн газрын зүгээс БНМАУ-ыг цэргийн хүчээр довтлох аюул бодитой байсан нөхцөлд дээрх шийдвэр нь гадаад тагнуулыг сулруулж, дөнгөж хөл дээрээ тогтох гэж байсан гадаад тагнуулын үйл ажиллагаанд сөргөөр нөлөөлсөн туйлын оновчгүй байв.

Энэхүү бүтэц 1930-1936 онд үргэлжилж гадаад тагнуулын ажлыг Ц.Донров, Б.Намсрай, Б.Аюуш,

Ө.Дорж, Н.Насантогтох, Ж.Баясгалан нар ямар нэгэн байдлаар удирдаж иржээ. ДХГ-ын даргын 1931 оны 288 тоот тушаалаар хилийн цэргийг удирдах үүрэгтэй Цэргийн ба хязгаарын хэлтэс байгуулав. Тус хэлтэст цэргийн сөрөг тагнуулын ажлын зэрэгцээ хил дамнан 100 км-ийн оперативын гүнд тагнуул явуулах үүргийг оногдуулж байсан боловч энэ нь тус хэлтсийн үндсэн чиг үүрэг биш, тэгээд ч бэлтгэгдсэн боловсон хүчингүй, гадаад, сөрөг тагнуулыг "хольж хутгаснаас" арга замаа тодорхойлж чадалгүй байсаар цалгарджээ.

III

Квантуны арми умард Манжуурыг эзлэн эзэгнэх ажиллагаагаа 1932 оны эцсээр дуусгаж, Японы түрэмгийллийг сөрөн зогсох нийтлэг ашиг сонирхолын үүднээс Зөвлөлт, ДИУ хоёр харилцаагаа хэвийн болгож, гоминданчууд ч Монголыг түрэмгийлэх бодлоо хойш тавихад хүрэв. БНМАУ нь дорнод хязгаараар Манжго, өмнөд хилээр Японы нөлөөнд орсон Цахар зэрэг нутгаар хил залгах болсон нь ЗХУ-ыг түгшээсэн байна. Зөвлөлтийн хувьд Монголын нутгаар дамжин түүний Алс дорнодод довтолж болзошгүй гэж үзсэн Японы цэргийн аюул заналхийллээс сэрэмжлэх нь чухлаар тавигдах болов. Сталин нар БНМАУ-ын удирдагчидтай 1934-1935 онд яриа хэлцээ явуулахдаа Монгол, Зөвлөлтийн хувьд тулгарсан нийтлэг аюул нь Япон болон түүний "тавдугаар цуврaa болсон" гэх лам нар мөн хэмээн үзэх чиг бодлогыг тулган хүлээлгэжээ. Ийнхүү гадаад, дотоодоос учрах аюул "нийлэн" холбогдсон тул Сталины зөвөлснөөр БНМАУ-ын ардын Сайд нарын Зөвлөлийн 1936 оны 2 дугаар сарын 26-ны өдрийн тогтоолоор ДХГ-ыг Дотоод явдлын Яам (ДЯЯ) болгон өргөтгөж дөрвөн газартайгаар зохион байгуулжээ. Эдгээрийн нэг болох Улсыг аюулаас хамгаалах газрыг ДЯЯ-ны орлогч сайдаар томилогдсон Д.Өлзийбат, түүний дараах Н.Насантогтох нар хариуцаж, уг газар нь таван хэлтсээс бүрэлдэх болсоны дотор 5 дугаар хэлтэс нь гадаад тагнуулыг хариуцах болжээ. Тавдугаар хэлтсийн даргаар 1936 оны 6 дугаар сараас 1937 оны намар хэлмэгдэх хүртлээ Ш.Самдан,1938 оны 1 дүгээр сараас Б.Жадамбаа, 1938 оны 6 дугаар сараас Б.Лувсаншарав, 1939 оны сүүлчээс Ц.Санж нар ажиллаж байв. Гадаад тагнуулын хэлтэст зохион байгуулалтын өөрчлөлтийг 1938 онд хийж хоёр тасагтай болгосны нэг тасаг нь Манжуур, Өвөр Монголын чиглэлийг хариуцах болж, аймгийн ДХГ-ын хэлтсүүдийг гадаад тагнуул явуулахыг зогсоож зөвхөн төвөөс хариуцан хийх болжээ. Энэ нь хилийн чанадад явуулах тагнуулын ажлыг хумиж, тухайн үеийн нөхцөлд зохицоогүй шийдвэр байв. Гадаад тагнуулын хэлтсийн дарга богино хугацаанд олонтаа солигдсоны дээр 1937 оны хэлмэгдүүлэлт эхлэснээр ажилтнууд даргаасаа эхлэн мөрдөн байцаах ажилд дайчлагдаж, үндсэн ажил нь үндсэндээ зогсонго байдалд орсон байна. Нөгөө талаар Манжгогийн зүгээс БНМАУ-тай залгасан хилийг шугамыг тодотгох ажлыг эхлүүлэн хил хамгаалалтаа чангатгах болжээ. Үүний улмаас гол төлөв хил дээр хийдэг байсан гадаад тагнуулын холбоо барих уулзалтууд тасалдаж, хилийн чанадад байгаа цэгүүдтэй холбоо барихад хүндрэлтэй болж холбоо тасрах, илчлэгдэх зэрэг шалтгааны улмаас 1935 оны байдлаар Манжуурийн чиглэлд байсан суурин тагнуул бараг 70 хувиар цөөрчээ.[6] Үүний улмаас гадаад тагнуулын алба нь Манжуурын чиглэлд байгаа цөөн тооны суурин тагнуулын дийлэнхтэй холбоо тасарсан байна. Энэ нь Монголдын гадаад тагнуулын ажилд сөргөөр нөлөөлсөн байна.

Халхын голын байлдаан гэнэт эхэлсэн тулгамдсан нөхцөлд нэгэнт суларсан стратегийн тагнуулыг нэн даруй сэргээх боломжгүй байв. Иймд ДЯЯ болон Цэргийн тагнуулаас маршрут тагнуулчдыг яаралтай бэлтгэн дайсны ар талд мэдээлэл цуглуулах, хорлон сүйтгэх даалгавартайгаар илгээх арга хэмжээг авсан байна. Энэхүү ажлын эхлэлийг тавихад ДЯЯ-ны гадаад тагнуулын хэлтсийн дарга Б.Лувсаншарав Халхын голын байлдааны үед багагүй хүчин чармайлтыг тавьж байжээ. 1939 оны зун тагнуулын хэлтсээс эрхлэн Халуунрашааны төмөр замыг дэлбэлэх үүргийг Б.Чилхаа, Л.Рэнцэн, Д.Санжаажамц, Я.Наваан нарын туслалцаатай гүйцэтгэсэн байна. Нөгөө нь гадаад тагнуулыг идэвхжүүлэхийн тулд Тамсагийн 27 дугаар отрядын тагнуулч "календарь" хэмээх нууц нэртэй М.Балданг 1939 онд Ганжуур шүтээний сүм, Цагаан овоо, Баргын Богд уул, Халуун худаг зэрэг газраар арван удаа явуулж, цагийн байдлыг судлуулсан ажиллагаа болно. Тэрбээр өөр нэгэн тагнуулчийн хамт Баргын Лодон хамбын сүмийг шатаах даалгаварыг 8 дугаар сарын 21-23-нд биелүүлж байжээ. Гэвч Халхын голын байлдааны явцад Гурванбаян, Тамсагбулаг, Баянтүмэний чиглэлээр явуулсан маршрут тагнуулчдын сонголт сул, яаравчлан бэлтгэснээс ДЯЯ, Цэргийн тагнуулын 32 хүн Манжго-Японы талд баригдаж, тагнуулын хэргээ хүлээсэн байна.[7] Нөгөө талаар эдгээр амжилтгүй байдал нь фронтынхоо ар талд Япон-Манжго-гийн зүгээс илгээх эргүүл олширч, тавих хяналт чангарсантай холбоотой байв.

IV

Зөвлөлтийн удирдлага Халхын голд 1939 оны 5 дугаар сарын 11-14-нд хилийн тулгаралт явагдаж байгааг анхлан Манжго-гийн хэвлэлээс мэдсэн байна. Улаан Армийн Жанжин Штабын зүгээс Дорнод хязгаарын нөхцөл байдал, дайсны бодол санаа, хүч хэрэгслийн талаар мэдээлэл шаардахад Монголд байрласан 57 дугаар онцгой корпусын (оК) командлал хилийн чанадах дайсны байдлыг мэдэхгүй, БНМАУ-ын удирдлага ч гадаад тагнуулын мэдээ сэлтгүй байв.

57 оК-ын командлагчаар Г.К.Жуков томилогдож тэрээр байлдааны талбартай танилцаж, Зөвлөлт-Монголын дарга, цэргүүдтэй санал солилцсоны дунд хамгийн гол нь "дайсны талаар тагнуулын нарийн мэдээлэл алга байгаа нь үндсэн дутагдал "гэж дүгнэсэн байна.[8] Жуков ажлаа аваад дайсны талаарх гадаад тагнуулыг идэвхжүүлэх, Халхын голоос 60-70 км-ийн гүнд Халуунрашаан-Солунь, Жанжин Сүм-Хайлаар, Монгол загас-Цагаан овооны чиглэлд агаарын тагнуул явуулах саналыг тавьжээ. Жуковын зүгээс Москвад хандан өгч байсан дараах илтгэл, мэдээллээс хилийн чанадад Монгол-Зөвлөлтийн тагнуулын үйл ажиллагаа ямар байсныг харж болох байна. Үүнд: "байлдааны ажиллагааны районд хилийн шугамын цаана агентурын тагнуул муу зохион байгуулагдсан, муу ч ажиллаж гүн нь 15-20 км-ээс хэтрэхгүй тул Японы 23 яд болон Хайлаарын гарнизоны талаар одоо хүртэл мэдээлэл олж чадахгүй байна","тагнуул муугаас болж дайсны хүч хуралдуулалт, түүний ажиллагаа бараг бүх тохиолдолд гэнэтийн явдал мэт болж байгааг бид цаашдаа гаргаж болохгүй байна" гэж байв.

Армийн нэгдүгээр бүлгийн тагнуулын мэдээлэлд Жуков хэрхэн хандаж байсныг зохиолч К.Симонов тэмдэглэн үлдээжээ. Түүний өгүүлснээр 1939 оны 8 дугаар сарын ерөнхий давшилтын өмнө тус бүлгийн тагнуулын албаны дарга Жуковт Зөвлөлт-Монголын цэргийн эсрэг Японы зургаан дивиз зогсож байна гэж илтгэхэд тэрбээр няцааж бидэнд хоёрхон дивиз тэмдэглэгдсэн, тагнуулчид алдар нэр олох гэж санаанаасаа зохиох хэрэггүй, үнэн юм үнэнээрээ л байх ёстой хэмээн зэмэлж байжээ.[9] Халхын голын байлдааны эхлэлд Зөвлөлт, Монголын гадаад тагнуулын "хараа бүдгэрч, сонсгол муудсан"-ы үндсэн шалтгаан нь хилсдүүлэг, хэлмэгдүүлэлтийн үр дагавар байв.

БХК(б)Н-ын Төв Хорооны бүгд хурал 1937 оны хоёр-гуравдугаар сард хуралдаж, ЗХУ-д социалист бүтээн байгуулалт амжилт олох тусам ангийн тэмцэл улам хурцдаж энэ нь хөрөнгөтөн улсын тагнуулын албад идэвхжсэнээр тодорхойлогдоно хэмээн дүгнэж, тэдгээрийн эсрэг тэмцлийг идэвхжүүлэх зорилт дэвшүүлжээ. Сталин бүгд хуралд хэлсэн үгэндээ "марксизмын үүднээс үзвэл хөрөнгөтний улсууд ЗХУ-ын ар талд бусад ямар ч хөрөнгөтөн улсын ар талд илгээхээс хоёр, гурав дахин их хорлогчид, туршуулууд, хорлон сүйтгэгчид, алуурчдыг илгээх бус уу" хэмээн улс төрийн дээрх зорилтыг хэрэгжүүлэх онол, арга зүйг тодорхойлж өгчээ. Тэрбээр тэмдэглэхдээ гадаад орнуудын тагнуул-туршуулын хорлон сүйтгэгчид, троцкийстууд манай аж ахуй, засаг захиргааны бүхий л байгууллагуудад шургалж, гадаадын агентууд зөвхөн доод биш дээд байгууллагад нэвтэрч, манай зарим удирдах ажилтнууд эдгээр хорлон сүйтгэгч, тагнуул, алан хядагчдын жинхэнэ дүр зургийг олж харж чадсангүй, харин ч өөрсдөө гадаад улсын тагнуулыг хариуцлагатай албан тушаалд дэвшүүлэхэд нь тус дөхөм үзүүлэх хүртлээ найр тавьсан байна хэмээн шүүмжилсэн байна.[10] Энэ нь Зөвлөлтийн Дотоодыг хамгаалах ардын Комиссиаратын (ДХАК) зүгээс нам, төрийн бүхий л байгууллага, жирийн иргэдийн дундаас элдэв "хуйвалдаан"-ыг илрүүлж хэлмэгдүүлэх кампанит ажлын дохио болжээ.

1937 оны 6 дугаар сарын 2-нд болсон Улаан Армийн Цэргийн зөвлөлийн өргөтгөсөн хуралдаанд Сталин оролцож тагнуулын байгууллагыг гадаадын тагнуулын "гар хөл" болсон этгээдүүдээс "цэвэрлэх" чиглэл өгчээ. Тэрээр "бүхий л салбарт бид хөрөнгөтнүүдийг бут цохилоо, харин ганцхан салбарт хүүхэд шиг нүдүүлжээ. Бидний үндсэн сул тал үүнд оршино. Жинхэнэ тагнуул алга байна. Үүнийг би сонор сэрэмжтэй байх өргөн утгаар нь, нөгөө талаар сайн зохион байгуулагдсан тагнуул алга гэдэг талаас нь хэлж байна, манай тагнуулын байгууллага Герман, Япон, Польшийн тагнуулаар дүүрчээ гэсэн байна. Ийнхүү тагнуулын салбарт "хуйвалдааныг" илрүүлсэн хэлмэгдүүлэлтийн явцад Зөвлөлтийн гадаад тагнуулын алба үндсэндээ суларч, 1938 оноос туршлагагүй, өмнө нь уг салбарт ажиллаж байгаагүй хүмүүс олноор томилогдох болов. Зөвхөн 1937-1939 онд цэргийн тагнуулын таван даргыг цаазалж, хоёр жилийн дотор Улсыг аюулаас хамгаалах байгууллагын улс төрийн тагнуулын туршлагатай удирдлагыг бүгдийг устгажээ.

БНМАУ-д их хэлмэгдүүлэлтийг явуулахаар ирсэн БХ(К)Н-ын Төв Хорооны тусгай комиссын тэргүүн М.П.Фриновский тус орны ДЯЯ болон ЦЯЯ-ны Цэргийн тагнуулын дотор "үүрлэсэн" Японы тагнуулын байгууллагын гишүүдийг "илрүүлэн" цээрлүүлэх давхар зорилго агуулсан байв. Хэлмэгдүүлэгчид БНМАУ-ын ДЯЯ-ыг гартаа оруулж, өөрсдийн үүрэг даалгаварыг үг дуугүй биелүүлэгч болгосон нь 1937-1938 онд тус яамны удирдах ажилтан төлөөлөгч дөрвөн хүн тутмын нэг нь Зөвлөлтийн сургагч байснаас харагдах болжээ. Гэхдээ ДЯЯ-ны ажилтнууд Сталины завхрал тулгаралтыг эсэргүүцэж байсны улмаас зөвхөн 1939 онд янз бүрийн түвшний 100 гаруй ажилтан баривчлагдан төрийн эсрэг гэмт хэрэгт шийтгэгдсэн байна. Эдгээрийн дотор ДЯЯ-ны орлогч сайд, газар, хэлтэс, тасгийн дарга нарын зэрэг 20 гаруй хүмүүсийг 1939 оны 7 дугаар сард буюу Халхын голын байлдааны ид үед бөөнөөр нь баривчлан ЗХУ-д хүргэн Зөвлөлтийн хуулиар шийтгэн амийг нь

247

хороожээ[11] Фриновский нар Цэргийн тагнуулыг хуйвалдагчдын зүгээс "япончуудтай холбоо барих дамжлага, халхавчийн байгууллага" болгосон байна гэж үзээд, тус газрын даргаар ажиллаж байсан Чухал, Гэндэнжамц, Очирбат, Нямхүү нарын зэрэг 15 хүнийг баривчилж цээрлүүлжээ. Хилийн чанадад буй цэргийн тагнуулын зуу илүү суурин тагнуулч, мэдээлэгч нарын талаас илүүг найдваргүй хэмээн хасаж, үлдсэнийг 57 оК-ын мэдэлд шилжүүлж[12] Баянтүмэн, Тамсагбулаг болон бусад газарт байсан тагнуулын пунктыг нь татан буулгасан байна.[13]

Халхын голын байлдааны өмнө болон байлдааны ид үед Монголын тагнуулын байгууллагын удирдлага, ажилтнуудыг баривчилж хэлмэгдүүлсэн нь ДЯЯ-ны гадаад тагнуул болон ЦЯЯ-ны Цэргийн тагнуулын Манжуурын чиглэл дэхь үйл ажиллагааг нь тасалдуулахад хүргэжээ. Энэ нь Халхын голд 1939 оны эхний хагаст хилийн шугамнаас холгүй оперативын гүнд (100 км хүртэл) хүртэл болж байсан үйл явдал гадаад тагнуулын хараанаас гадна байсныг дараах зарим нэгэн баримт, үйл явдал харуулсан байна. Үүнд:

Дорнод хязгаарт Хилийн 24 дүгээр отрядын 7 дугаар заставын хариуцсан зурвасаар Манжго-гийн зүгээс улсын хилийг зөрчих нь 1939 оны эхнээс олширч хоёр талаас хохирол амсаж байхад Тамсагийн отрядын тагнуул дайсны зорилго, хил зөрчиж буй шалтгаан, хилийн дүүрэгт дайсны хүч хэрэгсэл байгаа эсэхийг тодруулах ажиллагаа бараг явуулсангүй. Энэ нь дорнод хязгаарыг хариуцсан хилийн отряд, заставууд 1938 оны хавраас л байгуулагдаж, тэдгээрийн тагнуулын албад нь жигдэрч чадаагүйтэй холбоотой байв.

Монгол, Зөвлөлтийн командлалын хувьд Японы онгоцууд 6 дугаар сарын 27-нд Тамсагбулаг, Баяннуурын нисэх онгоцны буудлууд, Баянтүмэн хотыг дараалан бөмбөгдөж нилээд хохирол учруулсан нь гэнэтийн цохилт байв. Зөвлөлтийн тал буруутныг дотроосоо хайж, МАХЦ-ийн Бүх цэргийн жанжны орлогч Ц.Лувсандоной, 57 оК-ын штабын дарга А.М.Кущев болон бусад хүмүүсийг баривчилсан байна. Квантуны арми агаарын цохилт явуулахаар 100 илүү нисэх онгоц тэдгээрийн дотор том оворын 30 гаруй хүнд бөмбөгдөгч онгоцыг Хайлаарт хуралдуулж байсан нь нүднээс далдлах аргагүй үйлдэл байв.

Тагнуулчид Японы 23 яд нь Хайлараас хөдөлсөн, зуу гаруй танктай бригад Манжуурын гүнээс төмөр замаар Солунаар дамжин Халуунрашаанд 1939 оны 6 дугаар сарын сүүлчээр буусан зэргийг тогтоож чадаагүй байна. Стратегийн тагнуулын мэдээлснээр 57 оК-ын удирдлага япончууд давшилтад бэлтгэж хүчээ хуралдуулж байгааг мэдсэн боловч япончууд 1939 оны 7 дугаар сарын 2-3-ны шөнө Халхын голыг гаталсан нь Монгол-Зөвлөлтийн командлалд мөн гэнэтийн явдал болж байв. Японы дивизийн 10 гаруй мянган хүн, хэдэн зуун техник хөдөлгөөн үйлдэж ойртсон, хилийн шугамыг давж голд тулж ирсэнийг илрүүлж чадаагүй нь Монгол, Зөвлөлтийн тагнуулын ажиллагаанд дүн тавьсан хэрэг болжээ. Энэхүү нөхцөлд Зөвлөлтийн стратегийн гадаад тагнуулаас олборлож байсан зарим мэдээлэл байлдааны ажиллагааг төлөвлөхөд чухал үүрэг гүйцэтгэсэн байна.

Гадаад тагнуулын Харбинаас ирсэн мэдээг үндэслэн Дотоодыг хамгаалах ардын комиссар Л.Бериягийн зүгээс маршал К.Ворошиловт хандан Хайлаар Номонханы районд 1939 оны 5 дугаар сарын 24-29-нд Японы нисэх хүчний хэд хэдэн эскадриль хүчээ хуралдуулж байгааг мэдэгдэж байжээ.[14] Квантуны армийн штабаас Токиод илгээсэн шифрийг Өвөр байгалийн цэргийн тойргийн цэргийн тагнуулын газраас олборлож 1939 оны 6 дугаар сарын 26-нд тайлснаар Квантуны арми давшилтад бэлтгэж буйг нотлон нөгөө талаар үйл явдлыг тойруулан сэтгэл зүй, мэдээллийн дайн явуулах гэж буйг урьдчилан мэдсэн байна. Уг шифрт өгүүлэхдээ "хил зөрчсөн Ар Монголын өдөөн дуудсан үйлдэл хэрээс хэтэрсэн тул бид тохиромжтой үед тэдэнд   сүйрлийн цохилт өгөхөөс аргагүйд хүрэв. Энэ удаагийн байлдааны ажиллагаа нь тавдугаар сарынхаас цар хэмжээгээрээ давах бөгөөд гэхдээ онцгой хурц нөхцөл байдалд хүргэхгүй. Домейгээр (Японы мэдээллийн агентлаг Р.Б) дамжуулан нийтлүүлсэн өнөөдрийн хэвлэлийн мэдэгдлийн агуулга нь улс орны санал сэтгэлийн байдалд нөлөөлөхгүй байхаар тооцсон гэдгийг анхааралдаа авна уу. Зөвлөлтийн суртал нэвтрүүлгийн шинж чанараас үйл явдлын цаашдын өрнөл хамаарах тул бид гадныханд зориулсан суртал нэвтрүүлгийг өрнүүлж болзошгүй тул бэлэн байхыг хүсье" гэсэн байв.[15]

Үүний хамт гадаад тагнуулд үйл явдлыг урьдчилан төсөөлсөн дүн шинжилгээний мэдээлэл үлэмж чухал ач холбогдолтой байдгийг Зөвлөлтийн цэргийн тагнуулч Р.Зоргегоос Улаан Армийн Жанжин Штабын цэргийн тагнуулын даргаар дөнгөж томилогдоод байсан нисэх хүчний дэслэгч генерал И.И.Проскуровт 1939 оны 6 дугаар сарын 4-нд илгээсэн Японы дотоод байдлыг шинжлэн дүгнэсэн дэлгэрэнгүй илтгэлээс харж болох юм. Тэрбээр "Япон, Германы хооронд явагдаж байгаа яриа хэлэлцээний явцаас үзвэл Коминтерны эсрэг пакт байгуулагдаж байх үед ЗХУ-ын эсрэг шууд чиглэсэн дайны аюул өнөөдөр хойш тавигдсан нь тодорхой байна...Японы зүгээс ЗХУ-ын эсрэг дайн хийвэл Германы дэмжлэг авах эсэх нь эргэлзээтэй болжээ, Хятадын эсрэг Японы явуулж буй дайн нь түүний хэрээс хэтэрсэн дарамт болж байхад Германы дэмжлэггүйгээр ЗХУ-ын эсрэг нэгэн зэрэг дайн явуулах ямар ч үндэслэлгүй юм. Ийм дайн явуулахын тулд цэргээ өөрчлөн зохион байгуулахад Японд дор хаяж 2-3 жил шаардлагатай, үүний тулд Токиод амсхийх баталгаа хэрэгтэй байна. Гэхдээ энэ нь Монгол болон Сибирийн хил дээр ноцтой ямар нэгэн мөргөлдөөн гарахгүй гэсэн хэрэг биш. Квантуны армийн бие даасан байдал нэмэгдсээр байна...Японы армитай зөвхөн хүчээр л яриа хэлэлцээ хийж болно, сайтар сургамж өгөхгүй бол энэ арми улам ичгүүр сонжуургүй болно. Хасан нуур, Монголд болсон шиг хэтийн дайны ашиг сонирхолын үүднээс Японд хамгийн хатуу, ширүүн сургамж өгөх шаардлагатай эс тэгвээс хил дээрх маргаан тасрахгүй... Иржбуй саруудад Польшийн хувь заяа шийдэгдэнэ. Германы арми Польшийг бут цохисоны дараа тааварлашгүй, урьдчилан харахад бэрх шинэ нөхцөл байдал өрнөж, Японы бодлогод нөлөөлөх нь дамжиггүй. Тэр хүртэл...Японы зүгээс цэргийн тодорхой аюул заналхийлэл гарахгүй... гэхдээ энэ нь тодорхой цаг хугацааны дотор л юм..." гэжээ.[16] Европ, Азид өрнөсөн дараа дараагийн үйл явдал чухамхүү Зорге-гийн урьдчилан таамаглаж байснаар өрнөсөн байна.

Монгол-Зөвлөлтийн цэрэгт Японы 23 яд бүслэгдэн бутцохигдсон тул Квантуны арми хариу цохилт өгөхөөр Манжуурын гүнээс гурван дивизийг 1939 оны 8 дугаар сарын 25-наас 9 дүгээр сарын 4-нд хуралдуулж буйг Зорге төвдөө мэдэгдэж байжээ. Тэрбээр 1939 оны 9 дүгээр сарын 1-нд мэдээлэхдээ Квантуны арми нь Улаан Армид шийдвэртэй цохилт өгөхийн тулд Манжуурт буй бүхий л нөөц хүчээ БНМАУ-ын хил рүү татаж байна, "Отто"-гийн мэдээлснээр Манжуурт төв замын дагуу байрлаж байсан олон анги салбарыг БНМАУ-ын хил рүү мөн татсан тул шинэ үйл явдал өрнөж болзошгүйг анхааруулая гэж байжээ.[17]

249

Төгсгөл

Аливаа улсын тусгаар тогтнолын нэгэн баталгаа нь түүний тусгай алба   гадаад орны нөлөөнөөс ангид, дотоодын улс төрөөс аль болох хараат бус зарчмаар ажиллах зарчим байдаг гэдгийг Халхын голын байлдааны өмнөх болсон үйл явдлын сургамж харуулав. Халхын голын байлдаан нь Монголын нутгаас явуулж байсан гадаад тагнуулын ажиллагаа нь дайн, байлдаанд хэр бэлэн   байсныг шалгаж, БНМАУ, 57 оК төдийгүй Зөвлөлтийн гадаад тагнуулын хувьд томоохон сорилт болсон байна. Зөвлөлтийн стратегийн гадаад тагнуулын олборлосон чухал хэрэгцээтэй цаг үеэ олсон   мэдээллүүд Халхын голын ялалтыг хангахад үлэмжхэн хувь нэмрээ оруулжээ.   Зөвлөлтийн сургагч нарын зүгээс манай үндэсний ашиг сонирхолыг үл тоомсорлон ДХГ-ын үйл ажиллагааг зөвхөн өөрийн явцуу сонирхолдоо ашиглах зорилгоор гадаад тагнуулыг сөрөг тагнуулд 1930 онд нэгтгэн хавсаргасан, тус орны тагнуулын байгууллагад явуулсан хэлмэгдүүлэлт зэрэг нь гадаад тагнуулыг сулруулахад нөлөөлжээ.   Нөгөө талаар гадаад тагнуулыг явуулахдаа бусадтай хамтран ажиллаж болох боловч үйл ажиллагааныхаа гүнд нэвтрүүлж, тагнуулч, нууцыг тэдэнд илчлэх хүртэл найр тавьж болохгүй гэдэг нь хуучин Зөвлөлтийн 17 дугаар арми тус улсаас гарахдаа манай цэргийн тагнуулын ажиллагаанд оролцож байсан иргэдийн хувийн хэргийг авч явсанаар эдүгээ ч эргүүлэн өгөхгүй байгаагаас харагдана.

Зүүлт

[1]   *МАХН Их, Бага хурал, Төв Хорооны бүгд хурлуудын тогтоол шийдвэр 1921-1956 I хэсэг хоёрдугаар хэвлэл,* Улаанбаатар, 1956,   т.254-255.

[2]   А. Алтанхуяг, *БНМАУ-ын улсыг аюулаас хамгаалах байгууллага (1930-1939) Монгол Улсын улсын аюулгүй байдлыг хангах байгууллагын түүхэн тойм II дэвтэр,*   Улаанбаатар,1992, т.73.

[3]   Р. Болд, Зарлаагүй дайн: Халхын голын байлдааны цэрэг-дипломатын түүх, Улаанбаатар, 2015, т. 115.

[4]   Дараах номыг үзнэ үү. *Монголия в документах из архивов ФСБ России (1922-1936),* ИВ РАН, Москва, 2019.

[5]   *МАХН Их, Бага хурал, Төв Хорооны бүгд хурлуудын тогтоол шийдвэр 1921-1956 I хэсэг хоёрдугаар хэвлэл,* Улаанбаатар, 1956, т. 431.

[6]   А. Алтанхуяг, *БНМАУ-ын улсыг аюулаас хамгаалах байгууллага (1930-1939) Монгол Улсын улсын аюулгүй байдлыг хангах байгууллагын түүхэн тойм II дэвтэр,* Улаанбаатар, 1992, т. 74.

[7]   Тагнуулын ерөнхий Газар. Тусгай архив. С- 3, хн-640-б, т.183.

[8]   Г. К. Жуков, *Воспоминания и размышления,* Москва, 1969, стр.159.

[9]   К. Симонов, *Дорнодын тэртээд (Халх голд хийсэн тэмдэглэл),* Улаанбаатар, 1969, т.42.

[10]   Р. Болд, *Зарлаагүй дайн: Халхын голын байлдааны цэрэг-дипломатын түүх,* Улаанбаатар, 2015, т. 140-141.

[11]   Д. Авирмэд, УАХБ-ын ажилтнууд хэлмэгдүүлэлтэд өртсөн нь Улс төрийн хэлмэгдүүлэлт -цэргийн албан хаагч, Улаанбаатар, 2008, т.36-37.

[12]   57 оК-ыг 1939 оны 7 дугаар сард Армийн нэгдүгээр бүлэг, 1940 оны 6 дугаар сард 17 дугаар арми хэмээн тус тус өөрчлөн дугаарлаж ирсэн, 17 дугаар арми нь 1946 онд БНМАУ-ын нутгаас гарахдаа Монголын цэргийн тагнуулаас шилжүүлэн авсан тагнуулчдын хувийн хэрэг бусад баримт сэлтийг авч гарсан бөгөөд эдгээр нь эдүгээ хүртэл "олдохгүй" байгаа болно.

[13]   *Доклад состоянии разведывательной службы армии Монгол-Оросын цэргийн хамтын ажиллагаа баримтын эмхтгэл II боть 1936-1946,* Улаанбаатар, 2011, т.91-97.

[14]   *Халхын гол -1939 он Тавдугаар сарын байлдаанд холбогдох баримтууд (Баримт бичгийн эмхэтгэл),* Улаанбаатар, 2019, т.33.

[15]   Р. Болд, *Зарлаагүй дайн: Халхын голын байлдааны цэрэг-дипломатын түүх,* Улаанбаатар, 2015, т.269.

[16]   В. И. Лота, *За гранью возможного: Военная разведка России на дальнем Востоке 1918-1945гг,* Москва, 2008 с.204-207.

[17]   *Военная разведка информирует Документы разведуправления Красной Армии Январь 1939-июнь 1941,* Москва, 2008, с.165.

Халхын голын дайнд Монгол ардын хувьсгалт цэргээс олзлогдогсдын тодруулга

Лха. Баяр (Lkha.Bayar)

Ж. Гантулга (J.Gantulga)

Оршил

Судлаачид Халхын голын дайны үед Японы Квантуны арми болон Зөвлөлт Холбоот Улсын Улаан армийн олзлогдогдсон дарга, цэргүүдийн талаар тухайн улсуудын төр, засгийн явуулж байсан бодлого, анхаарал, үйл ажиллагаа, олзлогдогдсон хүмүүсийн өгсөн мэдүүлэг, байцаалт, олзлогдогсны дараа нөхцөл байдал ямархуу байсан, олзолсон тал олзлогдогсодтой хэрхэн харьцаж байсан, тэдний цаашдын хувь заяаг хэрхэн шийдэж байсан тухай багагүй судалж, бичиж тэмдэглэн, зохих үнэлэлт, дүгнэлтүүдийг өгч байсан байдаг.

Халхын голын дайнд оролцож эх орныхоо тусгаар байдал, нутаг дэвсгэрийнхээ бүрэн бүтэн байдлын төлөө тэмцэж байгаад дайсан этгээдийнхээ талд олзлогдогдсон Монгол Ардын Хувьсгалт Цэргийн дарга, цэргүүдийн хувь заяаны асуудал хэрхэн яаж шийдэгдэж байсан, Японы тал манай олзлогдогдсон хүмүүстэй яаж харилцаж, юуг чухалчлан үзэж байцааж байсан, тэдний хувь заяа хэрхэн шийдэгдсэн талаар хийсэн судалгаа, баримт материал Монгол Улсын архивуудад төдийлөн хангалттай биш байгаа юм.

I АБ (Армийн Бүлэг)-ийн командлалаас (Жуков, Никишев) Ажилчин Тариачны Улаан Армийн Жанжин Штаб болон Фронтын бүлгийн командлалд ирүүлсэн 1939 оны 9 дүгээр сарын 18-ны өдрийн мэдээнд: "БХАК (Бүх Холбоотын Ардын Комиссарат)-ын заавар 9.19 (Хмельницкийгээр дамжуулан) олзлогдогсдыг "нэгийг нэгээр солих" гэсэн баримтыг үндэслэн олзлогдогсдыг солилцох ажиллагаа эхэлсэн байдаг.

1. МАХЦ-ийн нөхцөл байдал

1 дүгээр Армийн командлалаас Жанжин штаб болон Фронтын бүлгийн командлалд явуулсан илтгэл[1], 1 дүгээр бүлгийн командлагчийн туслах ахмад Кураковаас бригад командлан захирагч М.И.Потаповт ирүүлсэн илтгэл[2] 9481 дүгээр ангийн (1 дүгээр Армийн бүлгийн ТХ) захирагчийн үүрэг гүйцэтгэгч ахмад Куракины 1939 оны 9 дүгээр сарын 28-ны өдрийн олзлогдогсдыг солилцох тухай лавлагаа[3], япончуудад олзлогдогдсон 88 хүнийг буцаасан ба буцаагаагүй хүмүүсийн нэрсийн жагсаалт бүхий Ажилчин Тариачны Улаан Армийн Жанжин штабын 1 дүгээр хэлтсийн лавлагаа[4], хоёр талын цэргийн олзлогдсон шархтнуудыг солилцсон ба шилжүүлэн өгсөн тухай акт[5] зэрэг архивын баримтуудыг шүүн үзэхэд МАХЦ-ээс олзлогдогдсон цэрэг, даргын мэдээ байхгүй байна. ОХУ-ын судлаач И.В.Сеченовын бичсэн "Халхын голын дайны цэргийн олзлогдогсдын хувь заяа" өгүүлэлд

АНУ-ын эрдэмтэн Э.Кукс номондоо зөвлөлтийн тал олзлогдогсдын солилцоогоор МАХЦ-ийн нэг цэргийг буцааж өгөхийг шаардсан боловч монгол цэрэг 1940 оны 2, 3 дугаар сарын сүүлчээр нас барсан байв гэж бичсэн тухай тэмдэглэсэн байна[6].

Зөвлөлт, Японы талууд Зөвлөлтийн "Нэгийг нэгээр" гэсэн энэхүү зарчмыг баримтлан 1939 оны 9 дүгээр сарын 27-нд олзлогдогсдыг солилцсон юм. Эхний солилцох ажиллагаагаар Зөвлөлтийн талд буцааж өгсөн 88 хүний дотор Улаан армийн 8 дарга, 6 бага дарга, байлдагч 64, Монгол Ардын Хувьсгалт Цэрэг (МАХЦ)-ийн 10 цэрэг байв[7].

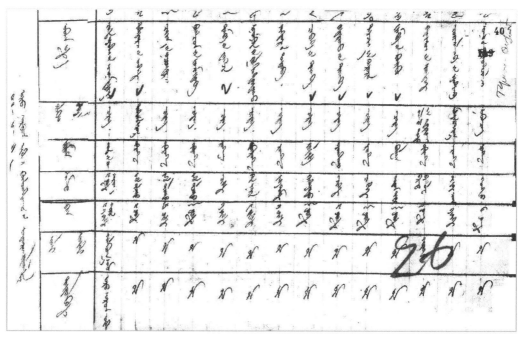

МАХЦ-ээс ор сураггүй бологсдын тодорхойлолт

Халхын голын дайны үед МАХЦ-ээс олзлогдогсон дарга, цэргүүд, ялангуяа 5, 9 дүгээр сарын байлдаануудад МАХЦ-ийн 6 дугаар морьт дивиз, 8 дугаар морьт дивизийн бие бүрэлдэхүүнээс олзлогдогдсон, сураггүй алга болсон хүмүүсийг Монгол Улсын Батлан хамгаалахын төв архив, Тагнуулын Тусгай Архивт хадгалагдаж байгаа зарим баримтуудад тулгуурлан тодруулж, тэдний цаашдын хувь заяа хэрхэн шийдэгдсэнийг судалгааны эргэлтэд оруулахыг зорьсон болно.

МАХЦ-ийн ерөнхий зөвлөх ба Улс төрийн газрын ерөнхий сургагч нараас 1939 оны 8 дугаар сарын 10-нд Ажилчин Тариачны Улаан Армийн Жанжин штабт, "байлдааны эхэн үе болох 5-7 дугаар сарын эхний өдрүүд хүртэл хугацаанд байлдааны нарийн төвөгтэй цагийн байдал үүссэн болон эсрэг этгээдийн байнгын бөмбөгдөлтийн улмаас ялангуяа бие бүрэлдэхүүн ёс суртахууны талаар бат тогтворгүй байсан нь МАХЦ-ийн ангиудад сөргөөр нөлөөлж байв. Нэг бус удаа эмх замбараагүй ухрах, заримдаа байлдааны талбараас зүгээр л зугтах.... тохиолдол "[8] гарч байсан тухай илтгэсэн байдаг.

Үүнийг батлах нэгэн тохиолдол нь Цэргийн яамны сайд, Бүх цэргийн жанжны 1939 оны 8 дугаар сарын 8-ны өдрийн 147 дугаар тушаалд " манай цэргийн дотор өөрийн хорт бодлогоор Монголын хөдөлмөрчин ард түмэн ба өөрийн эх орноос урвасан этгээд гарсан болой. Энэхүү урван тэрсэлсэн этгээд болвол 6 дугаар морин дивизийн цэрэг агсан Хөвсгөл аймгийн Бүрэн сумын 8 дугаар багийн Намхайн бие харгис дайсны талд оргон орсон тул тус Монгол Улсын Засгийн газраас тэрхүү Намхайг ардын дайсан хэмээн занан үзэж, хуулиас ангид болгон зарласан болмой"[9] хэмээн тэмдэглэж түүнийг ардын дайсан хэмээн жигшин үзэж цэргийн дотор урван тэрслэхгүй байх үзлийг дэлгэрүүлж, өөрийн эх орноо японы гүтгэлэг, довтолгооноос хамгаалж, эх орондоо өргөсөн тангараагаа үнэнчээр гүйцэтгэхийг уриалсан байдаг.   Энэхүү тушаалын заалтыг МАХЦ-ийн нэгтгэл, ангиудад өргөнөөр суртчилж, дарга, цэргүүдийн оюун санаанд гүн бат шингээсэн байна. Одоогоор дайсны талд урвасан дарга, цэргийн талаарх баримт монголын архивуудаас олдоогүй байгаа юм.

1939 оны 5-8 дугаар сар хүртэлх байлдаанд 6 мд багагүй хохирол амссан бөгөөд дивизийн дарга Ч.Шаарийбуу алагдаж, хэд хэдэн цэргүүд японы талд олзлогдсон байна. Тухайлбал, Дашдаваагийн Самбуу[10], Даржаагийн Гүррагчаа[11], Дашдоржийн Осор[12], Цэнд-Аюушийн Содномдаржаа[13] гэх мэт. Эдгээр хүмүүс олзлогдогсдын солилцоогоор эх орондоо эргэж ирсэн бөгөөд тэдний өгсөн мэдүүлэг, авсан шийтгэл зэргийг энэхүү илтгэлд гаргаж тавих юм.

Халхын голын дайны эхлэлийн (хүн хүч, техник хэрэгсэл, тавьсан зорилгоороо) томоохон байлдаан 1939 оны 5 дугаар сарын 28-нд болсон билээ.   Миний хувьд 1939 оны 5 дугаар сарын 28-нд байлдаан шатлан өргөжих томоохон байлдаан болсон гэж үздэг юм. Учир нь нэг талаас Япон-Манжийн хамтарсан цэргийн хүч, нөгөө талаас Зөвлөлт-Монголын хамтарсан цэргийн хүчний хоорондох энэ байлдаанд морин цэрэг, явган цэрэг, артиллер, зенит, хуягт техник, танк зэрэг төрөл мэргэжлийн цэргүүд оролцсон томоохон байлдаан болсон юм.

Энэхүү байлдаанд МАХЦ-ийн 6 дугаар морьт дивиз дайсны эсрэг сөрөн тэмцэж дивизийн штаб, их буу, хуягт дивизион, холбоо суман, даргын сургууль нь Нэргүй өндөрлөгт (одоогийн Ремизовын өндөрлөг) байрлан, Их бууны дивизион, 15 морьт хороо (мх) Халхын голын гүүрийн зүүн хойд зүгт, ...хуягт дивизион Ремизовын өндөрлөгийн баруун хойд зүгт дайсны давшиж буй ангитай туладсан   байна. Энэ өдрийн байлдаанд Япон-Манжго-гийн цохилтын гол чиглэлд 6 дугаар морьт дивизийн штаб, 15 дугаар морьт хороо байрлаж байсан бөгөөд дивизийн дарга алагдаж, ангиудтай холбоо тасран удирдлага алдагдан дивиз зохион байгуулалттай эсэргүүцэл үзүүлж чадалгүй ухарч, тус дивизийн цэргүүдээс Японы талд олзлогдох нөхцөл үүссэн байна.

Бидний судалгаагаар 6 морьт дивизийн суман, дивизион, салаадаас 5 хүн олзлогдож байгаад буцаж ирсэн баримтууд байгаа юм. Тухайлбал, Цэнд-Аюушийн Содномдаржаа-холбоо сумангийн тасгийн дарга, Дашдаваагийн Самбуу- их бууны дивизионы цэрэг, Даржаагийн Гүррагчаа-холбоо сумангийн цэрэг, Дашдоржийн Осор, Мөнхдашийн Намхай 15 мх-ны 4 дүгээр суман 3 дугаар салааны байлдагч   байжээ. Эдгээр цэргүүд 1938 онд цэргийн албанд шинээр татагдаж ирсэн цэргийн хэргийн мэдлэг, дадлага сургуулилт тааруу, сэтгэл зүйн байдал нь тогтворжоогүй, айх, сандрах явдал ихээхэн гаргадаг байдалтай байх магадлалтай юм.

Монгол-Зөвлөлтийн цэргийн ерөнхий давшилтын үед Халхын голын байлдаан болсон фронтын өмнөд хэсэг Нөмрөгийн гол, Мана уулын   районд наймдугаар сарын 24-нөөс эхлэн япончууд цэргийн хүч хуралдуулж эхэлсэн байна.

Монгол-Зөвлөлтийн цэргийн удирдлага цагийн байдлыг үнэлэн зохих дүгнэлт хийж, Халхын голын зүүн талд Дархан (Хулд) уулын бүсэд хориглолтод шилжээд байсан 8 мд-ийн 22 дугаар морьт хороог их бууны батарей, хуягт сумангаар хүч нэмэгдүүлэн дайны болзошгүй давшилтыг няцаах зорилгоор Нөмрөг руу илгээсэн байдаг.

22 дугаар морьт хороо байлдааны үүрэг аваад 9 дүгээр сарын 8-нд Хулд уулын раойноос 120 км газрыг морин цэргийн маршаар салхи, бороотой цаг агаарын хүнд нөхцөлд үйлдэж, 11-ний өдөр Нөмрөгийн голд ирж, улмаар Мана уулын баруун бэлд хориглолтод шилжиж, байлдаанд дайсны давуу хүчинд автагдан бүслэгдэх аюул тулгарахад байлдаантайгаар ухарч Нөмрөгийн баруун гар талд гарч хориглосон байдаг.

Энэхүү байлдааны талаар нилээдгүй судалгаа байдаг хэдий ч олзлогдсон цэргүүдийн талаарх судалгаа бараг байдаггүй юм. Бидний судалгааны явцад 8 морьт дивизийн 22 морьт хороо-ноос 3 хүн олзлогдсон баримтыг илрүүлсэн болно.

2. МАХЦ-ээс олзлогдогдсод, тэдний мэдүүлгийг шинжлэх нь:

9 дүгээр сарын байлдааны явцад 22 дугаар морьт хорооны 1 дүгээр сумангийн 1 дүгээр салааны винтовын бөмбөгчин *Дариймаагийн Доной* [14]/Архангай аймгийн Заг сум/, *Адьяагийн Ёндон*-2 дугаар сумангийн цэрэг[15], /Архангай аймгийн Баянболд сум/, *Гардийн Чулуун* /Өвөрхангай аймгийн Зүүнбүрд сум/[16] зэрэг цэргүүд олзлогдогдсон байна.

БНМАУ-ын Бүх цэргийн дээд шүүх таслах газрын байцаагч нарт өгсөн мэдүүлгүүдийг судалж үзэхэд МАХЦ-ийн 6 дугаар морьт дивизийн 15, 17 мх-ны болон 8 дугаар морьт дивизийн 22 мх-ны олзлогдогдсон цэргүүдээс гадна 15 мх-ны клубын дарга Бямбаа, заставын дарга Дашням, Довдонжамц, Цэдэв, ард 2 хүн, нэг нь 50 гаруй насны Гомбожав, Очир- 48 настай нэр нь тодорхойгүй 1 цэрэг (маршал Чойбалсангийн нэрийг бичиж газар хаясан) зэрэг хүмүүсээс япончууд байцаалт авч байсан тухай мэдүүлжээ. Энэ баримтаас үзвэл нийт 17 хүн олзлогдон байж болох талтай бөгөөд үүнийг цаашид нарийвлан судлах зайлшгүй шаардлагатай юм.

Эдгээрээс Мөнхдашийн Намхайг МАХЦ-ийн удирдлага дайсны талд урвасан учир Бүх Цэргийн Жанжны тушаалаар ардын дайсан гэж үзэж буудан алах ял онож байсан бол 7 дугаар (одоогийн Сүмбэр) заставын дарга байсан Дашням гэдэг хүнийг (Чогдон баатар тухайн үед улс төрийн орлогчоор ажиллаж байгаад заставын дарга болсон) урвасан гэж үзэж болохоор байна.

1939 оны 9 дүгээр сарын 27-ны өдрийн олзлогдогсдын солилцоогоор эх орондоо ирж байцаагдаж мэдүүлэг өгсөн дээрх хүмүүсээс ...Осор нь японы тагнуулын газраас манай улсын дотоод хүчин чадал, зам харилцаа, ус, буудал, засгийн байгуулалт, нам, засгийн удирдагч нарын хэн болох, нутгийн зураг зэргийг олж японд өгөх даалгавар авсан байна. Энэ даалгавраа биелүүлэхийн тулд нутагтаа ирсний дараа илчлэн хэлэхгүй нуун дарагдуулсан гэх үндэслэлээр түүнийг Таслан шийтгэсэн эрүүгийн хэргийн 7 дугаар тогтоолоор Шүүх цаазын бичгийн ерөнхий ангийн 38 дугаар зүйлийг журамлан 4 жил шоронд хорих тогтоол гаргасан байна[17].

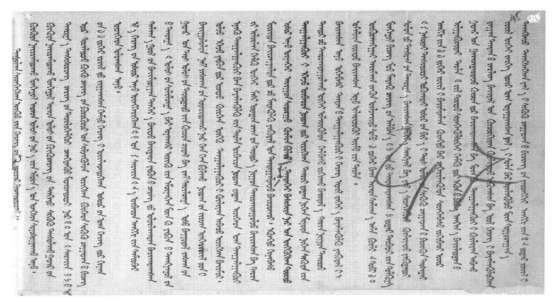

Дашдоржийн Осорыг шийтгэсэн тогтоол

Мөн Д.Самбуу нь хоёр улсын олзлогдогсдын солилцоогоор эргэж ирээд японы тагнуулын газраас тус улсын хайч, харуул, цэрэг зэвсэг, ус зам, ой мод, хуурай баялгуудыг тагнан мэдэх ба үйлдвэрийн газруудыг галдан шатаах даалгавартайгаа илчлэн хэлэлгүй нуун дарагдуулж, уг далгаврыг биелүүлэхийг эрмэлзэж байсан гэсэн үндэслэлээр Шүүх цаазын бичгийн Ерөнхий ангийн 38 дүгээр зүйлийг баримтлан 4 жилийн ял оноосон байна[18].

Дашдаваагийн Самбууг шийтгэсэн тогтоол

Эдгээр хүмүүсийг ийнхүү шийтгэсэн баримт байгаа хэдий ч бусад олзлогдогсдын хувь заяа хэрхэн шийтгэгдсэн талаарх Монголын архиваас баримт одоогоор олдоогүй байгаа юм.

Олзлогдогсдын солилцоогоор эх орондоо ирсэн хүмүүсийн мэдүүлгээс болон бусад баримтаас үзэхэд Намхай, Дашням нар урваж очсон байх магадлалтай хэмээн үзэж байна. Тухайлбал Г.Чулуун мэдүүлэгтээ " Намхайд тэр монгол хэлтэй оросоос хэлсэн та нар удахгүй буцна хэмээсэн байна билээ", Д.Доной мэдүүлэгтээ " Намхай нь ангиасаа өмнө тагнуул хийж яваад баригдсан, өвчтэй учир баригдсан, шархтай учир баригдсан гэх зэрэг олон янз ярьдаг ба орон нутаг тийш оргож харих юмсан, энд нас барах юм болов уу хэмээдэг", " Намхай нь би тагнуул хийж яваад дайсанд баригдсан хэмээдэг", Ц. Содномдаржаа "Намхай нь тагнуул хийж яваад баригдсан хэмээх ба японд хоцорсон Довдонжамцтай хотоос хамт ирсэн 6-ийн 15-ын (6 морьт дивизийн 15 морьт хороо. Л.Б) цэрэг хэмээн ярьдгийн дээр дайсанд баригдахдаа дайсны дээрээс орж баригдсан. Дайсанд баригдсаар 1 сар илүү болсон, байцаалтанд 3 удаа явсан хэмээдэг" гэх маягаар ярьсан бөгөөд мэдүүлгийн зөрүүтэй байдлыг шинжлэн үзвэл М.Намхай оргож дайсны талд урвасан байх магадлал өндөр байгаа юм.

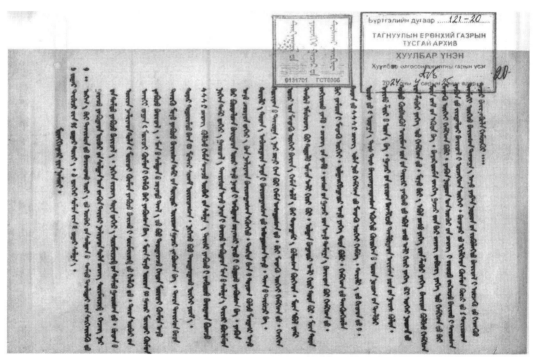

М. Намхайн мэдүүлэг

Ц. Содномдаржаа мэдүүлэгтээ "Японд хоцорсон Довдонжамцаас ярьдаг нь: Намайг дивизийн сургагчаас морь услахаар зааж өгөхөд нь би өөр газраар явж байгаад баригдсан хэмээн ярьдаг ба японуудаас бид нараас газар усны байдлыг туйлын тодорхойгоор асуудаг байсан нь тэрхүү Довдонжамц өөрөө оргож очсон болов уу хэмээн бид нар шинжилж сэжиглэдэг байсан" гэж ярьсан байна.

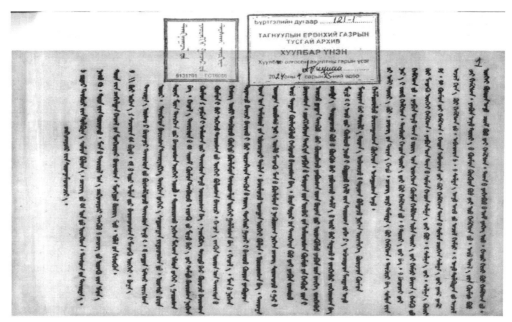

Цэнд-Аюушийн Содномдаржаа

Осор мэдүүлэгтээ "Довдонжамц хэмээгч хүн бол Маршалын алтан тэмдэг ба дарга нарын зүүх тэмдэг, сайд нарын нэрийг зурж Японд өгдөг байсан ба мөн их буу болон онгоц, өөрийн нэр зэргийг зурж Японд өгдөг байсан. Энэхүү Довдонжамц нь өөрийн цэргийн тоо сэлтийг биднээс асуух зэргээр сонирхож байдаг болой. Бид нартай ярихдаа дургүй, хэрэв ярих ахул тагнуулын шинжтэй элдэв юм асуудаг болой" хэмээн ярьсан байдаг.

Эдгээрээс дүгнэн үзэхэд МАХЦ-ээс клубын дарга ахмад Бямбаа, Довдонжамц, Намхай нар Японы талд урваж очсон байх магадлалтай байна.

3. Японы талын байцаалтын агуулга

Японы тал урвасан болон олзлогдогдсон цэргүүдээс *1 дүгээрт*, монгол орны цаг агаар, газар орны байрлал, худаг ус, гол горхи, зам харилцаа, хүн амын амьжиргаа, малын арьс шир, бараа таваарын үнэ, шашин шүтлэг,... зэргийн талаар *2 дугаарт* Зөвлөлт Монголын цэргийн зохион байгуулалт, зэвсэг техникийн тоо, хүчин чадал, нисэх онгоцны тоо, цэргийн хоол ундны хангалт зэргийг ихээхэн асууж байцааж байжээ.

Ийнхүү япончууд монгол-зөвлөлтийн цэргийн хүч чадал, цэргүүдийн сэтгэл санаа, хийх байлдааны талаар, хэрэв эзлэн авбал монгол орны нутаг дэвсгэрийн байдал, эдийн засаг, нийгмийн байдлыг үнэлэх зэрэг тандалтуудыг хийж байжээ.

4. Олзлогдогсдыг ашиглах зорилго

МАХЦ-ийн олзлогдогдсон цэргүүдээр эсрэг этгээдийнхээ цэргүүдийн дунд зохиох ажлын нэг чиглэл нь япон манжийн цэргийг зан харилцаа, нөхцөл байдал, байр байдлыг магтсан үзэл суртлыг оюун санаанд нь суулгах ажлыг хийж байжээ.

Олзлогдогсдыг өөрийн цэргийн тагнуулын ажиллагаанд ашиглах зорилгоор тэдэнд тодорхой даалгаваруудыг өгч, япон-манжийн цэргийн байр байдлыг сайн талаас нь харуулж үзүүлэх, дэлгүүр хоршоогоор оруулж хэрэгцээт бараагаар хангах, ЗХУ-ыг муулан "танай эх орныг эзэлж авах бодлоготой" гэсэн ухуулга, ятгалгыг хийх, тэдний зэвсэг техник хоцрогдсон, японы арми хүчирхэг гэсэн ойлголтыг төрүүлэх ажлуудыг явуулж байжээ.

Дүгнэлт

1. Олзлогдогсдын асуудлаарх судалгааг юуны өмнө дотоодын архивууд тухайлбал Тагнуулын ерөнхий газрын тусгай архив, Эрүүгийн хэргийн төв архивын баримтуудад явуулах;

2. МАХЦ-ээс баривчлагдан олзлогдогсдсон цэргүүдэд холбогдох баримтын судалгааг ОХУ болон Японы архивуудад явуулан баримт олж илрүүлэх, тэдний хувь заяа хэрхэн шийдэгдэж байсныг тодруулж, судалгааны эргэлтэд оруулахад тухайн улсад ажиллаж, суралцаж байгаа эрдэмтэн, судлаач нар санаачлага гарган ажиллах;

3. Олзлогдогсдын асуудлыг зөвхөн 1939 оноор хязгаарлахгүй, өмнөх жилүүдэд болсон хилийн тулгаралтуудын үеэр олзлогдсон цэргүүдийн талаар нарийвлан судлах шаардлагатай гэсэн санал, дүгнэлтийг дэвшүүлж байна.

Зүүлт

[1] Халхын голын орчим дахь зэвсэгт мөргөлдөөн. 1939 оны таваас есдүгээр сар баримт ба материалууд). УБ., 2019. Тал.508-509
[2] Мөн тэнд тал.509
[3] Мөн тэнд. Тал 509
[4] Мөн тэнд. Тал 485-486
[5] Мөн тэнд тал482
[6] Вестник. Международного центра азиатских исследований. Халхин-гол 1939-2009. К летию победы. Иркутск. 2009. Тал. 161.
[7] Р. Болд. "Зарлаагүй дайн" УБ., 2014. Тал.403
[8] Дам эшлэв. ОТЦА. Ф.33987.Оп.3.Д.273-276 (Халхын голын орчим дахь зэвсэгт мөргөлдөөн. 1939 оны таваас есдүгээр сар баримт ба материалууд). УБ., 2019. Тал.322
[9] БХТА. Сх.1.Д.1, Хн.436, хууд. 406
[10] ТЕГ-ын Тусгай архив.С.1.хөмрөг.2, д.6.хн.307.хууд.1-20
[11] ТЕГ-ын Тусгай архив.С.1.хөмрөг.2, д.6.хн.307.хууд.1-20
[12] ТЕГ-ын Тусгай архив.С.1.хөмрөг.2, д.6.хн.307.хууд.1-20
[13] ТЕГ-ын Тусгай архив.С.1.хөмрөг.2, д.6.хн.307.хууд.1-20
[14] ТЕГ-ын Тусгай архив.С.1.хөмрөг.2, д.6.хн.307.хууд.1-20
[15] ТЕГ-ын Тусгай архив.С.1.хөмрөг.2, д.6.хн.307.хууд.1-20
[16] ТЕГ-ын Тусгай архив.С.1.хөмрөг.2, д.6.хн.307.хууд.1-20
[17] БХТА. С.4.д.1.хн.144.хууд-45.
[18] БХТА. С.4.д.1.хн.144.хууд-43.

Историческая память о Халхин-голе в России и Монголии

Аюшиева Ирина Гармаевна (Irina G. Aiushieva)

В исторической науке наряду с исследованием прошлого, выявлением новых фактов, событий и персонажей, обнаружением новых источников и их интерпретаций, огромное значение играет сохранение памяти, знаний о прошлом, что выражено термином коммеморация (от лат. memorialis - памятный). Это процесс сохранения в общественном сознании памяти о значимых событиях прошлого; совокупность публичных актов их «вспоминания» и (пере)осмысления в современном контексте. Посредством коммеморации общество и человек вводит прошлое в культуру настоящего, протягивает связующую нить между.

Каким образом сохраняется память о значимых с позиции истории событиях и людях, связанных с ними? Какие существуют коммеморативные практики, касающиеся событий 85-летней давности на Халхин-голе и как они применяются в России и в Монголии. Каков эффект от этих практик? – вот тот круг вопросов, которые нас интересуют.

На наш взгляд есть несколько видов коммеморации, применяемых для большинства важных исторических событий, включая изучаемое нами.

Во-первых, это конечно юбилейная коммеморация, когда в год юбилея актуализируется память о событиях через различные акции. Тот факт, что в этом году и в России, и в Монголии прошла целая серия конференций, выставок, вышли новые и снова показаны старые документальные и художественные фильмы– это и есть проявление юбилейной коммеморации.

Во-вторых, коммеморация может быть и это очень распространённая практика – топонимической. Например, в честь событий на Халхин-голе в г. Элиста (Калмыкия) есть улица с одноименным названием. Есть улицы названные в честь героев Халхин-гола – например улица им. Николая Грухина в Вятке – командира 127 стрелкового полка, погибшего на Халхин-голе. Уверена, что и в Монголии подобная практика коммеморации существует. Интересно было бы знать есть ли что-то аналогичное в Японии и Китае?

В-третьих, коммеморация может выражаться в строительстве храмов – эта практика была очень распространена в дореволюционной России, прервалась в советский период и снова была восстановлена в постсоветский. Примером может быть Главный храм вооруженных сил России, построенный в 2020 г. в честь 75-летия победы в Великой отечественной войне. Понятно, что отдельно в честь событий на Халхин-голе никаких храмов не было воздвигнуто. Хотя указанный храм в честь победы в Великой отечественной войне, храм воинской славы можно считать храмом в честь всех погибших во внешних конфликтах в XX веке. Как например и храм Ясукуни в Японии.

В-четвертых, коммеморация может быть реконструктивной, когда силами различных общественных организаций, клубов и отдельных людей воспроизводятся те или иные исторические события как правило связанные именно с военной историей. Например, в этом году был реализован международный конный казачий поход в память о героях Халхин-гола. Поход начался в г. Курган (южное Зауралье, Курганская область) и завершится в конце августа в г. Улан-Баторе. Реконструктивная коммеморация тесно связана с юбилейной, хотя это не обязательно.

Еще один вид коммеморации – это создание электронных баз данных по какому-либо событию. Например, в России существует открытая база Героев Советского Союза – участников боев на Халхин-голе[1]. Всего в списке 73 человека. В таблице указана дата присвоения звания, ФИО, воинское звание, должность, дата рождения и смерти и краткое описание боевых заслуг. Согласно это базе данных последний Герой Советского Союза, участник боев на Халхин-голе умер в 2006 году. Думаю, что аналогичные базы есть и в Монголии, и в Японии. Было бы полезно провести их сравнительный анализ.

Коммеморация также выражается в установлении памятников в честь события или его участников, что можно назвать монументальной коммеморацией. Этот вид коммеморации также тесно связан с юбилейной коммеморацией, поскольку зачастую памятники открывают именно в юбилейные годы, хотя это и не обязательно. На наш взгляд создание международной базы памятников, мемориальных досок, топонимической коммеморации в честь событий на Халхин-голе может стать интересным исследовательским проектом для международной группы студентов.

Существуют и иные виды коммеморации в зависимости от события прошлого и восприятия его в настоящем. В любом случае все эти практики призваны сохранять память, актуализировать её и интерпретировать в соответствии с современным состоянием общества.

Какой эффект все эти коммеморативные практики о событиях на Халхин-голе имеют в настоящем – так же один из аспектов нашего исследования. Для этого мы провели небольшой социологический опрос среди студентов двух университетов в России и Монголии – БГУ и МГУО. Анкета содержал всего пять вопросов:

- Какую годовщину событий на Халхин-голе отмечают в этом году?
- Какие страны участвовали в конфликте на Халхин-голе? Перечислите
- Какие памятники событиям на Халхин-голе вы знаете? Перечислите
- Какую роль в событиях на Халхин-голе сыграл Жуков Г.К.?
- Как память о нем хранят в Монголии

Опрос был проведен среди студентов историков и не историков первых двух курсов бакалавриата. В нем приняли 60 студентов монгольского университета и 66 студентов российского. Вот результаты этого экспресс анкетирования.

· Монгольские студенты не историки показали лучшие знания чем российские студенты не историки. По крайне мере из 30 монгольских студентов все ответили хотя бы на часть вопросов.

· Из российских студентов не историков почти половина сдали опросник пустым, т.е. они практически ничего не знают о событиях 85-летней давности и само название Халхин-гол ничего им не говорит.

· Студенты историки все ответили на вопросы. Однако есть ряд общих и для монголов и россиян ошибок: во-первых, только половина (историков) помнит дату событий и смогли правильно указать её годовщину; во-вторых, мало кто помнит всех участников войны на Халхин-голе: в основном забывают Маньчжоу-го (и монгольские и российские студенты), часто (с российской стороны) студенты называют Халхин-гол конфликтом между СССР и Японией.

· В целом монгольские студенты как историки, так и не историки лучше знают о событиях на Халхин-голе.

Когда мы задались в чем причина таких результатов, то конечно первым делом обратились к школьному курсу истории в России и Монголии и к вопросу о том, как в нем отображены события на Халхин-голе.

В Монголии в школьном курсе тему Халхин-гола проходят в 9, 10 и 11 классах по одному уроку, изучая разные документы события. Кроме того, в самом Улан-Баторе есть несколько мемориалов, посвященных Халхин-голу и музей маршала Жукова, который посетил наверно каждый школьник Улан-Батора.

В российских школах отдельного урока и темы по Халхин-голу в школьном курсе истории нет ни в одном классе. В учебнике для 11 класса под редакцией В.Р. Мединского и А.В. Торкунова в параграфе 28 есть упоминание событий на Халхин-голе (один абзац). В заданиях по единого государственного экзамена 2024 года в одном из вариантов есть один вопрос, связанный с событиями на оз. Хасан, или на Халхин-голе в рамках темы по внешней политике СССР в 1930-40 гг.

На наш взгляд именно этим объясняется такая разница в результатах нашего опроса, и как представляется было бы интересно изучить как обстоит ситуация с сохранением памяти о событиях на Халхин-голе не только в России и Монголии, но и на другой стороне конфликта – в Японии и Китае (по крайне мере в той её части, которая непосредственно участвовала в конфликте). Это могло бы стать хорошим компаративистским исследованием, которое можно совершить к следующему юбилею.

Примечания

[1] Список героев Советского Союза- участников боев на Халхин-голе - https://znanierussia.ru/articles/%D0%A1%D0%BF%D0%B8%D1%81%D0%BE%D0%BA_%D0%93%D0%B5 %D1%80%D0%BE%D0%B5%D0%B2_%D0%A1%D0%BE%D0%B2%D0%B5%D1%81%D0%BA% D0%BE%D0%B3%D0%BE_%D0%A1%D0%BE%D1%8E%D0%B7%D0%B0_%E2%80%94_%D1%83%D1% 87%D0%B0%D1%81%D1%82%D0%BD%D0%B8%D0%BA%D0%BE%D0%B2_%D0%B1%D0%BE%D1%9 1%D0%B2_%D0%BD%D0%B0_%D0%A5%D0%B0%D0%BB%D1%85%D0%B8%D0%BD-%D0%93%D0% BE%D0%BB%D0%B5

執筆者一覧

執筆者一覧
Author List
Зохиогчид

E. エルデネバト
モンゴル国立大学科学カレッジ人類学・考古学科長，教授
U. Erdenebat
Professor, Department Anthropology and Archaeology, National University of Mongolia
У. Эрдэнэбат
МУИС-ийн Антропологи, археологийн тэнхимийн эрхлэгч, профессор

ボルジギン・フスレ
昭和女子大学国際学科教授
Husel Borjigin
Professor, Department of International Studies, Showa Women's University
Боржигин Хүсэл
"Шова" Эмэгтэйчүүдийн Их Сургуулийн Олон Улс Судлалын Салбар, Профессор

A. ゾルジャルガル
モンゴル国立大学大学院博士後期課程
A. Zoljargal
Doctoral Student, National University of Mongolia
А. Золжаргал
Монгол Улсын Их Сургууль, докторант

B. ダシドルジ
モンゴル国立大学大学院博士後期課程
B. Dashdorj
Doctoral Student, National University of Mongolia
Б. Дашдорж
Монгол Улсын Их Сургууль, докторант

二木 博史
東京外国語大学名誉教授
Hiroshi Futaki
Emeritus Professor, Tokyo University of Foreign Studies
Фүтаки Хироши
Токиогийн Гадаад Судлалын Их Сургуулийн хүндэт профессор

J. オランゴア
モンゴル国立大学教授
J. Urangua
Tenured Professor, National University of Mongolia
Ж. Урангуа
Монгол Улсын Их Сургууль, Профессор

松川 節
大谷大学社会学部教授
Takashi Matsukawa
Professor, Faculty of Sociology, Otani University
Мацукава Такаши
Оотани Их Сургууль, Нийгмийн Ухааны Салбар, Профессор

T. イデルハンガイ
モンゴル国立大学科学カレッジ人類学・考古学科准教授
T. Iderkhangai
Associate professor, Department Anthropology and Archaeology, National University of Mongolia
Т. Идэрхангай
МУИС-ийн Антропологи, археологийн тэнхимийн дэд профессор

P. エルデネプレブ
ロシア連邦バルナウル市アルタイ国立大学考古学民族学博物誌研究科博士候補
P. Erdenepurev
Doctoral Student, Altai State University
П. Эрдэнэпүрэв
ОХУ-ын Барнаул хотын Алтайн Улсын Их Сургуулийн Археологи, угсаатны зүй, музей судлалын тэнхимийн докторант

B. バトチメグ
国立チンギス・ハーン博物館収蔵保管部門上級修復士
B. Batchimeg
Chinggis Khaan National Museum
Б. Батчимэг
Чингис хаан Үндэсний музейн Сан хөмрөг, хадгалалт хамгаалалтын хэлтсийн ахлах сэргээн засварлагч

L. フスレン
モンゴル国立大学ウランバートル・カレッジ歴史学・考古学科
L. Khuslen
Department of History and Archaeology, Ulaanbaatar School, National University of Mongolia

執筆者一覧

Л.Хүслэн
МУИС-ийн Улаанбаатар сургуулийн Түүх, археологийн тэнхим

A. ナムスライジャムツ
モンゴル国立大学ウランバートル・カレッジ歴史学・考古学科
A. Namsraijamts
Department of History and Archaeology, Ulaanbaatar School, National University of Mongolia
А. Намсрайжамц
МУИС-ийн Улаанбаатар сургуулийн Түүх, археологийн тэнхим

J. エンフゾル
モンゴル国立大学ウランバートル・カレッジ歴史学・考古学科
J. Enkhzul
Department of History and Archaeology, Ulaanbaatar School, National University of Mongolia
Ж. Энхзул
МУИС-ийн Улаанбаатар сургуулийн Түүх, археологийн тэнхим

B. バヤンサン
モンゴル国立大学ウランバートル・カレッジ歴史学・考古学科修士課程
B. Bayansan
The Masterl Program in Department of History and Archaeology, Ulaanbaatar School, National University of Mongolia
Б. Баянсан
МУИС-ийн Улаанбаатар сургуулийн Түүх, археологийн тэнхим магистрант

M. ムンフジン
ザナバザル美術館研究収蔵部門学芸員
M. Mönkhjin
The Fine Arts Zanabazar Museum
М.Мөнхжин
Г.Занабазарын нэрэмжит Дүрслэх урлагын музейн эрдэм шинжилгээ судалгаа, сан хөмрөгийн хэлтсийн эрдэм шинжилгээний ажилтан

村岡倫
龍谷大学文学部教授
Hitoshi Muraoka
Professor, Ryukoku University
Мүраока Хитоши
Рюүкокү Их Сургууль, Утга зохиолын факультетын профессор

264

黒 龍
大連民族大学中華民族共同体民族史研究所所長，教授
Hei Long
Professor, Chief of the Institute of Ethnic History, Dalian Minzu University
Хей Лонг
Дайлингийн Үндэстэний Их Сургууль Дундад Үндэстэний Хамтарсан Үндэсний Түүхийн Судалгааны Төвийн захирал, профессор

喬 航
大連民族大学中華民族共同体研究院修士課程
Qiao Hang
The Masterl Program in Academy of the Zhonghuaminzu Community, Dalian Minzu University
Чиао Хан
Дайлингийн Үндэстэний Их Сургууль Дундад Үндэстэний Хамтарсан Судалгааны Институтийн магистрант

烏敦
内モンゴル師範大学地理科学学院教授
Wudun
Professor, College of Geographical Science, Inner Mongolia Normal University
Одон
Өвөр Монголын багшийн их сургууль, газар зүйн судалгааны салбарын профессор

劉雨婷
内モンゴル師範大学地理科学学院大学院修士課程
Liu Yuting
The Masterl Program in College of Geographical Science, Inner Mongolia Normal University
Лию Юүтин
Өвөр Монголын багшийн их сургууль, газар зүйн судалгааны салбарын магистрант

湊 邦生
高知大学地域協働学部教授
Kunio Minato
Professor, Faculty of Regional Collaboration, Kochi University
Минато Күнио
Коочи ИхСургууль, Профессор

大堀 和利
日本地図学会，研究者
Kazutoshi Ohori
Japan Cartographers Association, Researcher

執筆者一覧

Оохори Кацутоши
Японы газрын зураг судлалын нийгэмлэг, судлаач

R. ボルド
モンゴル戦略研究所研究員，元駐アメリカ・ロシア・トルコモンゴル大使
R. Bold
Research Fellow, The Institute for Strategic Studies, Former Mongolian Ambassador to Republic of USSA, Russia, Turkey
Р. Болд
Стратегийн судалгааны хүрээлэнгийн судлаач, Америк, ОХУ, Туркэд суугаа Монголын элчин сайд асан

L. バヤル
モンゴル国防研究所研究員，准教授
Lkha.Bayar
Associate professor, Researcher of the Defense Research Institute
Лха. Баяр
БХЭШХ-ийн ЦТСТ-ийн эрдэм шинжилгээний ажилтан, доктор(Ph.D), дэд профессор

J. ガントルガ
モンゴル国防中央文書館館長
J. Gantulga
Head of the Central Defense Archives
Ж. Гантулга
Батлан хамгаалахын төв архивын дарга

I. G. アユシエワ
ブリヤート国立大学准教授
Irina G. Aiushieva
Associate Professor, Buryat State University,
И. Г. Аюшиева
Доцент, Бурятский государственный университет

編集後記

『モンゴルと東北アジア研究』Vol.10 をお届けする。

2024 年は，ヴェネツィアの商人マルコ・ポーロの生誕 770 周年，没 700 周年，モンゴル襲来 750 周年にあたる。この記念すべき年を迎えるにあたって，2024 年 12 月 7 日，国際シンポジウム「モンゴル帝国時代のユーラシア世界」が昭和女子大学で開催された。昭和女子大学国際学部国際学科の主催，日本私立学校振興・共済事業団学術研究振興資金の助成を得て，対面とオンライン併用の形で開催された。

またハルハ河・ノモンハン戦争 85 周年を記念し，同年 9 月 6 日，公益財団法人渥美国際交流財団関口グローバル研究会（SGRA）とモンゴル国立大学科学カレッジ人文科学系アジア研究学科の共同主催，渥美国際交流財団とモンゴルの歴史と文化研究会の後援，公益財団法人守屋留学生交流協会の助成で，第 17 回ウランバートル国際シンポジウム「ハルハ河・ノモンハン戦争 85 周年：新視点と新思考」がモンゴル国立大学 1 号館 3 階 320 会議室で開催された。

本号は上記国際シンポジウム「モンゴル帝国時代のユーラシア世界」で報告された 8 本の論文と第 17 回ウランバートル国際シンポジウムで報告された 12 本の論文の内の 5 本を下敷きにし，あまれた論集である。

シンポジウムが成功裏に開催できたのは，下記の団体と個人からあついご支援とご尽力をえられたからである。すなわち昭和女子大学総長坂東眞理子，渥美国際交流財団常務理事・関口グローバル研究会会長今西淳子，公益財団法人守屋留学生交流協会理事長守屋美佐雄，事務局長高橋準一および日本私立学校振興・共済事業団学術研究振興資金などである。また，昭和女子大学国際学部国際学科准教授オキーフ・アーサー（Arthur O'Keefe）はシンポジウムの英語プログラム，要旨などを校閲し，国際学部助手小野葵，西井佐知子には煩雑な事務を手際よくまとめていただいた。この場を借り，上記の大学や財団，学術団体およびおおくの関係者，論文の執筆者に敬意を表し，深く感謝申し上げる。

ボルジギン・フスレ（Husel Borjigin）

モンゴルと東北アジア研究
第 10 号

2025 年 3 月 28 日　印刷
2025 年 3 月 31 日　発行

事務局　『モンゴルと東北アジア研究』編集委員会
〒 154-8533　東京都世田谷区太子堂 1-7-57
昭和女子大学　3 号館 5T37
Tel 03-3411-5278

発行所　株式会社　風響社
〒 114-0041　東京都北区田端 4-14-9
Tel 03 (3828) 9249　振替 00110-0-553554
印刷　(株) 平河工業社
©ボルジギン・フスレ　2025　Printed in Japan
ISBN978-4-89489-875-2

MONGOLIAN AND NORTHEAST ASIAN STUDIES
Vol.10

2025
Fukyosha Publishing Inc.
4-14-9, Tabata, Kita-ku, Tokyo 114-0014　JAPAN
Printed in Japan
ISBN978-4-89489-875-2